傳習錄注疏

〔明〕王陽明 撰　鄧艾民 注

上海古籍出版社

舊序

傳習錄序

門人徐愛撰

門人有私錄陽明先生之言者先生聞之謂之曰
聖賢教人如醫用藥皆因病立方酌其虛實溫涼
陰陽內外而時時加減之要在去病初無定說若
拘執一方鮮不殺人矣今某與諸君不過各就偏
蔽箴切砥礪旦徒攻此即吾言亦何資元

圖書在版編目(CIP)數據

傳習録注疏 /(明)王陽明撰;鄧艾民注.—上海:
上海古籍出版社,2012.12(2025.3 重印)
ISBN 978 - 7 - 5325 - 6596 - 2

Ⅰ.①傳… Ⅱ.①王… ②鄧… Ⅲ.①心學—中國—
明代 ②《傳習録》 Ⅳ.①B248.22

中國版本圖書館 CIP 數據核字(2012)第 177163 號

傳習録注疏

[明]王陽明 撰

鄧艾民 注

上海古籍出版社出版發行

(上海市閔行區號景路 159 弄 1 - 5 號 A 座 5F　郵政編碼 201101)

(1) 網址:www.guji.com.cn

(2) E-mail:guji1@guji.com.cn

(3) 易文網網址:www.ewen.co

上海顥輝印刷廠有限公司印刷

開本 890×1240　1/32　印張 9.625　插頁 3　字數 250,000

2012 年 12 月第 1 版　2025 年 3 月第 15 次印刷

印數:43,801—45,900

ISBN 978 - 7 - 5325 - 6596 - 2

B·788　定價:36.00 元

如有質量問題,請與承印公司聯繫

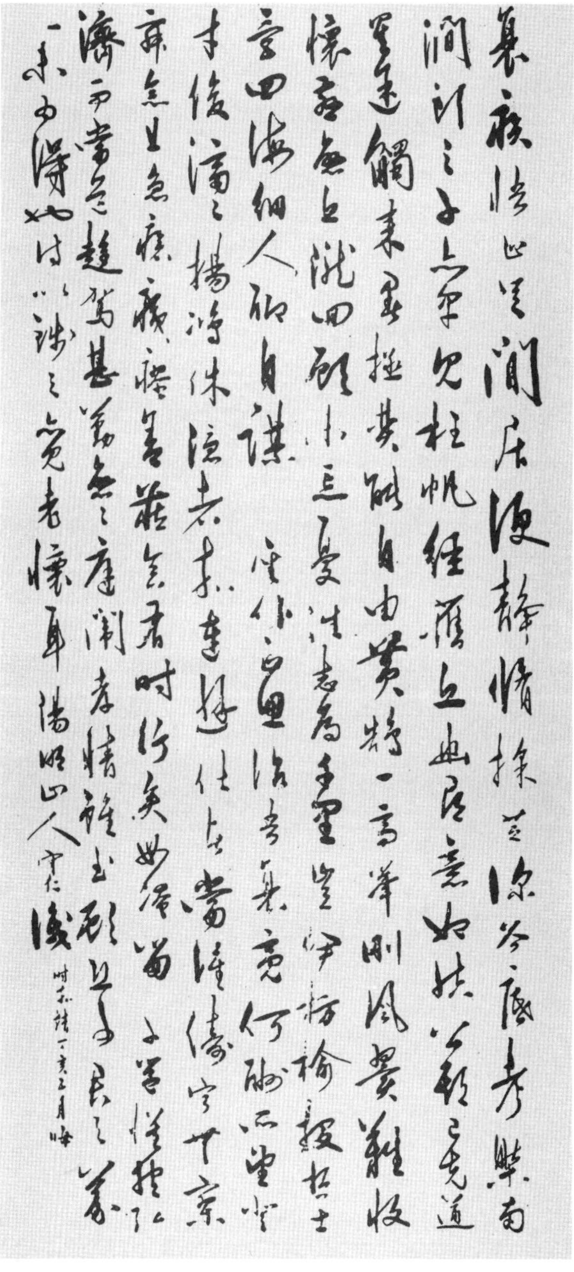

王陽明遺墨

作者遗像

鄧艾民先生簡歷

1920 年　生於湖南省邵陽市

1939—1945 年　昆明西南聯合大學哲學系學生

1946—1950 年　北京西洋哲學編譯委員會譯員

1950—1956 年　教育部大學司任職

1956—1984 年　北京大學哲學系中國哲學史教研室教員、副教授、教授

1984 年 3 月因病逝世,享年六十四歲

已出版專著:

一、《朱熹王守仁哲學研究》(馮契作序),1989 年 3 月上海華東師範大學出版社出版。

二、《傳習録注疏》,2000 年 11 月臺灣法嚴出版社出版。

主要論文:

一、《論朱熹形而上學的格物説》,《中國哲學》1979 年第一期。

二、《論朱熹的太極説的歷史地位》(英文),1982 年 6 月在夏威夷"朱熹思想研究國際會議"宣讀。該會主席陳榮捷教授(美籍)書面評價爲高水平論文。

三、《論朱熹的太極説》,香港明報月刊 1981 年二——四期。

四、《朱子語類序》(復審全部《朱子語類》書稿),1983 年中華書局出版。

五、《論王守仁的唯心主義泛神論世界觀》,《中國哲學》1982 年第八期。

六、《中國大百科全書·哲學卷》王守仁和"王學"的九個條目,1983 年中國大百科全書出版社出版。

講授課程:

一、中國哲學史(先秦至近代部分);

二、宋明哲學史;

三、朱熹哲學思想;

四、王守仁哲學思想;

五、宋明理學斷代哲學史。

目　録

序　一

陳　來

艾民先生的書終于要出版了。

現在海内外的朋友多知道我和馮友蘭先生、張岱年先生的關係，但很少有人知道我和鄧艾民先生的關係。

艾民先生是我碩士論文的指導老師。1979 年夏，研究生一年級結束，當時作教研室主任的張先生（岱年），要我們"中國哲學史"專業的十個人，各報自己希望研究的方向。醖釀之後，我看大家多報"先秦"，于是就選了"魏晉"。暑假過後，張先生告我："你的方向要改一下。"決定由艾民先生作我的論文指導老師。艾民先生專長在宋明哲學，特別是朱子和王陽明。於是我就確定以"宋明"爲方向，選定朱子爲研究對象。以後的研究是大家都知道的了。

艾民先生早年畢業于西南聯大，"文革"前在北大哲學系主掌系務工作。他雖然在北大從事中國哲學的研究，可是他最推崇的，是他的朋友馮契。馮契與艾民先生在西南聯大曾同學，又有志同道合之誼，但他們是終身相知的朋友。一般人極少推崇同行中的平輩同學和朋友，可是艾民先生多次向

1

我説,他認爲馮契的研究最好,要我注意看馮契的東西。也是在艾民先生的建議下,我去旁聽了數理邏輯專業的幾門課。從這裏看,他似乎也很欣賞邏輯分析的方法,因爲馮契的特點,就是把馬克思的辯證法和金岳霖的邏輯分析加以結合。

我給艾民先生寫過一些讀書報告,依次爲"孟子"、"莊子"、"公孫龍"、《易傳》、"郭象"。"莊子"的一篇在 1980 年北大"五四科學討論會"宣讀過,郭象的一篇發表在《中國哲學》,而艾民先生比較欣賞"孟子"的那一篇。我也寫過一篇"二程",未獲發表。但我的用力所在,主要還是朱子。記得上來讀王白田《朱子年譜》時,對於朱子早年的"已發未發"説,頗覺難明,就寫了一頁問題,請問艾民先生。艾民先生要我自思而得之。於是我自己又去用功,而終於深造之而有所得。此在憤悱啟發之功,不可不歸於艾民先生。

1979 年到 1980 年,杜維明教授在北京訪學,在北大的座談結束後,與北大幾位先生同游未名湖。杜教授問起艾民先生的研究興趣,答"宋明理學",杜即爲之精神一振;又問最喜歡何人,答以"王陽明",杜大喜之。於是兩人深談良久。當時艾民先生主持北京市哲學會的工作,即邀請杜教授在北京市哲學會講演,艾民先生特爲介紹,當時北京研究中國哲學的名流都在座,我們也參加了旁聽。

1982 年艾民先生從夏威夷參加"朱熹思想研究國際會議"回來,全力投入王陽明的研究,那時他給 1982 年入學的研究生開"王陽明哲學"的課,他寫了講義,從生平到哲學,論述很精彩、很細緻。他讓系裏把講義油印，發給同學，要同學在講義上面的邊、眉處寫他們的讀後意見。他在學期結束時把這些講義收回，要我來看（那時我已在系裏教書），學生的評價也很好（如李仁山、景海峰）。其中《王陽明生平》一章，他曾在 1981 年秋天"全國宋明理學討論會"上講過；他認爲王陽明是封建時代的聖人。聽説這個講法當時受到一些人的批評，不過他並不在意。他的想法，是以這些講義爲基礎，寫成一本"王陽明哲學"的書。同時，他又作了王陽明《傳習錄》的注釋，也是交由系裏油印，作爲研究生的教材，希望經過討論修改後成爲專著。這個時期是他學術創作最旺盛的時期。他的這兩部陽明學的著作，在他生前雖未出版，但可以説代表了 80 年代初中國大陸王陽明研究的水平。《傳習錄注疏》這部書，即使放在今天的學術界，也仍然是陽明學研究的一流著作。這裏僅舉一例：《傳習錄》第一條中："'作'字却與'親'字相對，然非'親'字義。下面治國平天下處，皆於'新'字無發明。"《四部備要》本、《王陽明全集》本、陳榮捷先生本文字皆如此。而《傳習錄注疏》作"然非新字義"。下出校注："《王文成公全書》本，'新'訛作'親'，據閭東本改。"這個改正顯然是正確的。本書的價值由此可見一斑。

可惜，1983 年他被發現得了癌症，次年過世，否則，他給予中國學術界的貢獻一定會更大。他患病住院期間，我曾多次去探望，當時他在醫院仍在積極修改這兩項研究。在剛剛住院時，他對我説，王陽明哲學的書，還差幾章，如果來不及，希望我幫他補寫這幾章；而《傳習錄注疏》的修改如來不及，就希望魏常海幫他完成。最後，《傳習録注疏》終于還是完成了。而王陽明哲學的部分後來也由馮契先生將之與艾民先生有關朱子的論文合併，在上海出版。

多年前，楊祖漢教授聽我説起艾民先生有關于《傳習録》的書稿，對我表示可以安排在臺灣出版。於是我就將此意轉達給鄧師母左啟華教授，她爲了書稿的打字，付出了多年的辛苦。現在，這部書終于付印，既可以告慰艾民先生，也使鄧師母的心願得以達成。書將付印，鄧師母要我寫幾句話，我就將艾民先生與我的淵源往來，略表出如上，亦用以紀念艾民先生。

公元 2000 年 2 月序於香港

序 二

楊祖漢

　　本書是已故北大哲學系教授鄧艾民先生的遺著。鄧先生在抗戰時期畢業於西南聯大哲學系，50 年代中期起任教北大，專研朱子及王陽明哲學。本來計畫撰寫這方面的專著，但因"文革"動亂，長期受到迫害而止。"文革"後，鄧先生獲得平反，恢復工作，到 1984 年因癌症逝世。這期間他寫了幾篇論文（輯成《朱熹王守仁哲學研究》，於 1989 年出版），也完成了本書的初稿。

　　我讀過鄧先生的書，得益甚多。知道他有這部遺著尚未出版，遂詢之於陳來教授，陳教授說鄧先生是他的碩士論文指導老師，不久他便將此書之油印稿帶來，希望能在臺灣出版。友人陳女士主持法嚴出版社，熱心弘揚文化，慨允出版此書。後來我到北大開會，得見鄧夫人左啟華女士，她亦以此書之出版殷殷囑託，並負責將書稿先行打字，作了初步的校對。

　　《傳習錄》的注釋，常見的已有數種，其中葉紹鈞的標點本出版較早，亦頗通行，但注釋十分簡略。日人三輪希賢的標注(收入《漢文大系》第十六冊)頗精,但對於陽明思想未多着墨。陳榮捷先生的《傳習錄詳注集評》有注有評,學者稱便。但陳書之注釋仍是以考證之功多,義理之闡釋較少,其所收之評論,亦未必都有價值。鄧先生此書,吸收了陳書之長處(陳書之英文本先出,鄧先生得以見到),又參考了幾種日本人之相關著作,所以此書之注釋是相當確實的。鄧先生很注意陽明思想之前後期之發展,這是本書的特色。更重要的,是鄧先生將《傳習錄》和王陽明的其他著作,如論學書、詩文等關聯起來,互相印證。這一步工作,對於了解陽明的思想,是有很大幫助的。《傳習錄》固然很明白而集中地表現陽明的思想,但陽明其他的著述也很重要,能兩者相參,必能較全面地掌握陽明的見解。相信這部鄧先生遺著的出版,對陽明學的研究,會有所推進。

1999 年 7 月序於臺北

傳習録序

　　門人有私録陽明先生之言者，先生聞之，謂之曰："聖賢教人如醫用藥，皆因病立方，酌其虛實温涼、陰陽內外而時時加減之，要在去病，初無定説，若拘執一方，鮮不殺人矣。今某與諸君不過各就偏蔽，箴切砥礪，但能改化，即吾言已爲贅疣。若遂守爲成訓，他日誤己誤人，某之罪過，可復追贖乎!?"愛[1]既備録先生之教，同門之友有以是相規者。愛因謂之曰："如子之言，即又拘執一方，復失先生之意矣。孔子謂子貢嘗曰：'予欲無言。'[2]他日，則曰：'吾與回言終日。'[3]又何言之不一邪？蓋子貢求聖人于言語之間，故孔子以無言警之，使之實體諸心以求自得。顏子于孔子之言，默識[4]心通，無不在己，故與之言終日，若決江河而之海也。故孔子于子貢之無言不爲少，于顏子之終日言不爲多，各當其可而已。今備録先生之語，固非先生之所欲。使吾儕常在先生之門，亦何事于此。惟或有時而去側，同門之友又皆離群索居[5]，當是之時，儀刑[6]既遠而規切無聞。如愛之駑劣，非得先生之言，時時對越[7]警發之，其不摧墮靡廢者幾希矣！吾儕于先生之言，苟徒入耳出口，不體諸身，則愛之録此，實先生之罪人矣。使能得之言意之表，而誠諸踐履之實，則斯録也，固先生終日言之心也，可少乎哉！"録成，因復識此于首篇[8]，以告同志。門人徐愛序[9]。

〔1〕徐愛字曰仁，號橫山，餘姚人。生于成化二十三年(1487)。據王守仁《年譜》，死于正德十三年(1518)；據《明儒學案》，死于正德十二年(1517)。正德三年進士，歷官南京工部郎中。徐係王守仁妹夫，王守仁出獄赴龍場前，徐成爲王的第一個弟子。徐愛所記《傳習録》諸條，係正德七年至八年王守仁赴南京任職前與徐在南歸旅途中談話語録。王守仁晚年以"致良知"爲宗旨，但徐愛所記語録中，已有致良知的學説了(參見《明儒學案》卷十一)。

〔2〕見《論語·陽貨篇》第十九章。

〔3〕見《論語·爲政篇》第九章。

〔4〕語本《論語·述而篇》第二章："默而識之，學而不厭，誨人不倦，何有於我哉。"

〔5〕語本《禮記·檀弓上》："子夏投其杖而拜曰：'吾過矣！吾過矣！吾離群而索居，亦已久矣。'"索，散。

〔6〕語本《詩·大雅·文王》："儀刑文王，萬邦作孚。"儀，象；刑，法。

〔7〕語本《詩·周頌·清廟》："對越在天。"對，配；越，於。

〔8〕閭東本，首篇作"篇首"。

〔9〕日本佐藤一齋所藏嘉靖二十三年(1544)德安府重刊南元善兄弟校本(以後稱南本)及閭東本，此序前另有南大吉序言一篇，其文如下：

　　天地之間，道而已矣。道也者，人物之所由以生者也。是故人之生也，得其秀而最靈，以言乎性則中矣，以言乎情則和矣，以言乎萬物則備矣，由聖人至於途人，一也。故曰："人者，天地之德，陰陽之交，鬼神之會，五行之秀氣氣也。"又曰："致中和，天地位焉，萬物育焉。"是故古者大道之明於天下也，天下之人相忘於道化之中，而無復所謂邪慝者焉。率性以由之，修道以誠之，皞皞乎而不知爲之者。是故大順之所積也，以天則不愛其道也，以地則不愛其寶也，以人則不愛其情也，以物則不愛其靈也，聖人於此夫何言哉！恭己無爲而已矣。至其後也，道不明於天下，天下之人相交於物化之中，而邪慝興焉。失其性而不知求，捨其道而不知修，斯人也，日入於禽獸之歸而莫之知也。是故萬物弗序而天地弗官矣。聖人生而知道者也，賢人學而知道者也，其視萬物無一而非我。而斯人之不知道也，若己推而入於鳥獸之群也，理有所不可隱，心有所不容忍，惡能已於言哉。故孟子曰："予豈好辯哉？予不得已也。"故夫聖賢之言，將以明斯道示諸人，使天下之人曉然知道之在是，庶民興焉。庶民興，則邪慝息；邪慝息，則萬物序而天地官矣。夫然後聖賢之心始安而其言始已也。是故其言也，求其是則已矣，非以爲聞見之高也；求其明則已矣，非以爲門戶之高也。而後之爲聖賢之學者，其初也，執聞見以自是，而不知聖人之所是者，天下之公是也；立門戶以自明，而不知聖人之所明者，天下之同明也。故其後也，言愈多而愈支，支則不可行矣；門愈高而愈小，小則不可通。皆意也，己也，勝心之爲也。而世之號爲豪傑者，方皆溺於其中而莫之知也，其亦可哀已矣！夫天之命於我而我之具於心者，自有真是真非，至明而不容有蔽者也。故天下之言道者至不一也，苟有平心觀之，易氣玩之，則其是是非非，自不能遁吾心之真知也。唯夫聞見已執於未觀之先，而門户又高於既玩之際，則其言雖是也，蔽於聞見之私而不知其是；指雖明也，隔於門户之異而不通其明。道之不明於天下，治之所以不能追復前古者,其所由來遠矣!是録也,門弟子録陽明先生問答之辭,討論之書,而刻以示諸天下者也。吉也,從游宮牆之下,其於是録也,朝觀而夕玩,口誦而心求,蓋亦自信之篤。而竊見夫所謂道者,置之而塞乎天地,溥之而橫乎四海,施諸後世,無朝夕人心之所同然者也。故命逢吉弟校續而重刻之以傳諸天下。天下之於是録也,但勿以聞見梏之,而平心以觀其意;勿以門户隔之,而易氣以玩其辭。勿以録求録也,而以我求録也,則吾心之本體自見。而凡斯録之言,皆其心之所固有,而無復可疑者矣。則夫大道之明於天下,而天下之所以平者,將亦可俟也已。

嘉靖三年冬十月十有八日賜進士出身中順大夫紹興府知府門人渭北南大吉謹序。

又此序後另有小段文如下:

南逢吉曰:“此徐子曰仁之自序其録者。不幸曰仁亡矣,録亦散失。今之録雖非其全筆,然其全者不可得,而此序序録之意則備矣,故仍置於首,用以告夫同志者焉。”

傳習録 上

　　先生於《大學》“格物”諸説，悉以舊本爲正，蓋先儒所謂“誤本”者也[1]。愛始聞而駭，既而疑，已而殫精竭思，參互錯綜以質於先生。然後知先生之説若水之寒，若火之熱，斷斷乎“百世以俟聖人而不惑”者也[2]。先生明睿天授，然和樂坦易，不事邊幅。人見其少時豪邁不羈，又嘗泛濫於詞章，出入二氏之學[3]，驟聞是説，皆目以爲立異好奇，漫不省究。不知先生居夷三載[4]，處困養静，精一[5]之功，固已超入聖域，粹然大中至正之歸矣，愛朝夕炙門下，但見先生之道，即之若易而仰之愈高，見之若粗而探之愈精，就之若近而造之愈益無窮，十餘年來，竟未能窺其藩籬。世之君子，或與先生僅交一面，或猶未聞其謦欬，或先懷忽易憤激之心，而遽欲於立談之間，傳聞之説，臆斷懸度，如之何其可得也！從游之士，聞先生之教，往往得一而遺二，見其牝牡驪黄而棄其所謂千里者[6]。故愛備録平日之所聞，私以示夫同志，相與考而正之，庶無負先生之教云。門人徐愛書。

[1]《大學》，《禮記》第四十二篇。程頤（1033—1107）、朱熹（1130—1200)以舊本有誤，朱重編爲經一章，傳十章，詳加注釋，名《大學章句》。

〔2〕見《中庸》第二十九章。俟,待。

〔3〕二氏指佛與道。據錢德洪(1496—1574)等所編王守仁《年譜》,王三十一歲,“漸悟仙、釋二氏之非”。

〔4〕明武宗(1506—1521)初,宦官劉瑾專權,南京科道戴銑、薄彦徽等上疏請求罷斥劉瑾,挽留致仕大臣劉健等。被劉瑾矯旨除名爲民。王守仁(1472—1529)上疏援救,也被謫爲龍場驛驛丞。王在龍場時期(1508—1510)開始提出“知行合一”學説。

〔5〕見《書經·大禹謨》:“人心惟危,道心惟微;惟精惟一,允執厥中。”使心不雜以人僞而得其正,即是精一之功。王守仁以爲“惟精是惟一的工夫”。

〔6〕見《淮南子·道應訓》與《列子·説符》。秦穆公(前659—前619)由伯樂的介紹,使九方堙相馬。三個月以後,九方堙回報説找到一匹黄色公馬。將馬帶來一看,却是一匹黑色母馬。秦穆公不高興,問伯樂,伯樂説:“若堙之所觀者,天機也。得其精而忘其粗,在内而忘其外。見其所見而不見其所不見。”結果證實果爲千里馬。

　　1. 愛問:“‘在親民’,朱子謂當作‘新民’,後章‘作新民’〔1〕之文似亦有據。先生以爲宜從舊本作‘親民’,亦有所據否?”

　　先生曰:“‘作新民’之‘新’是‘自新之民’,與‘在新民’之‘新’不同,此豈足爲據!‘作’字却與‘親’字相對,然非‘新’〔2〕字義。下面‘治國平天下’處,皆於‘新’字無發明。如云‘君子賢其賢而親其親,小人樂其樂而利其利’、‘如保赤子’、‘民之所好好之,民之所惡惡之,此之謂民之父母’〔3〕之類,皆是‘親’字意。‘親民’猶《孟子》‘親親仁民’〔4〕之謂,‘親之’即‘仁之’也。‘百姓不親’,舜使契爲司徒,‘敬敷五

6

教’〔5〕，所以親之也。《堯典》‘克明俊德’便是‘明明德’，‘以親九族’至‘平章’、‘協和’便是‘親民’，便是‘明明德於天下’〔6〕。又如孔子言‘修己以安百姓’〔7〕，‘修己’便是‘明明德’，‘安百姓’便是‘親民’。説‘親民’便是兼教養意。説‘新民’便覺偏了。”

〔1〕《大學》篇首云：“大學之道，在明明德，在親民，在止于至善。”朱注稱：“此三者，大學之綱領也。”朱據程頤曰：“親當作新。”《大學》下文引《康誥》曰：“作新民。”朱意以此證“親當作新”。

〔2〕《王文成公全書》本，新訛作親，據閭東本改。

〔3〕見《大學章句》第三、九、十章。

〔4〕《孟子·盡心篇上》云：“孟子曰：‘君子之於物也，愛之而弗仁；於民也，仁之而弗親。親親而仁民，仁民而愛物。’”（第四十五章）

〔5〕見《書經·舜典》。

〔6〕《書經·堯典》云：“克明俊德，以親九族。九族既睦，平章百姓。百姓昭明，協和萬邦。”

〔7〕見《論語·憲問篇》第四十五章。

2. 愛問：“‘知止而后有定’〔1〕，朱子以爲‘事事物物皆有定理’〔2〕，似與先生之説相戾。”

先生曰：“於事事物物上求至善，却是義外也〔3〕。至善是心之本體，只是明明德到至精至一處便是。然亦未嘗離却事物，本注所謂‘盡夫天理之極而無一毫人欲之私’〔4〕者得之。”

〔1〕見《大學章句》經文。

〔2〕朱熹《大學或問》云：“能知所止，則方寸之間，事事物物皆有定理矣。”（第十五頁）

〔3〕《孟子·告子篇上》云：“告子（前420—前350）曰：‘食、色，性也。仁，内也，非外也。義，外也，非内也。’”（第四章）孟子（前371—前

289?）主張仁義皆在内，攻擊告子的義外説。

〔4〕朱熹《大學章句》注解"大學之道，在明明德，在親民，在止於至善"
　　　句曰："言明明德新民，皆當止於至善之地而不遷。蓋必其有以盡
　　　夫天理之極，而無一毫人欲之私也。"

3. 愛問："至善只求諸心，恐於天下事理有不能盡。"

先生曰："心即理也〔1〕。天下又有心外之事、心外之
理乎？"

愛曰："如事父之孝，事君之忠，交友之信，治民之仁，其
間有許多理在，恐亦不可不察。"

先生嘆曰："此説之蔽久矣，豈一語所能悟；今姑就所問
者言之。且如事父，不成去父上求個孝的理；事君，不成去君
上求個忠的理；交友、治民，不成去友上、民上求個信與仁的
理，都只在此心。心即理也，此心無私欲之蔽，即是天理，不
須外面添一分。以此純乎天理之心，發之事父便是孝，發之
事君便是忠，發之交友、治民便是信與仁。只在此心去人欲、
存天理上用功便是。"

愛曰："聞先生如此説，愛已覺有省悟處。但舊説纏於胸
中，尚有未脱然者。如事父一事，其間温清定省之類〔2〕，有許
多節目，不亦須講求否？"

先生曰："如何不講求？只是有個頭腦，只是就此心去人
欲、存天理上講求。就如講求冬温，也只是要盡此心之孝，恐
怕有一毫人欲間雜；講求夏清，也只是要盡此心之孝，恐怕有
一毫人欲間雜，只是講求得此心。此心若無人欲，純是天理，
是個誠於孝親的心，冬時自然思量父母的寒，便自要去求個
温的道理，夏時自然思量父母的熱，便自要去求個清的道理，

這都是那誠孝的心發出來的條件。却是須有這誠孝的心，然後有這條件發出來。譬之樹木，這誠孝的心便是根，許多條件便是枝葉，須先有根，然後有枝葉，不是先尋了枝葉，然後去種根。《禮記》言：'孝子之有深愛者，必有和氣，有和氣者，必有愉色，有愉色者，必有婉容[3]。'須是有個深愛做根，便自然如此。"

〔1〕"心即理也"，爲王守仁哲學思想的主要觀點之一。王守仁説："心一而已，以其條理而言謂之理。"(《傳習録》中，第 133 條；以下注中條數皆指《傳習録》而言，不再注明卷別)"理一而已，以其理之凝聚而言則謂之性，以其凝聚之主宰而言，則謂之心。"(第 170 條)"心即理也"就是説心的本體就是天理。理的主宰處即心，心的條理處即理。他反對朱熹"析心與理而爲二"，"外心以求理"。

〔2〕《禮記·曲禮上》云："凡爲人子之禮，冬温而夏凊，昏定而晨省。"陳澔注曰："温以御其寒，凊以致其涼，定其袵席，省其安否。"袵席，卧席。

〔3〕見《禮記·祭義》。

4. 鄭朝朔[1]問："至善亦須有從事物上求者。"

先生曰："至善只是此心純乎天理之極便是，更於事物上怎生求？且試説幾件看。"

朝朔曰："且如事親，如何而爲温凊之節，如何而爲奉養之宜[2]，須求個是當，方是至善；所以有學問思辨之功[3]。"

先生曰："若只是温凊之節，奉養之宜，可一日二日講之而盡，用得甚學問思辨！惟於温凊時也只要此心純乎天理之極，奉養時也只要此心純乎天理之極，此則非有學問思辨之功，將不免於毫釐千里之繆；所以雖在聖人，猶加'精一'之訓。若只是那些儀節求得是當，便謂至善，即如今扮戲子，扮

得許多溫凊奉養的儀節是當,亦可謂之至善矣。"愛於是日又
有省。

〔1〕 鄭朝朔,名一初,廣東揭陽人,弘治十八年進士。正德六年,王守仁
任吏部員外郎,鄭朝朔任御史,因陳世傑請受學。《全書·外集》有
《祭鄭朝朔文》。(參見《明儒學案》卷三十)

〔2〕 此係朱熹在《大學或問》中引用程頤的話。(見該書第五十六頁)

〔3〕《中庸》論"誠之"之條目,有云:"博學之,審問之,慎思之,明辨之,
篤行之。"(第二十章)

5. 愛因未會先生知行合一之訓,與宗賢〔1〕、惟賢〔2〕往復
辯論,未能決,以問於先生。

先生曰:"試舉看。"

愛曰:"如今人盡有知得父當孝、兄當弟者,却不能孝,不
能弟,便是知與行分明是兩件。"

先生曰:"此已被私欲隔斷,不是知行的本體了。未有知
而不行者;知而不行,只是未知。聖賢教人知行,正是要復那
本體,不是著你只恁的便罷。故《大學》指個真知行與人看,
說'如好好色,如惡惡臭〔3〕'。見好色屬知,好好色屬行,只見
那好色時已自好了,不是見了後又立個心去好;聞惡臭屬知,
惡惡臭屬行,只聞那惡臭時已自惡了,不是聞了後別立個心
去惡。如鼻塞人雖見惡臭在前,鼻中不曾聞得,便亦不甚惡,
亦只是不曾知臭。就是稱某人知孝、某人知弟,必是其人已
曾行孝、行弟,方可稱他知孝、知弟;不成只是曉得說些孝、弟
的話,便可稱爲知孝、弟。又如知痛,必已自痛了方知痛;知
寒,必已自寒了;知飢,必已自飢了。知行如何分得開? 此便
是知行的本體,不曾有私意隔斷的。聖人教人必要是如此,

方可謂之知；不然，只是不曾知。此却是何等緊切著實的工夫，如今苦苦定要說知行做兩個，是甚麼意？某要說做一個，是甚麼意？若不知立言宗旨，只管說一個兩個，亦有甚用！〔4〕"

愛曰："古人說知行做兩個，亦是要人見個分曉，一行做知的功夫，一行做行的功夫，即功夫始有下落。"

先生曰："此却失了古人宗旨也。某嘗說知是行的主意，行是知的功夫；知是行之始，行是知之成〔4〕。若會得時，只說一個知，已自有行在，只說一個行，已自有知在。古人所以既說一個知，又說一個行者，只爲世間有一種人，懵懵懂懂的任意去做，全不解思惟省察，也只是個冥行妄作，所以必說個知，方纔行得是；又有一種人，茫茫蕩蕩懸空去思索，全不肯著實躬行，也只是個揣摸影響，所以必說一個行，方纔知得真。此是古人不得已補偏救弊的說話，若見得這個意時，即一言而足。今人却就將知行分作兩件去做，以爲必先知了，然後能行，我如今且去講習討論做知的工夫，待知得真了，方去做行的工夫；故遂終身不行，亦遂終身不知。此不是小病痛，其來已非一日矣。某今說個知行合一，正是對病的藥，又不是某鑿空杜撰，知行本體原是如此。今若知得宗旨時，即說兩個亦不妨，亦只是一個；若不會宗旨，便說一個，亦濟得甚事？只是閑說話。"

〔1〕黃宗賢(1477—1551)，名綰，號久庵，浙江黃巖人，以世蔭出仕，歷任至禮部尚書。正德五年，在北京與王守仁、湛若水(1466—1560)成爲至交。嘉靖元年，拜王守仁爲師。王守仁死，桂萼百端壓制，黃綰上疏申辯。後又以女嫁王守仁之子，銷其外侮。晚年著《明道篇》，與王守仁的思想決裂。

〔2〕顧惟賢(1483—1565),名應祥,號箬溪,浙江長興人。弘治十八年進士。歷任至刑部尚書。少受業于王守仁,守仁死後,顧見《傳習續録》,作《傳習録疑》以辨之,並不同意知行合一學説。顧精于數學、天文,著有《授時歷撮要》、《弧矢算術》等。

〔3〕見《大學章句》第六章。

〔4〕季彭山(1485—1563)説:"自發端而言,則以明覺之幾爲主,故曰:'知者行之始。'自致極而言,則以流行之勢爲主,故曰:'行者知之終。'雖若以知行分先後,而知爲行始,行爲知終,則所知者即是行,所行者即是知。"(《明儒學案》卷十三《王門學案三·説理會編》)

　　佐藤一齋(1772—1859)説:"自行之分別處謂之知,故曰主意,自知之作爲處謂之行,故曰功夫。始字是方始,非初始。成字是作爲,非完成。若解爲初始完成,若於主意功夫有礙。"(《傳習録欄外書》第五頁)

　　按:季彭山注釋較切。王守仁説:"知是行的主意,行是知的功夫。""知是行之始,行是知之成。""知之真切篤實處即是行,行之明覺精察處即是知。"(第133條)。這本是從不同的角度説明知行合一。三句相互補充,其間並不相礙。若據佐藤一齋説,"成"是"作爲",則與"功夫"意義相重,不必分做兩句説了。

6. 愛問:"昨聞先生'止至善'之教,已覺功夫有用力處,但與朱子'格物'之訓,思之終不能合。"

先生曰:"'格物'是'止至善'之功。既知'至善',即知'格物'矣。"

愛曰:"昨以先生之教推之'格物'之説,似亦見得大略。但朱子之訓,其於《書》之'精一',《論語》之'博約'〔1〕,《孟子》之'盡心知性'〔2〕,皆有所證據〔3〕,以是未能釋然。"

先生曰:"子夏篤信聖人,曾子反求諸己〔4〕,篤信固亦是,然不如反求之切。今既不得於心，安可狃於舊聞，不求是當！就如朱子亦尊信程子，至其不得於心處，亦何嘗苟從？‘精一’、‘博約’、‘盡心’本自與吾說吻合，但未之思耳。朱子‘格物’之訓，未免牽合附會，非其本旨。精是一之功，博是約之功，曰仁既明知行合一之說，此可一言而喻。‘盡心知性知天’是‘生知安行’事，‘存心養性事天’是‘學知利行’事，‘夭壽不貳，修身以俟’是‘困知勉行’事。朱子錯訓‘格物’，只爲倒看了此意，以‘盡心知性’爲‘物格知至’[5]，要初學便去做‘生知安行’事，如何做得！”

愛問：“‘盡心知性’何以爲‘生知安行’？”

先生曰：“性是心之體，天是性之原，盡心即是盡性。惟天下至誠，爲能盡其性，知天地之化育[6]。‘存心’者，心有未盡也[7]。‘知天’，如‘知州’、‘知縣’之‘知’，是自己分上事，已與天爲一。‘事天’如子之事父，臣之事君，須是恭敬奉承，然後能無失，尚與天爲二，此便是聖賢之別。至於夭壽不貳其心，乃是教學者一心爲善，不可以窮通夭壽之故，便把爲善的心變動了，只去修身以俟命，見得窮通夭壽有個命在，我亦不必以此動心。‘事天’雖與天爲二，已自見得個天在面前；‘俟命’便是未曾見面，在此等候相似，此便是初學立心之始，有個困勉的意在。今却倒做了，所以使學者無下手處。”

愛曰：“昨聞先生之教，亦影影見得功夫須是如此，今聞此說，益無可疑。愛昨曉思‘格物’的‘物’字，即是‘事’字，皆從心上說。”

先生曰：“然。身之主宰便是心，心之所發便是意，意之本體便是知，意之所在便是物[8]。如意在於事親，即事親便是一物，意在於事君，即事君便是一物，意在於仁民、愛物，即

13

仁民、愛物便是一物,意在於視、聽、言、動,即視、聽、言、動便
是一物。所以某説無心外之理,無心外之物。《中庸》言'不
誠無物'〔9〕,《大學》'明明德'之功,只是個'誠意'。'誠意'之
功,只是個'格物'。”

〔1〕《論語·雍也篇》云:“子曰:'君子博學於文,約之以禮,亦可以弗畔
矣夫。'”(第二十五章)又《論語·子罕篇》云:“顏淵曰:'夫子循循
然善誘人,博我以文,約我以禮。'”(第十章)

〔2〕《孟子·盡心篇上》云:“盡其心者,知其性也;知其性則知天矣。”
(第一章)

〔3〕朱熹從格物窮理的觀點解釋“精一”説:“'人心惟危,道心惟微,惟
精惟一,允執厥中。'程子曰:'人心,人欲,故危殆。道心,天理,故
精微。'惟精以致之,惟一以守之,如此方能執中。此言盡之矣。惟
精者,精審之而勿雜也。惟一者,有首有尾專一也。”(《朱子語類》
卷七十八)

　　朱熹引侯仲良的《論語説》從格物的觀點注解“博約”説:“博
我以文,致知格物也。約我以禮,克己復禮也。”(《論語集注·子罕
篇》第十章)

　　朱熹從格物的觀點注解“盡心知性”曰:“以大學之序言之,知性
則物格之謂,盡心則知至之謂也。”(《孟子集注·盡心篇上》第一章)

〔4〕見朱熹《孟子集注·公孫丑篇上》第二章。

〔5〕《孟子·盡心篇上》云:“盡其心者,知其性也,知其性則知天矣。存
其心,養其性,所以事天也。夭壽不貳,修身以俟之,所以立命也。”
(第一章)

　　《中庸》云:“或生而知之,或學而知之,或困而知之,及其知之,
一也。或安而行之,或利而行之,或勉強而行之,及其成功,一也。”
(第二十章)

　　朱熹注解《孟子》上述“盡其心者,……所以立命也。”曰:“盡心
知性而知天,所以造其理也。存心養性以事天,所以履其事也。

不知其理,固不能履其事,然徒造其理而不履其事,則亦無以有諸己矣。知天而不以夭壽貳其心,智之盡也。事天而能修身以俟死,仁之至也。智有不盡,固不知所以爲仁,然智而不仁,則亦流蕩不法,而不足以爲智矣。"這個注解與王守仁用《中庸》的思想來解釋,並不相同。王守仁批評朱"要初學便去做'生知安行'事,如何做得?"與朱的思想並不完全相應,此處只宜從王守仁闡述自己思想的角度理解之。

〔6〕語本《中庸》:"唯天下至誠,爲能盡其性;能盡其性,則能盡人之性;能盡人之性,則能盡物之性;能盡物之性,則可以贊天地之化育;可以贊天地之化育,則可以與天地參矣。"(第二十二章)

〔7〕存心:言心尚未盡而後有待于存,已盡則不用存了。

〔8〕王守仁此處所謂"意之所在便是物",係從狹義而言。下文"理一而已,……以其明覺之感應而言,則謂之物"(第170條),則從廣義而言。

〔9〕見《中庸》第二十五章。

7. 先生又曰:"'格物'如《孟子》'大人格君心'〔1〕之格,是去其心之不正,以全其本體之正。但意念所在,即要去其不正,以全其正,即無時無處不是存天理,即是窮理,'天理'即是'明德','窮理'即是'明明德'。"

〔1〕《孟子·離婁篇上》云:"惟大人爲能格君心之非。"(第二十章)朱熹引趙氏注曰:"格,正也。"

8. 又曰:"知是心之本體,心自然會知。見父自然知孝,見兄自然知弟,見孺子入井自然知惻隱〔1〕,此便是'良知'〔2〕,不假外求。若'良知'之發,更無私意障礙,即所謂充其惻隱之心,而仁不可勝用矣〔3〕。然在常人,不能無私意障礙,所以須用'致知'、'格物'之功。勝私復理,即心之'良知'更無障礙,得以充塞[4]流行,便是致其知。知致則意誠。"

〔1〕語本《孟子·公孫丑篇上》:"今人乍見孺子將入于井,皆有怵惕惻隱之心。"(第六章)

〔2〕語本《孟子·盡心篇上》:"人之所不學而能者,其良能也;所不慮而知者,其良知也。"(第十五章)

　　黄宗羲(1610—1695)曰:"先生(徐愛)記《傳習》,初卷皆南中所聞,其于致良知之説,固未之知也。然《録》中有云:'知是心之本體。心自然會知,見父自然知孝,見兄自然知弟,見孺子入井自然知惻隱,此便是良知。使此心之良知充塞流行,便是致其知。'則三字之提,不始于江右,明矣。但江右以後,以此爲宗旨爾。是故陽明之學,先生爲得其真。"(《明儒學案》卷十一《浙中王門學案一》)

〔3〕語本《孟子·盡心篇下》:"人能充無欲害人之心,而仁不可勝用也。"(第三十一章)

〔4〕塞字本張載"天地之塞,吾其體"(《西銘》)。

9. 愛問:"先生以'博文'爲'約禮'功夫,深思之,未能得,略請開示。"

先生曰:"'禮'字即是'理'字。'理'之發見可見者謂之'文','文'之隱微不可見者謂之'理',只是一物,'約禮'只是要此心純是一個天理。要此心純是天理,須就'理'之發見處用功:如發見於事親時,就在事親上學存此天理;發見於事君時,就在事君上學存此天理;發見於處富貴貧賤時,就在處富貴貧賤上學存此天理;發見於處患難夷狄時,就在處患難夷狄上學存此天理[1];至於作止、語默,無處不然,隨他發見處,即就那上面學個存天理。這便是'博學之於文',便是'約禮'的功夫。'博文'即是'惟精','約禮'即是'惟一'。"

16

〔1〕語本《中庸》:"君子素其位而行,不願乎其外,素富貴行乎富貴,素
貧賤行乎貧賤,素夷狄行乎夷狄,素患難行乎患難。君子無入而
不自得焉。"(第十四章)

10. 愛問:"'道心'常爲一身之主,而'人心'每聽命〔1〕;以
先生'精一'之訓推之,此語似有弊。"

先生曰:"然。心一也,未雜於人謂之'道心',雜以人僞
謂之'人心'。'人心'之得其正者即'道心','道心'之失其正
者即'人心',初非有二心也。程子謂'人心即人欲,道心即天
理'〔2〕。語若分析,而意實得之。今曰道心爲主,而人心聽
命,是二心也。'天理'、'人欲'不並立,安有'天理'爲主,'人
欲'又從而聽命者。"

〔1〕指朱熹《中庸章句序》所説:"必使道心常爲一身之主,而人心每聽
命焉,則危者安,微者著,而動靜云爲,自無過不及之差矣。"
〔2〕見《二程遺書》第十九卷。

11. 愛問文中子、韓退之〔1〕。

先生曰:"退之,文人之雄耳;文中子,賢儒也。後人徒以
文詞之故,推尊退之,其實退之去文中子遠甚。"

愛問:"何以有擬經〔2〕之失?"

先生曰:"擬經恐未可盡非。且説後世儒者著述之意與
擬經如何?"

愛曰:"世儒著述,近名之意不無,然期以明道;擬經純若
爲名。"

先生曰:"著述以明道,亦何所效法?"

曰:"孔子删述《六經》以明道也。"

先生曰："然則擬經獨非效法孔子乎？"

愛曰："著述即於道有所發明；擬經似徒擬其跡，恐於道無補。"

先生曰："子以明道者，使其反朴還淳而見諸行事之實乎？抑將美其言辭而徒以譊譊於世也？天下之大亂，由虛文勝而實行衰也。使道明於天下，則《六經》不必述；删述《六經》，孔子不得已也。自伏羲畫卦，至於文王、周公，其間言《易》，如《連山》、《歸藏》[3]之屬，紛紛籍籍不知其幾，《易》道大亂。孔子以天下好文之風日盛，知其說之將無紀極，於是取文王、周公之說而贊之[4]，以爲惟此爲得其宗。於是紛紛之說盡廢，而天下之言《易》者始一。《書》、《詩》、《禮》、《樂》、《春秋》皆然。《書》自《典》、《謨》以後，《詩》自《二南》以降，如《九丘》、《八索》[5]，一切淫哇逸蕩之詞，蓋不知其幾千百篇。禮、樂之名物度數，至是亦不可勝窮。孔子皆删削而述正之，然後其說始廢。如《書》、《詩》、《禮》、《樂》中，孔子何嘗加一語。今之《禮記》諸說，皆後儒附會而成，已非孔子之舊。至于《春秋》，雖稱孔子作之[6]，其實皆魯史舊文；所謂'筆'者，筆其舊，所謂'削'者，削其繁，是有減無增。孔子述《六經》，懼繁文之亂天下，惟簡之而不得，使天下務去其文以求其實，非以文教之也。《春秋》以後，繁文益盛，天下益亂。始皇焚書得罪，是出於私意，又不合焚《六經》；若當時志在明道，其諸反經叛理之說，悉取而焚之，亦正暗合删述之意。自秦、漢以降，文又日盛，若欲盡去之，斷不能去；只宜取法孔子錄其近是者而表章之，則其諸怪悖之說，亦宜漸漸自廢。不知文中子當時擬經之意如何，某切深有取於其事，以爲聖人復起，不能易也。天下所以不治，只因文盛實衰，人出己見，新奇相高,以眩俗取譽,徒以亂天下之聰明,塗天下之耳目,使天下靡然,爭務修飾文詞以求知於世,而不復知有敦本尚實,反朴還淳之行,是皆著述者有以啓之。"

愛曰:"著述亦有不可缺者,如《春秋》一經,若無《左傳》,恐亦難曉。"

先生曰:"《春秋》必待《傳》而後明,是歇後謎語矣,聖人何苦爲此艱深隱晦之詞。《左傳》多是魯史舊文,若《春秋》須此而後明,孔子何必削之?"

愛曰:"伊川亦云:'《傳》是案,《經》是斷[7]。'如書'弑某君'、'伐某國',若不明其事,恐亦難斷。"

先生曰:"伊川此言恐亦是相沿世儒之説,未得聖人作經之意。如書'弑君',即弑君便是罪,何必更問其弑君之詳?征伐當自天子出,書'伐國',即伐國便是罪,何必更問其伐國之詳?聖人述《六經》,只是要正人心,只是要存天理、去人欲,於存天理、去人欲之事則嘗言之。或因人請問,各隨分量而説,亦不肯多道,恐人專求之言語,故曰'予欲無言'[8],若是一切縱人欲、滅天理的事,又安肯詳以示人?是長亂導奸也。故孟子云:'仲尼之門,無道桓、文之事者,是以後世無傳焉。'[9]此便是孔門家法。世儒只講得一個伯者的學問,所以要知得許多陰謀詭計,純是一片功利的心,與聖人作經的意思正相反,如何思量得通!"因嘆曰:"此非達天德者未易與言此也!"[10]又曰:"孔子云'吾猶及史之闕文也'[11]。孟子云'盡信《書》不如無《書》,吾於《武成》,取二三策而已[12]'。孔子删《書》,於唐、虞、夏四五百年間不過數篇,豈更無一事,而所述止此,聖人之意可知矣。聖人只是要删去繁文,後儒却只要添上。"

愛曰："聖人作經，只是要去人欲、存天理，如五伯[13]以下事，聖人不欲詳以示人，則誠然矣。至如堯、舜以前事，如何略不少見？"

先生曰："羲、黄之世，其事闊疏，傳之者鮮矣。此亦可以想見其時全是淳龐朴素、略無文采的氣象，此便是太古之治，非後世可及。"

愛曰："如《三墳》[14]之類，亦有傳者，孔子何以删之？"

先生曰："縱有傳者，亦於世變漸非所宜。風氣益開，文采日勝，至於周末，雖欲變以夏、商之俗，已不可挽，況唐、虞乎！又況羲、黄之世乎！然其治不同，其道則一。孔子於堯、舜則祖述之，於文、武則憲章之[15]。文、武之法，即是堯、舜之道，但因時致治，其設施政令，已自不同，即夏、商事業施之於周，已有不合。故'周公思兼三王，其有不合，仰而思之，夜以繼日[16]'。況太古之治，豈復能行。斯固聖人之所可略也。"

又曰："專事無爲，不能如三王之因時致治，而必欲行以太古之俗，即是佛、老的學術。因時致治，不能如三王之一本於道，而以功利之心行之，即是伯者以下事業。後世儒者，許多講來講去，只是講得個伯術。"

〔1〕文中子，即隋代王通（584—617），字仲淹，山西龍門人。仿孔子作
　　《六經》。

　　　韓退之（768—824），名愈，河北昌黎人，唐代著名文人。反對
　　佛、道，爲宋、明理學的先驅。

　　　朱熹説："孟子後，荀（子）揚（雄）淺，不濟得事，只有王通、韓愈
　　好，又不全淳。"（《朱子語類》卷一百三十七）

〔2〕司馬光（1019—1086）《補傳》曰："《禮論》二十二篇，《樂論》二十篇，
　　《續書》百有五十篇，《續詩》三百六十篇，《元經》五十篇，《讚易》七

十篇,謂之'王氏六經'。"(朱彝尊《經義考》引)

〔3〕《周禮·春官·宗伯》:"簭人,掌三《易》,以辨九簭之名,一曰《連山》,二曰《歸藏》,三曰《周易》。"(卷二十四)傳說《連山》爲夏《易》,《歸藏》爲殷《易》。

〔4〕傳說周文王(前1171—前1122)疊八卦而成六十四卦,于每卦作卦辭。卦之每爻,傳周公(前1094)作爻辭。孔子讚《易》,作《象傳》上下、《象傳》上下、《繫辭傳》上下、《文言傳》、《説卦傳》、《序卦傳》、《雜卦傳》,稱十翼。

〔5〕《典》、《謨》指《書經》首數篇之《堯典》、《舜典》、《大禹謨》、《皋陶謨》等。《二南》爲《詩經》首二輯之《周南》、《召南》。

　　《九丘》、《八索》,傳說古書名。《左傳》云:"楚左史倚相能讀《三墳》、《五典》、《八索》、《九丘》。"

〔6〕《孟子·滕文公篇下》云:"世衰道微,邪説暴行有作,臣弑其君者有之,子弑其父者有之。孔子懼,作《春秋》。"(第九章)

〔7〕見《二程遺書》第十五卷。

〔8〕見《論語·陽貨篇》第十九章。

〔9〕見《孟子·梁惠王篇上》第七章。

〔10〕語本《中庸》:"苟不固聰明聖知達天德者,其孰能知之。"(第三十二章)

〔11〕見《論語·衛靈公篇》第二十五章。

〔12〕見《孟子·盡心篇下》第三章。《武成》,《周書》篇名,記武王伐紂事。策,竹簡。

〔13〕五伯:齊桓公(前685—前643)、晉文公(前636—628)、秦穆公(前659—前619)、楚莊王(前613—前589)、宋襄公(前650—前635)。參見《孟子·告子篇下》第七章。

〔14〕《三墳》:傳說古書名。

〔15〕語本《中庸》:"仲尼祖述堯、舜,憲章文、武。"(第三十章)朱熹注:"祖述者,遠宗其道;憲章者,近守其法。"

21

〔16〕見《孟子·離婁篇下》第二十章。

12. 又曰："唐、虞以上之治，後世不可復也，略之可也。三代以下之治，後世不可法也，削之可也。惟三代之治可行。然而世之論三代者，不明其本而徒事其末，則亦不可復矣。"

13. 愛曰："先儒論《六經》，以《春秋》爲史。史專記事，恐與《五經》事體終或稍異。"

先生曰："以事言謂之史，以道言謂之經。事即道，道即事。《春秋》亦經，《五經》亦史[1]。《易》是包犧氏之史，《書》是堯、舜以下史，《禮》、《樂》是三代史。其事同，其道同，安有所謂異！"

〔1〕"五經亦史"，爲王守仁的主要觀點之一，與朱熹的觀點有所不同。朱熹説："古之聖人，作爲《六經》，以教後世。《易》以通幽明之故，《書》以紀政事之實，《詩》以導情性之正，《春秋》以示法戒之嚴，《禮》以正行，《樂》以和心，其于義禮之精微，古今之得失，所以該貫發揮，究竟窮極，可謂盛矣。"(《朱子大全·建寧府建陽縣學藏書記》)這個觀點對後來影響甚大，清代章學誠就是其中著名人物之一，王守仁晚年的觀點又有變化，提出"《六經》者，吾心之記籍也"，詳見《稽山書院尊經閣紀》(《全書》卷七)。

14. 又曰："《五經》亦只是史。史以明善惡，示訓戒；善可爲訓者，時存其迹以示法；惡可爲戒者，存其戒而削其事以杜奸。"

愛曰："存其迹以示法，亦是存天理之本然；削其事以杜奸，亦是遏人欲於將萌否？"先生曰："聖人作經，固無非是此意;然又不必泥著文句。”

愛又問:“惡可爲戒者,存其戒而削其事以杜奸,何獨於《詩》而不删鄭、衛? 先儒謂惡者可以懲創人之逸志[1],然否?”

先生曰:“《詩》非孔門之舊本矣。孔子云:‘放鄭聲,鄭聲淫[2]。’又曰:‘惡鄭聲之亂雅樂也[3]。’‘鄭、衛之音,亡國之音也[4]。’此是孔門家法。孔子所定三百篇,皆所謂雅樂,皆可奏之郊廟,奏之鄉黨,皆所以宣暢和平,涵泳德性,移風易俗,安得有此! 是長淫導奸矣! 此必秦火之後,世儒附會,以足三百篇之數。蓋淫泆之詞,世俗多所喜傳,如今閭巷皆然。惡者可以懲創人之逸志,是求其説而不得,從而爲之辭。”

[1] 語本朱熹《論語集注・爲政篇》:“凡《詩》之言,善者可以感發人之善心,惡者可以懲創人之逸志,其用歸于使人得其情性之正而已。”(第二章注)
[2] 見《論語・衛靈公篇》第十章。
[3] 見《論語・陽貨篇》第十八章。
[4] 見《禮記・樂記篇》:“鄭、衛之音,亂世之音也,比於慢矣。桑間、濮上之音,亡國之音也。”(卷十一)

愛因舊説汨没,始聞先生之教,實是駭愕不定,無入頭處;其後聞之既久,漸知反身實踐,然後始信先生之學爲孔門嫡傳,舍是皆傍蹊小徑、斷港絶河矣。如説“‘格物’是‘誠意’的工夫,‘明善’是‘誠身’的工夫,‘窮理’是‘盡性’的工夫,‘道問學’是‘尊德性’的工夫,‘博文’是‘約禮’的工夫,‘惟精’是‘惟一’的工夫[1]”:諸如此類,始皆落落難合;其後思之既久,不覺手舞足蹈。

右曰仁所録〔2〕。

〔1〕 “格物”與“誠意”，語出《大學》；“明善”與“誠身”，語出《中庸》；“窮理”與“盡性”，語出《易·説卦傳》；“道問學”與“尊德性”語出《中庸》；“博文”與“約禮”，語出《論語》；“惟精”與“惟一”，語出《書經》。徐愛認爲王守仁的“心與理一”、“知行合一”的格物新説，可以將這些思想通貫。參見《答天宇書》（《全書》卷四），及《示弟立志説》（《全書》卷七）。

〔2〕 南本作“門人徐愛曰仁録”，此後有小段文如下：

> 曰仁所紀凡三卷，侃近得此數條，並兩小序，其餘俟求其家附録之。正德戊寅（1518）春薛侃識。

15. 陸澄〔1〕問：“主一〔2〕之功，如讀書則一心在讀書上，接客則一心在接客上，可以爲主一乎？”

先生曰：“好色則一心在好色上，好貨則一心在好貨上，可以爲主一乎？是所謂逐物，非主一也。主一是專主一個天理。”〔3〕

〔1〕 陸澄，字原静，一字清伯，歸安（今浙江吳興）人。正德十二年（1517）進士，授刑部主事。嘉靖時，議大禮不合，罷歸，後悔前議之非，上疏自訟，帝惡其反覆，遂斥不用。時有議守仁之學者，陸欲上疏抗辨，守仁聞而止之。參見《明儒學案》卷十四。

〔2〕 語本程頤所説：“所謂敬者，主一之謂敬。所謂一者，無適之謂一。且欲涵泳主一之義，一則無二、三矣。”（《二程集·遺書》卷十五）

〔3〕 南本、閭東本，此條前尚有一條：“先生曰：‘持志如心痛。一心在痛上，豈有功夫説閒話，管閒事。’”《全書》本載此條于第 24 條與第 25 條之間。

16. 問立志。

先生曰：“只念念要存天理，即是立志。能不忘乎此，久則自然心中凝聚,猶道家所謂'結聖胎'[1]也。此天理之念常存,馴至於美大聖神[2],亦只從此一念存養擴充去耳。[3]"

[1] 道教煉內丹,以母體結胎比喻凝聚精、氣、神三者煉成之丹,曰"結聖胎"。

[2] 語本《孟子·盡心篇下》:"充實之謂美,充實而有光輝之謂大,大而化之之謂聖,聖而不可知之之謂神。"(第二十五章)

[3] 參見《示弟立志説》:"是以君子之學,無時無處而不以立志爲事。正目而視之,無他見也;傾耳而聽之,無他聞也。如貓捕鼠,如雞覆卵,精神心思,凝聚融結,而不復知有其他。然後此志常立,神氣精明,義理昭著。一有私欲,即便知覺,自然容住不得矣。故凡一毫私欲之萌,只責此志不立,即私欲便退聽。一毫客氣之動,只責此志不立,即客氣便消除。或怠心生,責此志即不怠。忽心生,責此志即不忽。懆心生,責此志即不懆。妒心生,責此志即不妒。忿心生,責此志即不忿。貪心生,責此志即不貪。傲心生,責此志即不傲。吝心生,責此志即不吝。蓋無一息而非立志責志之時,無一事而非立志責志之地。故責志之功,其於去人欲,有如烈火之燎毛,太陽一出而魍魎潛消也。"(《全書》卷七)

17. "日間工夫覺紛擾,則靜坐;覺懶看書,則且看書,是亦因病而藥。"

18. "處朋友,務相下則得益,相上則損。"

19. 孟源[1]有自是好名之病,先生屢責之。一日,警責方已,一友自陳日來工夫請正。源從傍曰:"此方是尋著源舊時家當。"

先生曰:"爾病又發!"源色變,議擬欲有所辨。

先生曰："爾病又發！"因喻之曰："此是汝一生大病根！譬如方丈地内，種此一大樹，雨露之滋，土脈之力，只滋養得這個大根；四傍縱要種些嘉穀，上面被此樹葉遮覆，下面被此樹根盤結，如何生長得成？須用伐去此樹，纖根勿留，方可種植嘉種。不然，任汝耕耘培壅，只是滋養得此根。"

〔1〕孟源，字伯生，滁州人。其他情況不詳。

20. 問："後世著述之多，恐亦有亂正學。"

先生曰："人心天理渾然，聖賢筆之書，如寫真傳神，不過示人以形狀大略，使之因此而討求其真耳；其精神意氣，言笑動止，固有所不能傳也。後世著述，是又將聖人所畫摹仿謄寫，而妄自分析加增以逞其技，其失真愈遠矣。"〔1〕

〔1〕參見《五經臆說序》："得魚而忘筌，醪盡而糟粕棄之。魚醪之未得，而曰'是筌與糟粕也，魚與醪終不可得矣'。五經，聖人之學具焉，然自其已聞者而言之，其於道也，亦筌與糟粕耳。竊嘗怪夫世之儒者求魚於筌，而謂糟粕之爲醪也。夫謂糟粕之爲醪，猶近也。糟粕之中而醪存，求魚於筌，則筌與魚遠矣。"（《全書》卷二十二）

21. 問："聖人應變不窮，莫亦是預先講求否？"

先生曰："如何講求得許多？聖人之心如明鏡，只是一個明，則隨感而應，無物不照，未有已往之形尚在，未照之形先具者。若後世所講，却是如此，是以與聖人之學大背。周公制禮作樂以文天下，皆聖人所能爲，堯、舜何不盡爲之而待於周公？孔子删述《六經》以詔萬世，亦聖人所能爲，周公何不先爲之而有待於孔子？是知聖人遇此時，方有此事。只怕鏡不明，不怕物來不能照。講求事變，亦是照時事，然學者却須先有個明的工夫。學者惟患此心之未能明,不患事變之不能盡。”

曰:“然則所謂‘沖漠無朕,而萬象森然已具’[1]者,其言何如?”

曰:“是説本自好,只不善看,亦便有病痛。”

[1] 程頤語,見《二程集·遺書》卷十五。朱熹説:“若夫所謂體用一原者,程子之言蓋已密矣。其曰體用一原者,以至微之理言之,則沖漠無朕,而萬象昭然已具也。其曰顯微無間者,以至著之象言之,則即事即物,而此理無乎不在也。”(《太極圖説解》)

陳榮捷説:“許多研究中國哲學的日本學者斷言這一名言源自佛教,但没有人指明出處。山崎闇齋(1618—1682)在他關於這一名言的論文中(《續山崎闇齋全集》第二卷,第七十八至八十六頁),列舉這一名言的一切引用處和新儒家對它的所有討論,但没有一個字提到它的出處。《大漢和辭典》(迄今這一類字典中最完備者)認爲它的作者是程頤,而不是哪一位佛教徒。像‘沖’、‘漠’、‘無朕’這些術語來自道家,太田錦成(1765—1825)已經指出這一點(《疑問録》第一卷,第二十頁)。這一名言的第二部分實際上與永嘉玄覺禪師(712卒)的《證道歌》中有一語句相同(《景德傳燈録》第三十卷第十一頁)。”(《傳習録》英譯本,第二十七頁)

22. “義理無定在,無窮盡,吾與子言,不可以少有所得,而遂謂止此也,再言之十年、二十年、五十年,未有止也。”他日又曰:“聖如堯、舜,然堯、舜之上善無盡;惡如桀、紂,然桀、紂之下惡無盡。使桀、紂未死,惡寧止此乎? 使善有盡時,文王何以‘望道而未之見’?[1]”

[1] 語見《孟子·離婁篇下》第二十章。而,如。

參見《見齋説》:“道不可言也,強爲之言而益晦;道無可見也,妄爲之見而益遠。夫有而未嘗有，是真有也。無而未嘗無，是真無也。見而未嘗見，是真見也。子未觀於天乎？謂天爲無可見，則蒼蒼耳，昭昭耳。日月之代明，四時之錯行，未嘗無也。謂天爲可見，則即之而無所，指之而無定，執之而無得，未嘗有也。夫天，道也；道，天也。風可捉也，影可拾也，道可見也。曰：'然則吾終無所見乎，古之人則亦終無所見乎？' 曰：'神無方而道無體，仁者見之謂之仁，知者見之謂之知，是有方體者也，見之而未盡者也。顏子則如有所立卓爾。夫謂之如，則非有也。謂之有，則非無也。是故雖欲從之，末由也已。故夫顏氏之子爲庶幾也。文王望道而未之見，斯真見也已。'"（《全書》卷七）

23. 問："静時亦覺意思好，才遇事便不同，如何？"

先生曰："是徒知静養，而不用克己工夫也。如此，臨事便要傾倒。人須在事上磨，方立得住，方能静亦定，動亦定。"[1]

〔1〕語見程顥（1032—1085）《答横渠張子厚先生書》（《二程集·文集》卷二）。

參見《與劉元道》："且專欲絶世故，屏思慮，偏于虚静，則恐既已養成空寂之性，雖欲勿流于空寂，不可得矣。大抵治病雖無一定之方，而以去病爲主，則是一定之法。若但知隨病用藥，而不知因藥發病，其失一而已矣。閒中且將明道《定性書》熟味，意況當又不同。"（《全書》卷五）

24. 問上達工夫[1]。

先生曰："後儒教人，纔涉精微，便謂上達未當學，且説下學；是分下學、上達爲二也。夫目可得見，耳可得聞，口可得言，心可得思者，皆下學也；目不可得見，耳不可得聞，口不可得言，心不可得思者，上達也。如木之栽培灌漑，是下學也；

至於日夜之所息,條達暢茂,乃是上達,人安能預其力哉！故凡可用功、可告語者皆下學,上達只在下學裏。凡聖人所説,雖極精微,俱是下學。學者只從下學裏用功,自然上達去,不必別尋個上達的工夫。"〔2〕

〔1〕語本《論語·憲問篇》:"子曰:'莫我知也夫。'子貢曰:'何爲其莫知子也?'子曰:'不怨天,不尤人,下學而上達,知我者其天乎！'"(第三十七章)

〔2〕《全書》本此條下有一條:"持志如心痛,一心在痛上,豈有工夫説閒話、管閒事！"因與第 95 條重出,故删去。

　　　又南本、施邦曜本(以下簡稱施本)、俞嶙本(以下簡稱俞本)此條後多一條:"'千古聖人只有這些子'。又曰'人生一世,惟有這件事'。"
　　　又參見第 145 條:"凡人爲學,終身只爲這一事,自少至老,自朝至暮,不論有事無事,只是做得這一件。所謂'必有事焉'者也。"

　　25. 問:"'惟精'、'惟一'是如何用功?"
　　先生曰:"'惟一'是'惟精'主意,'惟精'是'惟一'功夫;非'惟精'之外,復有'惟一'也〔1〕。精字從米,姑以米譬之:要得此米純然潔白,便是'惟一'意;然非加舂簸篩揀'惟精'之功,則不能純然潔白也。舂簸篩揀是'惟精'之功,然亦不過要此米到純然潔白而已。博學、審問、慎思、明辨、篤行者〔2〕,皆所以爲'惟精'而求'惟一'也。他如'博文'者,即'約禮'之功,'格物'、'致知'者,即'誠意'之功,'道問學'即'尊德性'之功,'明善'即'誠身'之功,無二説也。"

〔1〕參見《重修山陰縣學記》:"惟一者,一於道心也;惟精者,慮道心之不一,而或二之以人心也。"(《全書》卷七)

〔2〕語見《中庸》第二十章。

26. "知者行之始，行者知之成。聖學只一個功夫，知、行不可分作兩事。[1]"

〔1〕參見《答友人問》："凡謂之行者，只是著實去做這件事。若著實做學問思辨的工夫，則學問思辨亦便是行矣。學是學做這件事，問是問做這件事，思辨是思辨做這件事，則行亦便是學問思辨矣。若謂學問思辨之，然後去行，却如何懸空先去學問思辨得？行時又如何去得個學問思辨的事？行之明覺精察處便是知，知之真切篤實處便是行。若行而不能精察明覺，便是冥行，便是'學而不思則罔'，所以必須説個知。知而不能真切篤實，便是妄想，便是'思而不學則殆'，所以必須説個行。原來只是一個工夫。"（《全書》卷六）

27. "漆雕開曰：'吾斯之未能信。'夫子説之[1]。子路使子羔爲費宰。子曰：'賊夫人之子[2]！'曾點言志，夫子許之[3]。聖人之意可見矣。"

〔1〕《論語・公冶長篇》云："子使漆雕開仕，對曰：'吾斯之未能信。'子説。"（第六章）漆雕開（前540—前450），孔子弟子。

佐藤一齋曰："學在于成己，終能及物。欲人信己，莫如自信焉。欲己服人，莫如自服焉。自信自服，即自得之謂也。君子無入而不自得，感應之機，蓋在于此。"（《傳習録欄外書》第三十頁）

〔2〕語見《論語・先進篇》第二十四章。賊，害也。

〔3〕語本《論語・先進篇》第二十五章。孔子使子路（前542—前480）、曾皙（生卒未詳）、冉有（前522—前462）、公西華（前509—?）各言其志。曾皙最後答曰："暮春者，春服既成，冠者五六人，童子六七人，浴乎沂，風乎舞雩，詠而歸。"孔子喟然嘆曰："吾與點也。"

28. 問："寧静存心時,可爲'未發之中'[1]否?"

先生曰："今人存心,只定得氣,當其寧静時,亦只是氣寧静,不可以爲'未發之中'"。

曰："未便是中,莫亦是求中功夫?"

曰："只要去人欲、存天理,方是功夫。静時念念去人欲、存天理,動時念念去人欲、存天理,不管寧静不寧静。若靠那寧静,不惟漸有喜静厭動之弊,中間許多病痛,只是潛伏在,終不能絶去,遇事依舊滋長。以循理爲主,何嘗不寧静;以寧静爲主,未必能循理。"

〔1〕《中庸》云:"喜怒哀樂之未發,謂之中。"(第一章)

29. 問："孔門言志,由、求任政事,公西赤任禮樂,多少實用[1]!及曾皙説來,却似耍的事,聖人却許他,是意何如?"

曰："三子是有意必[2],有意必便偏著一邊,能此未必能彼;曾點這意思却無意必,便是'素其位而行,不願乎其外,素夷狄行乎夷狄,素患難行乎患難,無入而不自得矣'[3]。三子所謂'汝器也'[4],曾點便有'不器'意[5]。然三子之才各卓然成章,非若世之空言無實者,故夫子亦皆許之。"[6]

〔1〕語本《論語·先進篇》第二十五章。由,子路名。其言曰:"千乘之國,攝乎大國之間,加之以師旅,因之以饑饉,由也爲之,比及三年,可使有勇,且知方也。"孔子笑他。攝,迫。

　　求,冉有名。其言曰:"方六七十,如五六十,求也爲之,比及三年,可使足民;如其禮樂,以俟君子。"如,或,一曰與。

　　赤,公西華名。其言曰:"非曰能之,願學焉!宗廟之事,如會同,端章甫,願爲小相焉。"會同,列國會盟。端,禮服。章甫,禮冠。相,相君之禮。

〔2〕《論語·子罕篇》云:“子絶四:毋意,毋必,毋固,毋我。”(第四章)

〔3〕語見《中庸》第十四章。

〔4〕《論語·公冶長篇》云:“子貢問曰:‘賜也何如?’子曰:‘女器也。’曰:‘何器也?’曰:‘瑚璉也。’”(第三章)女,汝。瑚璉,宗廟禮器。《論語》包注:“夏曰瑚,殷曰璉,周曰簠簋。”

〔5〕《論語·爲政篇》云:“君子不器。”(第十二章)器則各適其用而不能相通,是以君子不器。

〔6〕參見《月夜二首》之二:“處處中秋此月明,不知何處亦群英;須憐絶學經千載,莫負男兒過一生。影響尚疑朱仲晦,支離羞作鄭康成;鏗然捨瑟春風裏,點也雖狂得我情。”(《全書》卷二十)

30. 問:“知識不長進,如何?”

先生曰:“爲學須有本原,須從本原上用力,漸漸盈科而進。仙家説嬰兒,亦善譬。嬰兒在母腹時,只是純氣,有何知識;出胎後,方始能啼,既而後能笑,又既而後能識認其父母兄弟,又既而後能立、能行、能持、能負,卒乃天下之事無不可能;皆是精氣日足,則筋力日強,聰明日開,不是出胎日便講求推尋得來。故須有個本原。聖人到‘位天地,育萬物’〔1〕也只從‘喜怒哀樂未發之中’上養來〔2〕。後儒不明格物之説,見聖人無不知、無不能,便欲於初下手時講求得盡,豈有此理!”

又曰:“立志用功如種樹然,方其根芽,猶未有幹,及其有幹,尚未有枝,枝而後葉,葉而後花實。初種根時,只管栽培灌溉,勿作枝想,勿作葉想,勿作花想,勿作實想——懸想何益?但不忘栽培之功,怕没有枝葉花實?”

〔1〕《中庸》云:“致中和,天地位焉,萬物育焉。”(第一章)

〔2〕參見《紫陽書院集序》:“是故君子之學,惟求得其心,雖至于‘位天地,育萬物’,未有出于吾心之外也。孟氏所謂‘學問之道無他,求

其放心而已矣'者,一言以蔽之。故博學者,學此者也;審問者,問此者也;慎思者,思此者也;明辨者,辨此者也;篤行者,行此者也。心外無事,心外無理,故心外無學。是故于父子盡吾心之仁,于君臣盡吾心之義,言吾心之忠信,行吾心之篤敬,懲心忿,窒心欲,遷心善,改心過。處事接物,無所往而非求盡吾心以自慊也。譬之植焉:心,其根也;學也者,其培壅之者也,灌溉之者也,扶植而删鋤之者也,無非有事于根焉耳矣。"(《全書》卷七)

31. 問:"看書不能明,如何?"

先生曰:"此只是在文義上穿求,故不明。如此,又不如爲舊時學問。他到[1]看得多,解得去。只是他爲學雖極解得明曉,亦終身無得;須於心體上用功。凡明不得、行不去,須反在自心上體當,即可通。蓋《四書》、《五經》不過説這心體,這心體即所謂道,心體明即是道明,更無二。此是爲學頭腦處。"[2]

〔1〕南本"到"作"倒"。

〔2〕參見《稽山書院尊經閣記》:"《六經》者非他,吾心之常道也。故《易》也者,志吾心之陰陽消息者也;《書》也者,志吾心之紀綱政事者也;《詩》也者,志吾心之歌詠性情者也;《禮》也者,志吾心之條理節文者也;《樂》也者,志吾心之欣喜和平者也;《春秋》也者,志吾心之誠僞邪正者也。君子之于《六經》也,求之吾心之陰陽消息而時行焉,所以尊《易》也;求之吾心之紀綱政事而時施焉,所以尊《書》也;求之吾心之歌詠性情而時發焉,所以尊《詩》也;求之吾心之條理節文而時著焉,所以尊《禮》也;求之吾心之欣喜和平而時生焉,所以尊《樂》也;求之吾心之誠僞邪正而時辨焉,所以尊《春秋》也。蓋昔者聖人之扶人極、憂後世而述《六經》也,猶之富家者之父祖,慮其產業庫藏之積其子孫者或至於遺亡散失,卒困窮而無以自全

也,而記籍其家之所有以貽之,使之世守其產業庫藏之積而享用焉,以免于困窮之患。故《六經》者,吾心之記籍也。而《六經》之實,則具于吾心,猶之產業庫藏之實積,種種色色,具存於其家,其記籍者,特名狀數目而已。"(《全書》卷七)

又參見《答季明德》:"聖賢垂訓,固有書不盡言,言不盡意者。凡看經書,要在致吾之良知,取其有益於學而已。則千經萬典,顛倒縱橫,皆爲我之所用。一涉拘執比擬,則反爲所縛。雖或特見妙詣,開發之益一時不無,而意必之見,流注潛伏,蓋有反爲良知之障蔽,而不自知覺者矣。"(《全書》卷六)

32. "虛靈不昧[1],衆理具而萬事出。心外無理,心外無事。"

[1] 朱熹説:"明德者,人之所得乎天,而虛靈不昧,以具衆理而應萬事者也。"(《大學章句》注)

佐藤一齋説:"心外無理,故衆理具;心外無事,故萬事出。晦庵舊語,點鐵成金。"(《傳習録欄外書》第三十二頁)

33. 或問:"晦庵先生曰:'人之所以爲學者,心與理而已。'[1]此語如何?"

曰:"心即性,性即理,下一'與'字,恐未免爲二。此在學者善觀之。"

[1] 語見《大學或問》第六十頁。

34. 或曰:"人皆有是心,心即理,何以有爲善,有爲不善?"

先生曰:"惡人之心,失其本體。"

35. 問:"'析之有以極其精而不亂,然後合之有以盡其大而無餘。'〔1〕此言如何?"

先生曰:"恐亦未盡。此理豈容分析! 又何須湊合得! 聖人説'精一',自是盡。"〔2〕

〔1〕語見朱熹《大學或問》第二十四頁。

〔2〕佐藤一齋説:"《大學或問》:'析之極精不亂,説條目工夫;然後合之盡大無餘,説明明德于天下。'文成之意,蓋曰,身心意知物,只是一物,特因所指而異其名,即惟精工夫也。此理無二,工夫可謂之精,不可謂之析。朱子既曰析之,復曰合之,畢竟見涉支離耳。"(《傳習録欄外書》第三十三頁)

參見《象山文集序》:"堯、舜、禹之相授受曰:'人心惟危,道心惟微,惟精惟一,允執厥中。'此心學之源也。中也者,道心之謂也。道心精一之謂仁,所謂中也。孔、孟之學,惟務求仁,蓋精一之傳也。而當時之弊,固已有外求之者,故子貢致疑于多學而識,而以博施濟衆爲仁。夫子告之以一貫,而教以能近取譬,蓋使之求諸其心也。迨于孟氏之時,墨氏之言仁,至于摩頂放踵;而告子之徒,又有仁内義外之説,心學大壞。孟子闢義外之説,而曰:'仁,人心也。學問之道無他,求其放心而已矣。'又曰:'仁義禮智,非由外鑠我也,我固有之,弗思耳矣。'蓋王道息而伯術行,功利之徒,外假天理之近似以濟其私,而以欺于人曰:'天理固如是。'不知既無其心矣,而尚何有所謂天理者乎? 自是而後,析心與理而爲二,而精一之學亡。"(《全書》卷七)

36. "省察〔1〕是有事時存養〔2〕,存養是無事時省察。"〔3〕

〔1〕語本《論語·學而篇》:"曾子曰:'吾日三省吾身——爲人謀而不忠乎? 與朋友交而不信乎? 傳不習乎?'"(第四章)

〔2〕語本《孟子·盡心篇上》:"存其心,養其性,所以事天也。"(第一章)

〔3〕朱熹《中庸章句》云："右第一章,子思述所傳之意以立言。首明道之本原出於天而不可易,其實體備於己而不可離。次言存養省察之要,終言聖神功化之極。"(第一章)

37. 澄嘗問象山在人情事變上做工夫之説〔1〕。

先生曰："除了人情事變,則無事矣。喜、怒、哀、樂,非人情乎? 自視、聽、言、動以至富貴、貧賤、患難、死生,皆事變也。事變亦只在人情裏,其要只在'致中和','致中和'只在'謹獨'〔2〕。"

〔1〕語本《象山全集》："復齋家兄一日見問云:'吾弟今在何處做工夫?'某答云:'在人情、事勢、物理上做些工夫。'"(卷三十四)

〔2〕謹獨即慎獨。

《大學》云："所謂誠其意者,毋自欺也。如惡惡臭,如好好色,此之謂自謙,故君子必慎其獨也。小人閒居爲不善,無所不至,見君子而後厭然,揜其不善而著其善。人之視己,如見其肺肝然,則何益矣。此謂誠于中,形于外,故君子必慎其獨也。"(第六章)

《中庸》云："是故君子戒慎乎其所不睹,恐懼乎其所不聞。莫見乎隱,莫顯乎微,故君子慎其獨也。"(第一章)

慎獨即致良知。參見《與黃勉之·二》："聖人亦只是至誠無息而已。其工夫只是時習。時習之要,只是謹獨。謹獨即是致良知。"(《全書》卷五)

38. 澄問："仁、義、禮、智之名,因已發而有?"

曰:"然。"

他日,澄曰:"惻隱、羞惡、辭讓、是非,是性之表德邪?"〔1〕

曰:"仁、義、禮、智也,是表德。性一而已,自其形體也,謂之天;主宰也,謂之帝;流行也,謂之命;賦於人也,謂之性;

主於身也,謂之心。心之發也,遇父便謂之孝,遇君便謂之忠,自此以往,名至於無窮,只一性而已。猶人一而已,對父謂之子,對子謂之父,自此以往,至於無窮,只一人而已。人只要在性上用功,看得一性字分明,即萬理燦然。"[2]

[1]《孟子·公孫丑篇上》云:"惻隱之心,仁之端也;羞惡之心,義之端也;辭讓之心,禮之端也;是非之心,智之端也。"(第六章)

[2]參見《禮記纂言序》:"禮也者,理也。理也者,性也。性也者,命也。維天之命,於穆不已。而其在於人也,謂之性。其粲然而條理也,謂之禮。其純然而粹善也,謂之仁。其截然而裁制也,謂之義。其昭然而明覺也,謂之知。其渾然于其性也,則理一而已矣。"(《全書》卷七)

佐藤一齋説:"以仁義禮智爲表德,前人所未發,此意最宜深思體察而自得之。"(《傳習録欄外書》第十六頁)

朱熹以仁義禮智爲未發,王守仁以仁義禮智爲性之表德,故王守仁以心即性,性即理,而理爲本心之顯現,包括未發與已發,這個觀點能比朱熹更好地表達了作爲最高本體的性所具有的特點。

39. 一日論爲學工夫。

先生曰:"教人爲學,不可執一偏。初學時心猿意馬,拴縛不定,其所思慮,多是'人欲'一邊,故且教之静坐息思慮。久之,俟其心意稍定,只懸空静守,如槁木死灰[1]亦無用,須教他省察克治。省察克治之功則無時而可閒,如去盗賊,須有個掃除廓清之意。無事時將好色好貨好名等私,逐一追究搜尋出來,定要拔去病根,永不復起,方始爲快;常如貓之捕鼠,一眼看著,一耳聽著[2],纔有一念萌動,即與克去,斬釘截鐵[3],不可姑容,與他方便,不可窩藏,不可放他出路,方是真實用功,方能掃除廓清。到得無私可克,自有端拱時在。雖曰'何思何慮'〔4〕,非初學時事。初學必須思,省察克治即是思誠,只思一個天理,到得天理純全,便是'何思何慮'矣。"

〔1〕《莊子・齊物論》云:"南郭子綦隱机而坐,仰天而嘘,荅焉似喪其耦。顏成子游立侍乎前,曰:'何居乎?形固可使如槁木,而心固可使如死灰乎?'"

〔2〕語本袾宏《禪關策進・蒙山異禪師示衆》:"後參皖山長老,教看'無'字,十二時中,要惺惺如貓捕鼠,如雞抱卵,無令間斷。"(《大正大藏經》第四十八卷第一〇九九頁)。又見朱熹《偶讀謾記》:"釋氏有清草堂者,有名叢林間,其始學時,若無所入,有告之者曰:'子不見貓之捕鼠者乎?四足據地,首尾一直,目睛不瞬,心無它念,唯其不動,動則鼠無所逃矣。'清用其言,乃有所入。"(《朱子大全》卷七十一)

〔3〕語本唐末洪州雲居道膺禪師;師謂衆曰:"學佛法底人,如斬釘截鐵始得。"時一僧出曰:"便請和尚釘鐵。"師曰:"口裏底是什麼?"(《傳燈録》卷十七)

〔4〕語出《易・繫辭傳下》:"天下何思何慮,天下同歸而殊塗,一致而百慮,天下何思何慮。"(第五章)

40. 澄問:"有人夜怕鬼者,奈何?"

先生曰:"只是平日不能'集義〔1〕'而心有所慊,故怕。若素行合於神明,何怕之有!"

子莘〔2〕曰:"正直之鬼不須怕;恐邪鬼不管人善惡,故未免怕。"

先生曰:"豈有邪鬼能迷正人乎!只此一怕,即是心邪,故有迷之者,非鬼迷也,心自迷耳;如人好色,即是色鬼迷;好貨,即是貨鬼迷;怒所不當怒,是怒鬼迷;懼所不當懼,是懼鬼迷也。"〔3〕

〔1〕語本《孟子·公孫丑篇上》:"是集義所生者,非義襲而取之也。"(第二章)

〔2〕馬子莘,名明衡,福建莆田人,正德十二年(1517)進士,嘉靖三年(1524)官御史時得罪下獄,削籍歸。著有《尚書疑義》。

　　　陳龍正説:"觀子莘之續問,怕鬼者,其即子莘邪?"(《陽明先生要書》)

〔3〕王守仁不相信鬼神迷信,與朱熹對陰陽卜筮皆存而信之,有所不同。參見《告諭》:"病者宜求醫藥,不得聽信邪術,專事巫禱。"(《全書》卷十六),又見《答人問神仙》:"若後世拔宅飛昇,點化投奪之類,譎怪奇駭,是乃祕術曲技,尹文子所謂幻,釋氏謂之外道者也。"(《全書》卷二十一,又參見同卷《答佟太守求雨》)

41. "定者,心之本體,天理也。動靜,所遇之時也。"〔1〕

〔1〕佐藤一齋説:"此條詮《定性書》之旨。時有動靜,理無動靜。故睹聞思爲,常一于理,則所遇動靜,亦常定也。"(《傳習録欄外書》第三十六頁)《定性書》指程顥《答橫渠張子厚先生書》(《二程文集》卷二)。

42. 澄問《學》、《庸》同異。
　　先生曰:"子思括《大學》一書之義爲《中庸》首章。"〔1〕

〔1〕佐藤一齋説:"天命之性,即明德也。率性修道,即明德親民之止于至善也。戒慎恐懼,即格致誠正修也。天地位、萬物育,即治國平天下也。"(《傳習録欄外書》第三十六頁)

43. 問:"孔子正名〔1〕,先儒説上告天子,下告方伯,廢輒立郢〔2〕,此意如何?"
　　先生曰:"恐難如此。豈有一人致敬盡禮,待我而爲政,

39

我就先去廢他，豈人情天理！孔子既肯與輒爲政，必已是他能傾心委國而聽。聖人盛德至誠，必已感化衛輒，使知無父之不可以爲人，必將痛哭奔走，往迎其父。父子之愛，本於天性，輒能悔痛真切如此，蒯聵豈不感動底豫。蒯聵既還，輒乃致國請戮。聵已見化於子，又有夫子至誠調和其間，當亦決不肯受，仍以命輒。群臣百姓又必欲得輒爲君，輒乃自暴其罪惡，請於天子，告於方伯諸侯，而必欲致國於父。聵與群臣百姓亦皆表輒悔悟仁孝之美，請於天子，告於方伯諸侯，必欲得輒而爲之君。於是集命於輒，使之復君衛國。輒不得已，乃如後世上皇故事[3]，率群臣百姓尊聵爲太公，備物致養，而始退復其位焉。則君君、臣臣、父父、子子[4]，名正言順，一舉而可爲政於天下矣。孔子正名，或是如此[5]。"

〔1〕《論語·子路篇》云："子路曰：'衛君待子而爲政，子將奚先？'子曰：'必也正名乎。'"（第三章）衛君指衛出公蒯輒。孔子于輒之六年，自楚至衛，輒年可十七八歲，有欲用孔子之意。

〔2〕此指朱熹《論語集注·子路篇》引胡瑗注："衛世子蒯聵恥其母南子之淫亂，欲殺之不果而出奔。靈公欲立公子郢，郢辭。公卒，夫人立之，又辭。乃立蒯聵之子輒以拒蒯聵。夫蒯聵欲殺母，得罪于父，而輒據國以拒父，皆無父之人也，其不可有國也明矣。夫子爲政，而以正名爲先，必將具其事之本末，告諸天王，請于方伯，命公子郢而立之：則人倫正，天理得，名正言順而事成矣。"（第三章注）

〔3〕言劉邦詔尊其父太公爲太上皇一事，見《漢書》卷一《高帝紀》。

〔4〕語本《論語·顏淵篇》第十一章。

〔5〕王守仁不同意胡瑗及朱熹正名則必須廢輒立郢之説，故揣測或是如此，以求符合孔子原意。

44. 澄在鴻臚寺倉居[1]，忽家信至，言兒病危，澄心甚憂悶,不能堪。

先生曰:"此時正宜用功,若此時放過,閒時講學何用?人正要在此等時磨鍊。父之愛子,自是至情,然天理亦自有個中和處,過即是私意。人於此處多認做天理當憂,則一向憂苦,不知已是'有所憂患不得其正〔2〕'。大抵七情所感,多只是過,少不及者。才過,便非心之本體,必須調停適中始得。就如父母之喪,人子豈不欲一哭便死,方快於心;然却曰'毁不滅性〔3〕',非聖人強制之也,天理本體自有分限,不可過也。人但要識得心體,自然增減分毫不得。"〔4〕

〔1〕 王守仁於正德九年(1514)陞南京鴻臚寺卿。陸澄等從學在此時。鴻臚寺乃掌贊導相禮之官。倉居,衛舍暫住。

〔2〕 《大學》云:"所謂修身在正其心者。身有所忿懥,則不得其正……有所憂患,則不得其正。"(第七章)

〔3〕 《禮記·喪服四制》云:"毁不滅性,不以死傷生也。"

〔4〕 王守仁處理喪事言行,參見《全書》卷三十四《年譜·五十一歲》。

45. "不可謂'未發之中'常人俱有。蓋體用一源〔1〕,有是體即有是用,有'未發之中',即有'發而皆中節之和'〔2〕。今人未能有'發而皆中節之和',須知是他'未發之中'亦未能全得。"〔3〕

〔1〕 語本程頤《易傳序》:"至微者理也,至著者象也。體用一源,顯微無間。"(《周易程氏傳》)

〔2〕 語本《中庸》:"喜怒哀樂之未發謂之中,發而皆中節謂之和。"(第一章)

〔3〕 參見《答汪石潭內翰》:"夫體用一源也。知體之所以爲用,則知用之所以爲體者矣。雖然,體微而難知也,用顯而易見也。執事之

云,不亦宜乎? 夫謂自朝至暮,未嘗有寂然不動之時者,是見其用,而不得其所謂體者。君子之于學也,因用以求其體。凡程子所謂既思,即是已發;既有知覺,即是動者,皆爲求中于喜怒哀樂未發之時者言也,非謂其無未發者也。朱子于未發之説,其始亦嘗疑之,今其集中所與南軒論難辯析者,蓋往復數十,而後決其説,則今之《中庸注疏》是也,其于此亦非苟矣。獨其所謂自戒懼而約之以至于至静之中,自謹獨而精之以至于應物之處者,亦若過于剖析,而後之讀者,遂以分爲兩節,而疑其別有寂然不動、静而存養之時,不知常存戒慎恐懼之心,則其工夫未始有一息之間,非必自其不睹不聞而存養也。吾兄且于動處加工,勿使間斷,動無不和,即静無不中,而所謂寂然不動之體,當自知之矣。未至而揣度之,終不免于對塔説相輪耳。"(《全書》卷四)

46. "《易》之辭是'初九潜龍勿用'六字,《易》之象是初畫,《易》之變是值其畫,《易》之占是用其辭。"〔1〕

〔1〕《易·繫辭傳上》云:"易有聖人之道四焉:以言者尚其辭,以動者尚其變,以制器者尚其象,以卜筮者尚其占。"(第十章)《易·乾卦》初爻之"辭"爲"潜龍勿用",其"象"爲初畫之陽九,其"變"爲當初爻之畫而成變化,其"占"是用爻辭"潜龍勿用"以占吉凶。其餘卦爻皆以此類推。

參見《玩易窩記》:"夫易,三才之道備焉,古之君子,居則觀其象而玩其辭,動則觀其變而玩其占。觀象玩辭,三才之體立矣。觀變玩占,三才之用行矣。體立故存而神,用行故動而化。神故智周萬物而無方,化故範圍天地而無迹。無方則象辭基焉,無迹則變占生焉。是故君子洗心而退藏于密,齋戒以神明其德也。"(《全書》卷二十三)

47. "'夜氣'〔1〕是就常人説,學者能用功,則日間有事無事,皆是此氣翕聚發生處。聖人則不消説'夜氣'。"

〔1〕語本《孟子·告子篇上》:"雖存乎人者,豈無仁義之心哉?其所以放其良心者,亦猶斧斤之于木也,旦旦而伐之,可爲美乎!其日夜之所息,平旦之氣,其好惡與人相近也者幾希;則其旦晝之所爲,有梏亡之矣。梏之反覆,則其夜氣不足以存;夜氣不足以存,則其違禽獸不遠矣。"(第八章)

48. 澄問"操存舍亡"章。

曰:"'出入無時,莫知其鄉。'〔1〕此雖就常人心説,學者亦須是知得心之本體亦元是如此,則操存功夫始没病痛;不可便謂出爲亡,入爲存。若論本體,元是無出無入的;若論出入,則其思慮運用是出;然主宰常昭昭在此,何出之有?既無所出,何入之有?程子所謂'腔子'〔2〕亦只是天理而已。雖終日應酬而不出天理,即是在腔子裏。若出天理,斯謂之放,斯謂之亡。"又曰:"出入亦只是動静,動静無端,豈有鄉邪!"〔3〕

〔1〕《孟子·告子篇上》云:"故苟得其養,無物不長;苟失其養,無物不消。孔子曰:'操則存,舍則亡,出入無時,莫知其鄉。'惟心之謂與?"(第八章)

〔2〕語本程顥(1032—1085):"心要在腔子裏。"(《二程集·遺書》卷三)

〔3〕王守仁存心之説,參見《觀德亭記》:"故君子之于射,以存其心也。是故悚于其心者,其動妄;蕩于其心者,其視浮;歉于其心者,其氣餒;忽于其心者,其貌惰;傲于其心者,其色矜;五者,心之不存也。不存也者,不學也。君子之學于射以存其心也。是故心端則體正,心敬則容肅,心平則氣舒,心專則視審,心通故時而理,心純故讓而恪,心宏故勝而不張、負而不弛,七者備而君子之德成。"(《全書》卷七)

49. 王嘉秀問[1]:"佛以出離生死誘人入道,仙以長生久視誘人入道,其心亦不是要人做不好;究其極至,亦是見得聖人上一截,然非入道正路。如今仕者,有由科,有由貢,有由傳奉[2],一般做到大官,畢竟非入仕正路,君子不由也。仙、佛到極處,與儒者略同,但有了上一截,遺了下一截[3],終不似聖人之全。然其上一截同者,不可誣也。後世儒者,又只得聖人下一截,分裂失真,流而爲記誦、詞章、功利、訓詁,亦卒不免爲異端。是四家者,終身勞苦,於身心無分毫益,視彼仙、佛之徒,清心寡欲,超然於世累之外者,反若有所不及矣。今學者不必先排仙、佛,且當篤志爲聖人之學。聖人之學明,則仙、佛自泯;不然,則此之所學,恐彼或有不屑,而反欲其俯就,不亦難乎!鄙見如此,先生以爲何如?"

先生曰:"所論大略亦是。但謂上一截、下一截,亦是人見偏了如此;若論聖人大中至正之道,徹上徹下,只是一貫,更有甚上一截、下一截!'一陰一陽之謂道',但'仁者見之便謂之仁,知者見之便謂之智,百姓又日用而不知,故君子之道鮮矣[4]'。仁、智豈可不謂之道,但見得偏了,便有弊病。"[5]

[1] 王嘉秀,字實夫,好談仙、佛。

[2] 科:分科考試取士。貢:薦舉優良生員入仕。傳奉:不經吏部,拉攏宮廷關係做官。

[3] 上一截:心性等道的精細微妙的方面。下一截:實事等道的顯著直接的方面。

[4] 語見《易·繫辭傳上》第五章。鮮,少。如"莫不飲食,鮮能知味"之鮮。

[5] 對佛、老的評論,參見王守仁説:"聖人盡性至命,何物不具,何待兼取。二氏之用,皆我之用,即吾盡性至命中完養此身,謂之仙;即吾盡性至命中不染世累,謂之佛。但後世儒者不見聖學之全,故與

二氏成二見耳。譬之廳堂三間共爲一廳，儒者不知皆吾所用，見佛氏，則割左邊一間與之；見老氏，則割右邊一間與之；而己則自處中間，皆舉一而廢百也。聖人與天地民物同體，儒、佛、老、莊皆吾之用，是之謂大道。二氏自私其身，是之謂小道。"(《年譜》五十二歲)此與朱熹有所不同。

50. "蓍固是易，龜亦是易。"[1]

〔1〕蓍，用蓍草筮吉凶，重在數。龜，用龜甲裂紋卜吉凶，重在象。

51. 問："孔子謂武王未盡善[1]，恐亦有不滿意？"

先生曰："在武王自合如此。"

曰："使文王未没，畢竟如何？"

曰："文王在時，天下三分已有其二；若到武王伐商之時，文王若在，或者不致興兵，必然這一分亦來歸了。文王只善處紂，使不得縱惡而已。"

〔1〕語本《論語·八佾篇》："子謂'韶盡美矣，又盡善也'，謂'武盡美矣，未盡善也'。"(第二十五章)

52. 問[1]孟子言"執中無權猶執一"[2]。

先生曰："中只是天理，只是易，隨時變易，如何執得？須是因時制宜，難預先定一個規矩在。如後世儒者，要將道理一一說得無罅漏，立定個格式，此正是執一。"

〔1〕施本、俞本，"問"上有"惟乾"二字。惟乾，冀元亨(1522卒)，參見第118條注〔1〕。

〔2〕語本《孟子·盡心篇上》："孟子曰：'楊子取爲我，拔一毛而利天下，不爲也。墨子兼愛，摩頂放踵利天下，爲之。子莫執中，執中爲近

之,執中無權,猶執一也。所惡執一者,爲其賊道也,舉一而廢百也。'"(第二十六章)

53. 唐詡[1]問:"立志是常存個善念,要爲善去惡否?"

曰:"善念存時,即是天理。此念即善,更思何善? 此念非惡,更去何惡? 此念如樹之根芽,立志者,長立此善念而已。'從心所欲不踰矩'[2],只是志到熟處。"

〔1〕情況未詳。

〔2〕語見《論語·爲政篇》第四章。孔子自言七十歲時達到的境界。

54. "精神、道德、言動,大率收斂爲主,發散是不得已。天地人物皆然。"

55. 問:"文中子是如何人?"

先生曰:"文中子庶幾'具體而微'[1],惜其蚤死。"

問:"如何却有續經之非?"

曰:"續經亦未可盡非。"

請問。良久,曰:"更覺良工心獨苦[2]。"

〔1〕語本《孟子·公孫丑篇上》:"昔者竊聞之,子夏、子游、子張皆有聖人之一體,冉牛、閔子、顏淵則具體而微,敢問所安?"(第二章)具體而微,謂有其全體而未廣大。

〔2〕見杜甫(712—770)《題李尊師松樹障子歌》。(《杜詩詳注》卷六)

56. "許魯齋謂儒者以治生爲先之説亦誤人[1]。"

〔1〕許魯齋(1209—1281),名衡,字仲平,元河內人,傳程、朱學,元世祖時官國子祭酒,曾説:"學者治生最爲先務。苟生理不足,則於爲

學之道有所妨。彼旁求妄進,及作官謀利者,殆亦窘于生理所致。士君子當以務農爲生,商賈雖逐末,果處之不失義理,或以姑濟一時,亦無不可。"(《許魯齋集》卷六)詳見《宋元學案》卷九十《魯齋學案》。參見下卷王貽樂本《補遺》第 1 條。

57. 問仙家元氣、元神、元精。

先生曰:"只是一件,流行爲氣,凝聚爲精,妙用爲神。"[1]

〔1〕參見《與陸元静·一》:"元静所云真我者,果能戒謹不睹,恐懼不聞,而專志于是,則神住氣住精住,而仙家所謂長生久視之説亦在其中矣。……後世如白玉蟾、丘長春之屬,皆是彼學中所稱述以爲祖師者,其得壽皆不過五六十,則所謂長生之説,當必有所指矣。"(《全書》卷五)

58. "喜、怒、哀、樂本體自是中和的,才自家著些意思,便過不及,便是私。"[1]

〔1〕參見《與許臺仲書》:"喜、怒、哀、樂,發皆中節之謂和,哀亦有和焉,發于至誠,而無所乖戾之謂也。夫過情,非和也。動氣,非和也。有意必于其間,非和也。孺子終日啼而不嗌,和之至也。"(《全書》卷二十七)

59. 問"哭則不歌"[1]。

先生曰:"聖人心體自然如此。"

〔1〕語本《論語·述而篇》:"子于是日哭則不歌。"(第九章)

60. "克己須要掃除廓清,一毫不存,方是;有一毫在,則衆惡相引而來。"

61. 問《律吕新書》[1]。

先生曰:"學者當務爲急,算得此數熟亦恐未有用,必須心中先具禮、樂之本,方可。且如其書説多用管以候氣,然至冬至那一刻時,管灰之飛或有先後[2],須臾之間,焉知那管正值冬至之刻,須自心中先曉得冬至之刻始得,此便有不通處。學者須先從禮、樂本原上用功。"

〔1〕《律吕新書》,朱熹弟子蔡元定(1135—1198)著。此書分析樂律與氣候,朱熹贊許備至。《四庫全書總目提要》據熹序文語氣,疑爲朱、蔡合著,見該書第三十八卷。

〔2〕古代以蘆草薄膜之灰置于律管,以占氣候。如冬至節,律中黄鐘之宫,則黄鐘管之蘆灰飛動。

62. 曰仁[1]云:"心猶鏡也,聖人心如明鏡,常人心如昏鏡。近世'格物[2]'之説,如以鏡照物,照上用功,不知鏡尚昏在,何能照! 先生之'格物'如磨鏡而使之明,磨上用功,明了後亦未嘗廢照。"

〔1〕曰仁係徐愛字,此爲《傳習録》中由王守仁弟子所説的唯一的一條語録。

〔2〕指朱熹以"窮理"釋"格物"之説。

63. 問道之精粗。

先生曰:"道無精粗,人之所見有精粗。如這一間房,人初進來,只見一個大規模如此,處久,便柱壁之類,一一看得明白,再久,如柱上有些文藻,細細都看出來,然只是一間房。"[1]

〔1〕參見《寄鄒謙之・三》:"某近來却見得良知兩字日益真切簡易,朝

48

夕與朋輩講習,只是發揮此兩字不出。緣此兩字人人所自有,故雖至愚下品,一提便省覺。若致其極,雖聖人天地不能無憾,故説此兩字,窮劫不能盡。"(《全書》卷六)

64. 先生曰:"諸公近見時少疑問,何也? 人不用功,莫不自以爲已知,爲學只循而行之是矣。殊不知私欲日生,如地上塵,一日不掃便又有一層。著實用功,便見道無終窮,愈探愈深[1],必使精白無一毫不徹方可。"

〔1〕此處言道的無窮性。

65. 問:"知至然後可以言誠意,今天理、人欲知之未盡,如何用得克己工夫?"

先生曰:"人若真實切己用功不已,則於此心天理之精微,日見一日,私欲之細微,亦日見一日;若不用克己工夫,終日只是説話而已,天理終不自見,私欲亦終不自見;如人走路一般,走得一段方認得一段,走到歧路處,有疑便問,問了又走,方漸能到得欲到之處。今人於已知之天理不肯存,已知之人欲不肯去,且只管愁不能盡知,只管閒講,何益之有? 且待克得自己無私可克,方愁不能盡知,亦未遲在[1]。"[2]

〔1〕施本、俞本,"在"作"耳"。
〔2〕參見《矯亭説》:"君子之行,順乎理而已,無所事乎矯,然有氣質之偏焉。偏于柔者,矯之以剛,然或失則傲;偏于慈者,矯之以毅,然或失則刻;偏于奢者,矯之以儉,然或失則陋。凡矯而無節則過,過則復爲偏,故君子之論學也,不曰矯而曰克。克以勝其私,私勝而理復,無過不及矣。"(《全書》卷七)

66. 問："道一而已[1]。古人論道，往往不同，求之亦有要乎？"

先生曰："道無方體，不可執著，却拘滯於文義上求道，遠矣。如今人只說天，其實何嘗見天！謂日、月、風、雷即天，不可；謂人、物、草、木不是天，亦不可。道即是天。若識得時，何莫而非道。人但各以其一隅之見，認定以爲道止如此，所以不同。若解向裏尋求，見得自己心體，即無時無處不是此道，亘古亘今，無終無始，更有甚同異。心即道，道即天，知心則知道、知天。"[2]又曰："諸君要實見此道，須從自己心上體認，不假外求，始得。"

[1] 語本《孟子·滕文公篇上》："夫道，一而已矣。"（第一章）
[2] 參見《答季明德》："人者，天地萬物之心也，心者，天地萬物之主也。心即天，言心，則天地萬物皆舉之矣。"（《全書》卷六）

67. 問："名物度數亦須先講求否？"

先生曰："人只要成就自家心體，則用在其中。如養得心體，果有'未發之中'，自然有'發而中節之和'，自然無施不可。苟無是心，雖預先講得世上許多名物度數，與己原不相干，只是裝綴，臨時自行不去。亦不是將名物度數全然不理，只要'知所先後則近道'[1]。"又曰："人要隨才成就，才是其所能爲。如夔之樂，稷之種，是他資性合下便如此。成就之者，亦只是要他心體純乎天理，其運用處皆從天理上發來，然後謂之才。到得純乎天理處，亦能'不器'，使夔、稷易藝而爲，當亦能之[2]。"又曰："如'素富貴行乎富貴，素患難行乎患難'[3]，皆是'不器'。此惟養得心體正者能之。"

[1] 語本《大學》："物有本末，事有終始，知所先後，則近道矣。"

〔2〕參見《節庵方公墓表》："古者四民異業而同道,其盡心焉,一也。士以修治,農以具養,工以利器,商以通貨,各就其資之所近,力之所及者而業焉,以求盡其心。其歸要在于有益于生人之道,則一而已。士農以其盡心於修治具養者,而利器通貨,猶其士與農也。工商以其盡心于利器通貨,而修治具養,猶其工與商也。故曰,四民異業而同道。"(《全書》卷二十五)

〔3〕見《中庸》第十四章。

68. "與其爲數頃無源之塘水,不若爲數尺有源之井水,生意不窮。"時先生在塘邊坐,傍有井,故以之喻學云。

69. 問:"世道日降,太古時氣象如何復見得?"

先生曰:"一日便是一元[1]。人平旦時起坐,未與物接,此心清明景象,便如在伏羲時遊一般。"

〔1〕根據邵雍(1101—1177)的《皇極經世書》,一元爲十二萬九千六百年。

70. 問:"心要逐物,如何則可?"

先生曰:"人君端拱清穆,六卿[1]分職,天下乃治。心統五官[2],亦要如此。今眼要視時,心便逐在色上;耳要聽時,心便逐在聲上。如人君要選官時,便自去坐在吏部;要調軍時,便自去坐在兵部。如此,豈惟失却君體,六卿亦皆不得其職。"

〔1〕六卿:原指周代六軍之將,隋、唐以後遂立吏、户、禮、兵、刑、工六部尚書,以象周之六卿。

〔2〕荀子云:"耳目鼻口形,能各有接而不相能也,夫是之謂天官。心居中虚,以治五官,夫是之謂天君。"(《荀子》卷十一《天論篇》)

71. “善念發而知之，而充之，惡念發而知之，而遏之。知與充與遏者，志也，天聰明也。聖人只有此，學者當存此。”〔1〕

〔1〕佐藤一齋説：“‘天聰明’即良知也。聖人自然故曰有，學者用功故曰存。”（《傳習録欄外書》第四十九頁）

72. 澄曰：“好色、好利、好名等心，固是私欲，如閒思雜慮，如何亦謂之私欲？”

先生曰：“畢竟從好色、好利、好名等根上起，自尋其根便見。如汝心中決知是無有做劫盜的思慮，何也？以汝元無是心也。汝若於貨〔1〕、色、名、利等心，一切皆如不做劫盜之心一般，都消滅了，光光只是心之本體，看有甚閒思慮？此便是寂然不動〔2〕，便是未發之中〔3〕，便是廓然大公；自然感而遂通，自然發而中節，自然物來順應〔4〕。”

〔1〕施本、俞本，“貨”作“好”。

〔2〕《易·繫辭傳上》云：“易，無思也，無爲也。寂然不動，感而遂通天下之故，非天下之至神，其孰能與於此。”（第十章）

〔3〕《中庸》云：“喜怒哀樂之未發謂之中，發而皆中節謂之和。”（第一章）

〔4〕程顥説：“故君子之學，莫若廓然而大公，物來而順應。”（《二程集·文集》卷三《答橫渠張子厚先生書》）

73. 問：“志至氣次。”〔1〕

先生曰：“志之所至，氣亦至焉之謂，非極至、次貳之謂〔2〕。‘持其志’，則養氣在其中；‘無暴其氣’，則亦持其志矣。孟子救告子之偏，故如此夾持説。”

〔1〕《孟子·公孫丑篇上》云：“夫志，氣之帥也；氣，體之充也。夫志至

焉,氣次焉,故曰:持其志,無暴其氣。"(第二章)

〔2〕朱熹的第二章注云:"若論其極,則志固心之所之,而爲氣之將帥。然氣亦人之所以充滿于身而爲志之卒徒者也。故志固爲至極,而氣即次之。"王守仁不同意朱熹此注以志爲極至而氣爲次貳。

74. 問:"先儒曰:'聖人之道,必降而自卑。賢人之言,則引而自高〔1〕。'如何?"

先生曰:"不然。如此却乃僞也。聖人如天,無往而非天,三光之上,天也,九地之下亦天也,天何嘗有降而自卑?此所謂大而化之也。賢人如山嶽,守其高而已。然百仞者不能引而爲千仞,千仞者不能引而爲萬仞,是賢人未嘗引而自高也,引而自高則僞矣。"

〔1〕朱熹引程頤語:"聖人之道,必降而自卑,不如此則人不親。賢人之言,則引而自高,不如此則道不尊。"(《論語集注·子罕篇》第七章)王守仁不同意朱此説。

75. 問:"伊川謂'不當於喜怒哀樂未發之前求中〔1〕',延平却教學者看未發之前氣象〔2〕,何如?"

先生曰:"皆是也。伊川恐人於未發前討個中,把中做一物看,如吾向所謂認氣定時做中〔3〕,故令只於涵養省察上用功。延平恐人未便有下手處,故令人時時刻刻求未發前氣象,使人正目而視惟此,傾耳而聽惟此,即是'戒慎不睹,恐懼不聞'的工夫〔4〕。皆古人不得已誘人之言也。"

〔1〕語本程頤所説:"或(指蘇季明)曰:'喜怒哀樂未發之前求中,可否?'曰:不可。既思于喜怒哀樂未發之前求之,又却是思也。既思即是已發,纔發便謂之和,不可謂之中也。"(《二程集·遺書》卷

十八）

〔2〕延平,宋李侗(1088—1158),字愿中,南劍州劍浦(今福建南平)人,
爲程頤再傳弟子羅從彦(1072—1135)的門人,朱熹的老師。羅從
彦教導李侗"令静中看喜怒哀樂未發之謂中,未發時作何氣象"。
李侗亦以此教朱熹説:"此意不惟于進學有力,兼亦是養心之要。"
(《李延平集》卷二)

〔3〕參見第 28 條。

〔4〕語本《中庸》:"道也者,不可須臾離也,可離,非道也。是故君子戒
慎乎其所不睹,恐懼乎其所不聞。"(第一章)

76. 澄問:"喜怒哀樂之中、和,其全體常人固不能有。如
一件小事當喜怒者,平時無有喜怒之心,至其臨時,亦能中
節,亦可謂之中、和乎?"

先生曰:"在一時一事,固亦可謂之中、和,然未可謂之大
本、達道。人性皆善,中、和是人人原有的,豈可謂無?但常
人之心既有所昏蔽,則其本體雖亦時時發見,終是暫明暫滅,
非其全體大用矣。無所不中,然後謂之大本;無所不和,然後
謂之達道。惟天下之至誠,然後能立天下之大本。〔1〕"

曰:"澄於中字之義尚未明。"

曰:"此須自心體認出來,非言語所能喻。中只是天理。"

曰:"何者爲天理?"

曰:"去得人欲,便識天理。"

曰:"天理何以謂之中?"

曰:"無所偏倚。"

曰:"無所偏倚是何等氣象?"

曰:"如明鏡然,全體瑩徹,略無纖塵染著。"

曰:"偏倚是有所染著,如著在好色、好利、好名等項上,

方見得偏倚;若未發時,美色、名、利皆未相著,何以便知其有
所偏倚?"

曰:"雖未相著,然平日好色、好利、好名之心原未嘗無;
既未嘗無,即謂之有;既謂之有,則亦不可謂無偏倚。譬之病
瘧之人,雖有時不發,而病根原不曾除,則亦不得謂之無病之
人矣。須是平日好色、好利、好名等項,一應[2]私心掃除蕩
滌,無復纖毫留滯,而此心全體廓然,純是天理,方可謂之喜
怒哀樂未發之中,方是天下之大本。"

〔1〕 語本《中庸》:"惟天下至誠,為能經綸天下之大經,立天下之大本,
　　 知天地之化育,夫焉所倚。"(第三十二章)

〔2〕 一應:一切。

77. 問:"顏子沒而聖學亡[1],此語不能無疑。"

先生曰:"見聖道之全者惟顏子,觀'喟然一嘆'可見[2]。
其謂'夫子循循然善誘人,博我以文,約我以禮',是見破後如
此説。博文、約禮如何是善誘人?學者須思之。道之全體,
聖人亦難以語人,須是學者自修自悟。顏子'雖欲從之,末由
也已',即文王'望道未見'意[3]。望道未見,乃是真見[4]。顏
子沒而聖學之正派遂不盡傳矣。"

〔1〕 語見《別湛甘泉序》:"顏子沒而聖人之學亡。"(《全書》卷七)

〔2〕 語本《論語·子罕篇》顏淵喟然嘆曰:"仰之彌高,鑽之彌堅,瞻之在
　　 前,忽焉在後。夫子循循然善誘人,博我以文,約我以禮,欲罷不
　　 能;既竭吾才,如有所立,卓爾。雖欲從之,末由也已。"(第十章)

〔3〕 語本《孟子·離婁篇下》:"文王視民如傷,望道而未之見。"(第二十
　　 章)而,如。望道而未之見,言道之無窮性。

〔4〕 參見《博約説》:"昔者顏子之始學于夫子也,蓋亦未知道之無方體

形像也,而以爲有方體形像也。未知道之無窮盡止極也,而以爲有窮盡止極也。是猶後儒之見事事物物皆有定理者也,是以求之仰鑽瞻忽之間,而莫得其所謂。及聞夫子博約之訓,既竭吾才以求之,然後知天下之事,雖千變萬化,而皆不出于此心之一理;然後知殊途而同歸,百慮而一致;然後知斯道之本無方體形像,而不可以方體形像求之也;本無窮盡止極,而不可以窮盡止極求之也。故曰:雖欲從之,末由也矣。蓋顔子至是而始有真實之見已。"(《全書》卷七)

78. 問:"身之主爲心,心之靈明是知,知之發動是意,意之所著爲物,是如此否?"

先生曰:"亦是。"

79. "只存得此心常見在,便是學。過去未來事,思之何益? 徒放心耳。"

80. "言語無序,亦足以見心之不存。"

81. 尚謙[1]問孟子之不動心與告子異。

先生曰:"告子是硬把捉著此心,要他不動;孟子却是集義到自然不動。"又曰:"心之本體,原自不動。心之本體即是性,性即是理,性元不動,理元不動。集義是復其心之本體。"[2]

〔1〕薛尚謙(? —1545),名侃,號中離,廣東揭陽縣人。自正德九年(1514)至十三年(1518)從學于王守仁,十二年舉進士,十六年授行人。嘉靖十三年(1531)上疏得罪入獄。釋歸後在廣東等地講學近十年,極力爲王守仁辯護,有《薛中離先生全書》。《傳習録》自第

95 條至第 129 條爲其所記。參見《明儒學案》卷三十。

〔2〕語本《孟子·告子篇上》第二章。

82. "萬象森然時，亦沖漠無朕，沖漠無朕即萬象森然。沖漠無朕者，‘一’之父；萬象森然者，‘精’之母。‘一’中有‘精’，‘精’中有‘一’。"〔1〕

〔1〕語本程頤所説："沖漠無朕，萬象森然已具，未應不是先，已應不是後。"（《二程集·遺書》卷十五）

83. "心外無物。如吾心發一念孝親，即孝親便是物。"

84. 先生曰："今爲吾所謂‘格物’之學者，尚多流於口耳，況爲口耳之學者，能反於此乎！天理、人欲，其精微必時時用力省察克治，方日漸有見。如今一説話之間，雖只講天理，不知心中倏忽之間，已有多少私欲。蓋有竊發而不知者，雖用力察之，尚不易見，況徒口講而可得盡知乎！今只管講天理來頓放著不循，講人欲來頓放著不去，豈‘格物’、‘致知’之學！後世之學，其極至，只做得個‘義襲而取’的工夫〔1〕。"

〔1〕語本《孟子·公孫丑篇上》："是集義所生者，非義襲而取之也。"（第二章）襲，掩取，言行事偶合於義，便掩襲於外而得之。

85. 問格物。
先生曰："格者，正也。正其不正以歸於正也。"

86. 問："‘知止’者，知至善只在吾心，元不在外也，而后志定。"
曰："然。"

87. 問:"'格物'於動處用功否?"

先生曰:"'格物'無間動、静,静亦物也。孟子謂'必有事焉[1]',是動、静皆有事。"

〔1〕語本《孟子·公孫丑篇上》:"必有事焉而勿正。心勿忘,勿助長也。"(第二章)

88. "工夫難處,全在'格物'、'致知'上。此即'誠意'之事。意既誠,大段心亦自正,身亦自修。但'正心'、'修身'工夫亦各有用力處,'修身'是已發邊,'正心'是未發邊。心正則中,身修則和。"

89. "自'格物'、'致知'至'平天下',只是一個'明明德',雖'親民'亦'明德'事也。'明德'是此心之德,即是仁。仁者以天地萬物爲一體[1],使有一物失所,便是吾仁有未盡處。"[2]

〔1〕語本程顥所説:"學者須先識仁。仁者,渾然與物同體。"(《二程集·遺書》卷二上)

〔2〕參見《親民堂記》(《全書》卷七)及《大學問》(《全書》卷二十六)。

90. "只説'明明德'而不説'親民',便似老、佛。"

91. "至善者,性也;性元無一毫之惡,故曰至善。止之,是復其本然而已。"

92. 問:"知至善即吾性,吾性具吾心,吾心乃至善所止之地,則不爲向時之紛然外求,而志定矣。定則不擾擾而静,静

而不妄動則安，安則一心一意只在此處，千思萬想，務求必得
此至善，是能慮而得矣。如此説是否？"〔1〕

　　先生曰："大略亦是。"〔2〕

〔1〕《大學》云："知止而后有定，定而后能静，静而后能安，安而后能慮，
　　慮而后能得。"此處係解釋這一段經文。

〔2〕參見《大學問》："曰：'知止而后有定，定而后能静，静而后能安，安
　　而后能慮，慮而后能得。'其説何也？曰：人惟不知至善之在吾心，
　　而求之于其外，以爲事事物物皆有定理也，而求至善于事事物物
　　之中，是以支離決裂，錯雜紛紜，而莫知有一定之向。今焉既知至
　　善之在吾心，而不假于外求，則志有定向，而無支離決裂錯雜紛紜
　　之患矣。無支離決裂錯雜紛紜之患，則心不妄動，而能静矣。心
　　不妄動而能静，則其日用之間，從容閒暇，而能安矣。能安，則凡
　　一念之發，一事之感，其爲至善乎？其非至善乎？吾心之良知，自
　　有以詳審精察之，而能慮矣。能慮，則擇之無不精，處之無不當，
　　而至善於是乎可得矣。"（《全書》卷二十六）

　　93. 問："程子云：'仁者以天地萬物爲一體。'〔1〕何墨氏兼
愛，反不得謂之仁？"〔2〕

　　先生曰："此亦甚難言，須是諸君自體認出來始得。仁是
造化生生不息之理，雖彌漫周遍，無處不是，然其流行發生，
亦只有個漸，所以生生不息。如冬至一陽生，必自一陽生而
後漸漸至於六陽；若無一陽之生，豈有六陽。陰亦然。惟其
漸，所以便有個發端處；惟其有個發端處，所以生；惟其生，所
以不息。譬之木，其始抽芽，便是木之生意發端處；抽芽然後
發榦，發榦然後生枝生葉，然後是生生不息。若無芽，何以有
榦有枝葉？能抽芽，必是下面有個根在；有根方生，無根便
死。無根何從抽芽？父子、兄弟之愛，便是人心生意發端處，

如木之抽芽，自此而仁民，而愛物，便是發幹生枝生葉。墨氏兼愛無差等，將自家父子、兄弟與途人一般看，便自没了發端處；不抽芽便知得他無根，便不是生生不息，安得謂之仁！孝、弟爲仁之本〔3〕，却是仁理從裏面發生出來。”

〔1〕 語見《二程集·遺書》卷二上。

〔2〕 墨子主張“兼以易别”（《墨子·兼愛篇下》）。孟子攻擊墨子説：“天下之言不歸楊則歸墨。楊氏爲我，是無君也；墨氏兼愛，是無父也。無父無君，是禽獸也。……楊、墨之道不息，孔子之道不著，是邪説誣民，充塞仁義也。”（《孟子·滕文公篇下》第九章）

〔3〕 語本《論語·學而篇》：“孝弟也者，其爲仁之本與。”（第二章）

94. 問：“延平云‘當理而無私心’〔1〕。當理與無私心如何分别？”

先生曰：“心即理也，無私心即是當理，未當理便是私心。若析心與理言之，恐亦未善。”

又問：“釋氏於世間一切情欲之私，都不染著，似無私心；但外棄人倫，却似〔2〕未當理。”

曰：“亦只是一統事，都只是成就他一個私己的心。”〔3〕

〔1〕 語見《李延平集》卷二。

〔2〕 俞本，“却似”作“却是”。

〔3〕 南本，此下有“右門人陸澄録”。

95. 侃問：“持志如心痛，一心在痛上，安有工夫説閒語，管閒事？”

先生曰：“初學工夫如此用亦好；但要使知‘出入無時，莫知其鄉’〔1〕，心之神明原是如此，工夫方有著落，若只死死守

著,恐於工夫上又發病。"〔2〕

〔1〕 語見《孟子·告子篇上》："孔子曰:'操則存,舍則亡;出入無時,莫
　　知其鄉。'惟心之謂與?"(第八章)
〔2〕 閻東本、宋本、南本無此條。閻東本在第 1 條前有一條:"先生曰:
　　'持志如心痛,一心在痛上,安有功夫説閒話,管閒事?'""侃問"二
　　字作"先生曰"。

96. 侃問:"專涵養而不務講求,將認欲作理,則如之何?"
　　先生曰:"人須是知學,講求亦只是涵養,不講求只是涵
養之志不切。"
　　曰:"何謂知學?"
　　曰:"且道爲何而學? 學個甚?"
　　曰:"嘗聞先生教,學是學存天理;心之本體即是天理,體
認天理,只要自心地無私意。"
　　曰:"如此則只須克去私意便是,又愁甚理欲不明?"
　　曰:"正恐這些私意認不真。"
　　曰:"總是志未切;志切,目視、耳聽皆在此。安有認不真
的道理! 是非之心,人皆有之,不假外求。講求亦只是體當
自心所見,不成去心外別有個見?〔1〕"

〔1〕 涵養與講求的關係類似于涵養與窮理的關係。朱熹認爲兩者關係
　　相互依賴與相互促進:"涵養中自有窮理功夫,窮其所養之理;窮理
　　中自有涵養功夫,養其所窮之理。"(《朱子語類》卷九)王守仁則認
　　爲二者只是一個功夫。參見第 117 條論居敬與窮理的關係及第
　　303 條論尊德性與道問學的關係。

97. 先生問在坐之友:"比來工夫何似?"

一友舉虛明意思。

先生曰："此是説光景。"

一友敍今昔異同。

先生曰："此是説效驗。"

二友惘然請是。

先生曰："吾輩今日用功，只是要爲善之心真切。此心真切，見善即遷，有過即改[1]，方是真切工夫。如此，則人欲日消，天理日明。若只管求光景，説效驗，却是助長外馳病痛，不是工夫。"[2]

〔1〕語本《周易·益卦·象》："風雷：益。君子以見善則遷，有過則改。"

〔2〕佐藤一齋説："《通書》：'無欲則静虛，虛則明。'工夫全在無欲。今舉虛明，是光景，非實得。反觀真切，愈艱。今舉今昔異同，是效驗，非内省。故並爲助長外馳。"（《傳習録欄外書》第五十五頁）

98. 朋友觀書，多有摘議晦庵者。

先生曰："是有心求異，即不是。吾説與晦庵時有不同者，爲入門下手處有毫釐千里之分，不得不辨。然吾之心與晦庵之心，未嘗異也。若其餘文義解得明當處，如何動得一字！"[1]

〔1〕王守仁推重朱熹的評論，與此條相類者，可參看《別三子序》（《全書》卷七）、《答徐成之》二書（《全書》卷二十一）、《紫陽書院集序》（《全書》卷七）、《朱子晚年定論序》（《全書》卷七）、《啓周道通書》（《傳習録》中）、《答友人問》（《全書》卷六）及《傳習録》第 100 條。但在《象山文集序》（《全書》卷七）、《與席元山》（《全書》卷五），及《傳習録》第 183 條，王守仁則肯定"濂溪、明道之後，還是象山，只還粗些"。似較重陸。

99. 希淵[1]問:"聖人可學而至,然伯夷、伊尹於孔子才力終不同,其同謂之聖者安在[2]?"

先生曰:"聖人之所以爲聖,只是其心純乎天理而無人欲之雜;猶精金之所以爲精,但以其成色足而無銅鉛之雜也。人到純乎天理方是聖,金到足色方是精。然聖人之才力,亦有大小不同;猶金之分兩有輕重。堯、舜猶萬鎰,文王、孔子猶九千鎰,禹、湯、武王猶七八千鎰,伯夷、伊尹猶四五千鎰。才力不同,而純乎天理則同,皆可謂之聖人;猶分兩雖不同,而足色則同,皆可謂之精金。以五千鎰者而入於萬鎰之中,其足色同也,以夷、尹而廁之堯、孔之間,其純乎天理同也。蓋所以爲精金者,在足色,而不在分兩,所以爲聖者,在純乎天理,而不在才力也。故雖凡人而肯爲學,使此心純乎天理,則亦可爲聖人,猶一兩之金比之萬鎰,分兩雖懸絶,而其到足色處,可以無愧。故曰'人皆可以爲堯、舜'[3]者以此。學者學聖人,不過是去人欲而存天理耳。猶鍊金而求其足色,金之成色所爭不多,則鍛鍊之工省而功易成,成色愈下,則鍛鍊愈難。人之氣質清濁粹駁,有中人以上、中人以下,其於道,有生知安行,學知利行[4],其下者必須人一己百,人十己千[5],及其成功則一。後世不知作聖之本是純乎天理,却專去知識、才能上求聖人,以爲聖人無所不知,無所不能,我須是將聖人許多知識、才能逐一理會始得。故不務去天理上著工夫,徒弊精竭力,從册子上鑽研、名物上考索、形迹上比擬。知識愈廣而人欲愈滋,才力愈多而天理愈蔽。正如見人有萬鎰精金,不務鍛鍊成色,求無愧於彼之精純,而乃妄希分兩,務同彼之萬鎰,錫、鉛、銅、鐵雜然而投,分兩愈增而成色愈下,既其梢末,無復有金矣[6]。"

　　時曰仁在傍，曰："先生此喻足以破世儒支離之惑，大有功於後學。"

　　先生又曰："吾輩用功，只求日減，不求日增。減得一分人欲，便是復得一分天理，何等輕快脱灑，何等簡易！"〔7〕

〔1〕蔡希淵，名宗兗，浙江山陰人，正德十二年(1517)進士，歷任至西川督學僉事，爲王守仁最早所收弟子之一，參見《明儒學案》卷十一。

〔2〕語本《孟子·萬章篇下》："伯夷，聖之清者也；伊尹，聖之任者也；柳下惠，聖之和者也；孔子，聖之時者也。"(第一章)

〔3〕語本《孟子·告子篇下》："曹交問曰：'人皆可以爲堯、舜，有諸？'孟子曰：'然。'"(第二章)

〔4〕語本《中庸》："或生而知之，或學而知之，或困而知之，及其知之一也。或安而行之，或利而行之，或勉強而行之，及其成功一也。"(第二十章)

〔5〕語本《中庸》："人一能之己百之，人十能之己千之。"(第二十章)

〔6〕朱得之《稽山承語》存王守仁語録一條云："童克剛問：'《傳習録》中以精金喻聖，極爲明切，惟謂孔子分兩不同萬鎰之疑，雖曾有軀殼起念之説，終是不能釋然。'師不言，克剛請之不已。師曰：'看《易經》便知道了。'克剛必請明言，師乃嘆曰：'早知如此起疑生辯，當時便多説這一千也得。今不自鍛鍊金之成色，只是問他人金之輕重，奈何！'克剛曰：'堅若早得聞教，必求自見。今老而幸游夫子之門，有疑不決，懷疑而死，終是一憾。'師乃曰：'伏羲作《易》，神農、黄帝、堯、舜用《易》。至于文王演卦於羑里，周公又演爻于居東，二聖人比之用《易》者似有間矣。孔子則又不同，其壯年之志，只是東周，故夢亦周公。嘗曰：'文王既没，文不在兹乎！'(子罕篇)自許自志，亦止二聖人而已。況孔子玩《易》，韋編乃至三絶，然後嘆《易》道之精，曰：'假我數年，五十以學《易》，可以無大過矣。'比之演卦演爻者，更何如？更欲比之用《易》如堯、舜，則恐孔子亦不自安也。其曰：'我非生而知之者，好古敏以求之者。'又曰：'若聖與

仁,則吾豈敢。'抑爲之不厭,乃其所至之位。"此條解説精金喻聖,較爲詳盡。

朱熹重立言垂訓,故以孔子賢於堯、舜:"若吾夫子則雖不得其位,而所以繼往聖、開來學,其功反有賢於堯、舜者。"(《中庸章句序》)王守仁重平章百姓,協和萬邦,以用《易》高于學《易》,故以堯、舜賢於孔子:"中國聖人,以堯、舜爲最。"(《諫迎佛疏》)這與二人的思想體系是相應的。

〔7〕程、朱的用功方法,提倡格物窮理,以求日增。程頤説:"須是今日格一件,明日又格一件,積習既多,然後脱然有貫通處。"(《二程集·遺書》卷十八)朱熹亦然。王守仁的用功方法,提倡正心誠意,要求日減,所以説:"君子之學以明其心。其心本無昧也。而欲爲之蔽,習爲之害。故去蔽與害而明復,匪自外得也。"(《全書》卷七《别黄宗賢歸天台序》)兩種方法成爲明顯的對照。

100. 士德〔1〕問曰:"'格物'之説,如先生所教,明白簡易,人人見得;文公聰明絶世,於此反有未審,何也?"

先生曰:"文公精神氣魄大,是他早年合下便要繼往開來,故一向只就考索著述上用功;若先切己自修,自然不暇及此;到得德盛後,果憂道之不明。如孔子退修六籍,删繁就簡,開示來學,亦大段不費甚考索。文公早歲便著許多書,晚年方悔,是倒做了。"

士德曰:"晚年之悔,如謂'向來定本之誤'〔2〕,又謂'雖讀得書,何益於吾事'〔3〕,又謂'此與守書籍,泥言語,全無交涉'〔4〕,是他到此方悔從前用功之錯,方去切己自修矣。"

曰:"然。此是文公不可及處,他力量大,一悔便轉;可惜不久即去世,平日許多錯處,皆不及改正。"

〔1〕楊士德,名驥,廣東潮州人,初從湛若水(1466—1560)游,卒業於王

守仁。王守仁出征横水，謂之曰：“破山中賊易，破心中賊難。”(《全書》卷四《與楊士德、薛尚謙》)參見《明儒學案》卷三十。

〔2〕語見《朱子大全》卷四十六《答黄直卿·二》。原書無“定本”二字。

〔3〕同上書，卷四十七《答吕子約·二十六》(第二十九頁)。

〔4〕同上書，卷四十《答何叔京·十三》(第二十七頁)。

101. 侃去花間草，因曰：“天地間何善難培，惡難去？”

先生曰：“未培未去耳。”少間，曰：“此等看善惡，皆從軀殼起念，便會錯。”侃未達。

曰：“天地生意，花草一般，何曾有善惡之分？子欲觀花，則以花爲善，以草爲惡；如欲用草時，復以草爲善矣。此等善惡，皆由汝心好惡所生，故知是錯。”

曰：“然則無善無惡乎？”

口：“無善無惡者，理之静；有善有惡者，氣之動。不動於氣，即無善無惡，是謂至善。”

曰：“佛氏亦無善無惡，何以異？”

曰：“佛氏著在無善無惡上，便一切都不管，不可以治天下。聖人無善無惡，只是‘無有作好’、‘無有作惡’，不動於氣；然‘遵王之道’〔1〕，會其有極，便自一循天理，便有個裁成輔相〔2〕。”

曰：“草既非惡，即草不宜去矣。”

曰：“如此却是佛、老〔3〕意見。草若有礙，何妨汝去？”

曰：“如此又是作好、作惡。”

曰：“不作好惡，非是全無好惡，却是無知覺的人。謂之不作者，只是好惡一循於理，不去又著一分意思。如此，即是不曾好惡一般。”

曰："去草如何是一循於理,不著意思?"

曰："草有妨礙,理亦宜去,去之而已。偶未即去,亦不累心。若著了一分意思,即心體便有貽累,便有許多動氣處。"

曰："然則善惡全不在物?"

曰："只在汝心,循理便是善,動氣便是惡。"

曰："畢竟物無善惡?"

曰："在心如此,在物亦然[4]。世儒惟不知此,舍心逐物,將'格物'之學錯看了,終日馳求於外,只做得個'義襲而取',終身行不著,習不察[5]。"

曰："如好好色,如惡惡臭,則如何?"

曰："此正是一循於理,是天理合如此,本無私意作好作惡。"

曰："如好好色,如惡惡臭,安得非意?"

曰："却是誠意,不是私意。誠意只是循天理。雖是循天理,亦著不得一分意。故有所忿懥、好樂,則不得其正[6],須是廓然大公,方是心之本體。知此,即知'未發之中'。"

伯生[7]曰："先生云'草有妨礙,理亦宜去'。緣何又是軀殼起念?"

曰："此須汝心自體當。汝要去草,是甚麼心? 周茂叔窗前草不除[8],是甚麼心[9]?"

〔1〕語本《書·洪範篇》:"無有作好,遵王之道;無有作惡,遵王之路。"作好,亂爲私好。作惡,亂爲私惡。

〔2〕語本《易·泰卦·象》:"天地交,泰。后以財成天地之道,輔相天地之宜;以左右民。"(卷二)財成,成就。輔相,輔助。左右,佐佑。

〔3〕王本,"老"作"氏"。

〔4〕王本,"亦然"之後,有"本無内外,本無彼此"八字。

〔5〕語本《孟子·盡心篇上》:"行之而不著焉,習矣而不察焉,終身由之而不知其道者,衆也。"(第五章)

〔6〕語本《大學》:"所謂修身在正其心者:身有所忿懥,則不得其正;有所恐懼,則不得其正;有所好樂,則不得其正;有所憂患,則不得其正。"(傳,第七章)

〔7〕孟源,字伯生。其他情況不詳。

〔8〕程顥説:"周茂叔窗前草不除去。問之,云'與自家意思一般'。"(《二程集·遺書》卷三)

〔9〕王守仁此處言"物無善惡",又言"無善無惡,是謂至善"。參見第286、293條。

102. 先生謂學者曰:"爲學須得個頭腦[1],工夫方有著落;縱未能無間,如舟之有舵,一提便醒。不然,雖從事於學,只做個'義襲而取',只是行不著,習不察,非大本、達道也。"又曰:"見得時,横説豎説皆是;若於此處通,彼處不通,只是未見得。"

〔1〕頭腦:判斷力。

103. 或問爲學以親故,不免業舉之累。

先生曰:"以親之故而業舉爲累於學,則治田以養其親者,亦有累於學乎?先正云'惟患奪志'[1],但恐爲學之志不真切耳。"[2]

〔1〕語本程頤所説:"或謂科舉事業奪人之功,是不然。且一月之中,以十日爲舉業,餘日足可爲學。然人不志此,必志于彼。故科舉之事,不患妨功,惟患奪志。"(《二程集·外書》卷十一)

〔2〕"科舉不患妨功,惟患奪志。"參見《重刊文章軌範序》:"世徒見夫由科第而進者,類多徇私謀利,無事君之實,而遂歸咎于舉業。不知

方其業舉之時，惟欲釣聲利，弋身家之腴，以苟一旦之得，而初未嘗有其誠也。"（《全書》卷二十二）又見《寄聞人邦英邦正》："若是原無求爲聖賢之志，雖不業舉，日談道德，亦只成就得務外好高之病而已。此昔人所以有不患妨功、惟患奪志之説也。"（《全書》卷四）

104. 崇一[1]問："尋常意思多忙，有事固忙，無事亦忙，何也？"

先生曰："天地氣機，元無一息之停，然有個主宰，故不先不後，不急不緩，雖千變萬化，而主宰常定，人得此而生。若主宰定時，與天運一般不息，雖酬酢萬變，常是從容自在，所謂'天君泰然，百體從令'[2]。若無主宰，便只是這氣奔放，如何不忙！"

〔1〕歐陽崇一（1495—1554），名德，號南野，江西泰和人，嘉靖二年（1523）進士，歷任至禮部尚書。嘉靖三十二三年（1553—1554）與徐階（1503—1583）、聶豹（1487—1563）、程文德（1497—1559）主盟京師靈濟宮之會，學徒雲集至千人，其盛爲數百年所未有，有《歐陽南野集》。參見《明儒學案》卷十七。

〔2〕語見范浚《心箴》（1146），朱熹引注《孟子·告子篇上》第十五章。天君，心。百體，身體各部。

105. 先生曰："爲學大病在好名。"

侃曰："從前歲自謂此病已輕，比來精察，乃知全未。豈必務外爲人，只聞譽而喜，聞毀而悶，即是此病發來？"

曰："最是。名與實對，務實之心重一分，則務名之心輕一分；全是務實之心，即全無務名之心；若務實之心如飢之求食，渴之求飲，安得更有工夫好名？"又曰："'疾没世而名不稱'[1]，稱字去聲讀，亦'聲聞過情，君子恥之'[2]之意。實不稱名,生猶可補,没則無及矣。'四十五十而無聞'〔3〕,是不聞道,非無聲聞也。孔子云:'是聞也,非達也。'〔4〕安肯以此望人。"

〔1〕語見《論語・衛靈公篇》:"君子疾没世而名不稱焉。"(第二十章)

〔2〕語見《孟子・離婁篇下》第十八章。

〔3〕語見《論語・子罕篇》:"四十、五十而無聞焉,斯亦不足畏也已。"(第二十三章)

〔4〕語本《論語・顔淵篇》:"子張問:'士何如斯可謂之達矣?'子曰:'何哉?爾所謂達者?'子張對曰:'在邦必聞,在家必聞。'子曰:'是聞也,非達也。夫達也者,質直而好義,察顔而觀色,慮以下人,在邦必達,在家必達。夫聞也者,色取仁而行違,居之不疑,在邦必聞,在家必聞。'"(第二十章)

106. 侃多悔。

先生曰:"悔悟是去病之藥;然以改之爲貴,若留滯於中,則又因藥發病。"〔1〕

〔1〕參見《悔齋説》:"悔者,善之端也,誠之復也。君子悔以遷于善,小人悔以不敢肆其惡。惟聖人而後能無悔,無不善也,無不誠也。然君子之過,悔而弗改焉,又從而文焉,過將日入於惡。小人之惡,悔而益深巧焉,益憤譎焉,則惡極而不可解矣。故悔者,善惡之分也,誠僞之關也,吉凶之機也。君子不可以頻悔,小人則幸其悔而或不甚焉耳。"(《全書》卷二十四)

107. 德章〔1〕曰:"聞先生以精金喻聖,以分兩喻聖人之分量,以鍛鍊喻學者之工夫,最爲深切;惟謂堯、舜爲萬鎰,孔子爲九千鎰〔2〕;疑未安。"

先生曰:"此又是軀殼上起念,故替聖人爭分兩;若不從軀殼上起念,即堯、舜萬鎰不爲多,孔子九千鎰不爲少,堯、舜萬鎰,只是孔子的;孔子九千鎰,只是堯、舜的,原無彼我。所以謂之聖,只論'精一',不論多寡,只要此心純乎天理處同,便同謂之聖,若是力量氣魄,如何盡同得? 後儒只在分兩上較量,所以流入功利;若除去了比較分兩的心,各人盡著自己力量精神,只在此心純天理上用功,即人人自有,個個圓成,便能大以成大,小以成小,不假外慕,無不具足: 此便是實實落落明善誠身的事。後儒不明聖學,不知就自己心地良知良能上體認擴充,却去求知其所不知,求能其所不能,一味只是希高慕大,不知自己是桀、紂心地,動輒要做堯、舜事業,如何做得! 終年碌碌,至於老死,竟不知成就了個甚麼,可哀也已!"

〔1〕德章姓劉,其他不詳。

〔2〕參見第 99 條。

108. 侃問:"先儒以心之静爲體,心之動爲用〔1〕,如何?"

先生曰:"心不可以動、静爲體、用。動、静,時也,即體而言,用在體;即用而言,體在用,是謂體、用一源〔2〕。若説静可以見其體,動可以見其用,却不妨。"〔3〕

〔1〕語見程頤《與吕大臨論中書》:"心一也,有指體而言者,寂然不動是也。有指用而言者,感而遂通天下之故是也。"(《二程集·文集》卷九)

〔2〕語見程頤《易傳序》:"至微者理也,至著者象也。體用一源,顯微無間。"(《周易程氏傳》)

〔3〕參見《答倫彦式》云:"心無動静者也。其静也者,以言其體也。其動也者,以言其用也。故君子之學,無間于動静。其静也,常覺而

未嘗無也,故常應。其動也,常定而未嘗有也,故常寂。常應常寂,動靜皆有事焉,是之謂集義。集義故能無祇悔,所謂動亦定,靜亦定者也。心一而已,靜,其體也,而復求靜根焉,是擾其體也;動,其用也,而懼其易動焉,是廢其用也。故求靜之心即動也,惡動之心非靜也,是之謂動亦動,靜亦動,將迎起伏相尋于無窮矣。故循理之謂靜,從欲之謂動。欲也者,非必聲色貨利外誘也,有心之私,皆欲也。故循理焉,雖酬酢萬變,皆靜也。濂溪所謂主靜無欲之謂也,是謂集義者也。從欲焉,雖心齋坐忘,亦動焉,告子之強制正助之謂也,是外義者也。"(《全書》卷五)

109. 問:"上智下愚如何不可移?"〔1〕

先生曰:"不是不可移,只是不肯移。"

〔1〕語本《論語·陽貨篇》:"子曰:'唯上智與下愚不移。'"(第三章)

110. 問"子夏門人問交"章〔1〕。

先生曰:"子夏是言小子之交,子張是言成人之交;若善用之,亦俱是。"

〔1〕語本《論語·子張篇》:"子夏之門人問交於子張。子張曰:'子夏云何?'對曰:'子夏曰,可者與之,其不可者拒之。'子張曰:'異乎吾所聞。君子尊賢而容眾,嘉善而矜不能。我之大賢與,於人何所不容?我之不賢與,人將拒我,如之何其拒人也?'"(第三章)

111. 子仁〔1〕問:"'學而時習之,不亦說乎!'先儒以學爲效先覺之所爲〔2〕,如何?"

先生曰:"學是學去人欲、存天理。從事於去人欲、存天理,則自正諸先覺,考諸古訓,自下許多問辨思索、存省克治工夫,然不過欲去此心之人欲,存吾心之天理耳。若曰'效先覺之所爲’，則只説得學中一件事，亦似專求諸外了。‘時習’者，‘坐如尸’，非專習坐也，坐時習此心也；‘立如齋’〔3〕，非專習立也，立時習此心也。‘説’是‘理義之説我心’〔4〕之‘説’；人心本自説理義，如目本説色，耳本説聲，惟爲人欲所蔽所累，始有不説；今人欲日去，則理義日洽浹，安得不説？”

〔1〕樂子仁，名惠，浙江西安人。王守仁有《書樂惠卷》(《全書》卷二十四)。一説指林春，字子仁。參見《明儒學案》卷三十二略傳，疑非是。

〔2〕語見《論語·學而篇》第一章。朱熹《論語章句》注曰：“人性皆善而覺有先後。後覺者，必效先覺之所爲，乃可以明善而復其初也。”

〔3〕語見《禮記·曲禮篇》：“坐如尸，立如齋。”(卷一)

〔4〕語本《孟子·告子篇上》：“心之所同然者何也？謂理也，義也。聖人先得我心之所同然耳。故理義之悦我心，猶芻豢之悦我口。”(第七章)

112. 國英〔1〕問：“曾子三省〔2〕雖切，恐是未聞一貫〔3〕時工夫？”

先生曰：“一貫是夫子見曾子未得用功之要，故告之。學者果能忠、恕上用功，豈不是一貫？‘一’如樹之根本，‘貫’如樹之枝葉。未種根，何枝葉之可得？體、用一源，體未立，用安從生？謂曾子於其用處蓋已隨事精察而力行之，但未知其體之一〔4〕，此恐未盡。”

〔1〕國英姓陳，其他不詳。

〔2〕語本《論語·學而篇》：“曾子曰：‘吾日三省吾身，爲人謀而不忠乎？與朋友交而不信乎？傳不習乎？’”(第四章)

〔3〕語本《論語·里仁篇》：“子曰：‘參乎，吾道一以貫之。’曾子曰：‘唯。’子出，門人問曰：‘何謂也？’曾子曰：‘夫子之道，忠恕而已

矣。'"(第十五章)

〔4〕朱熹《論語·里仁篇》第十五章注云:"聖人之心,渾然一理,而泛應曲當,用各不同。曾子于其用處,蓋已隨事精察而力行之,但未知其體之一爾。"

113. 黃誠甫[1]問"汝與回也孰愈"章。[2]

先生曰:"子貢多學而識,在聞見上用功,顏子在心地上用功,故聖人問以啟之。而子貢所對又只在知見上,故聖人嘆惜之,非許之也。"

〔1〕黃誠甫(?—1536),名宗明,號致齋,寧波鄞縣人,正德九年(1514)進士。任職南京兵部員外郎時,諫武宗南巡,請告歸。嘉靖時,任兵部右侍郎,有人諫世宗齋醮被戍,上書言其無罪,被貶,官終禮部侍郎,參見《明儒學案》卷十四。

〔2〕見《論語·公冶長篇》:"子謂子貢曰:'汝與回也孰愈?'對曰:'賜也何敢望回!回也聞一以知十,賜也聞一以知二。'子曰:'弗如也,吾與汝弗如也。'"(第八章)

114. "顏子不遷怒,不貳過[1],亦是有'未發之中'始能。"

〔1〕語本《論語·雍也篇》:"哀公問弟子孰爲好學,孔子對曰:'有顏回者好學,不遷怒,不貳過,不幸短命死矣。今也則亡,未聞好學者也。'"(第二章)

115. "種樹者必培其根,種德者必養其心。欲樹之長,必於始生時删其繁枝;欲德之盛,必於始學時去夫外好。如外好詩文,則精神日漸漏泄在詩文上去;凡百外好皆然。"又曰:"我此論學,是無中生有的工夫。諸公須要信得及,只是立志。學者一念爲善之志,如樹之種[1],但勿助勿忘[2],只管培植將去,自然日夜滋長,生氣日完[3],枝葉日茂。樹初生時,便抽繁枝,亦須刊落[4],然後根榦能大;初學時亦然,故立志貴專一。"[5]

〔1〕王本,"種"作"根"。

〔2〕語本《孟子・公孫丑篇上》:"必有事焉而勿正,心勿忘,勿助長也。"(第二章)

〔3〕王本,"完"作"充"。

〔4〕刊落,删削。

〔5〕參見《送宗伯喬白巖序》:"是故專於道,斯謂之專;精於道,斯謂之精。專於弈而不專於道,其專溺也;精於文詞而不精於道,其精僻也。"(《全書》卷七)

116. 因論先生之門,某人在涵養上用功,某人在識見[1]上用功。

先生曰:"專涵養者,日見其不足;專識見者,日見其有餘。日不足者,日有餘矣;日有餘者,日不足矣。"

〔1〕識見:外向求知。

117. 梁日孚問[1]:"居敬、窮理是兩事,先生以爲一事,何如?"

先生曰:"天地間只有此一事,安有兩事? 若論萬殊,禮儀三百,威儀三千[2],又何止兩! 公且道居敬是如何? 窮理是如何?"

曰:"居敬是存養工夫,窮理是窮事物之理。"

曰:"存養個甚?"

曰:"是存養此心之天理。"

曰:“如此,亦只是窮理矣。”

曰:“且道如何窮事物之理?”

曰:“如事親便要窮孝之理,事君便要窮忠之理。”

曰:“忠與孝之理在君、親身上,在自己心上? 若在自己心上,亦只是窮此心之理矣。且道如何是敬?”

曰:“只是主一。”

“如何是主一?”

曰:“如讀書便一心在讀書上,接事便一心在接事上。”

曰:“如此則飲酒便一心在飲酒上,好色便一心在好色上,却是逐物,成甚居敬工夫?”

日孚請問,曰:“一者,天理。主一是一心在天理上。若只知主一,不知一即是理,有事時便是逐物,無事時便是著空。惟其有事無事,一心皆在天理上用功,所以居敬亦即是窮理,就窮理專一處説,便謂之居敬;就居敬精密處説,便謂之窮理,却不是居敬了别有個心窮理,窮理時别有個心居敬;名雖不同,功夫只是一事。就如《易》言:‘敬以直内,義以方外[3]。’敬即是無事時義,義即是有事時敬,兩句合説一件。如孔子言‘修己以敬[4]’,即不須言義;孟子言‘集義’[5],即不須言敬。會得時,横説豎説,工夫總是一般;若泥文逐句,不識本領,即支離決裂,工夫都無下落。”

問:“窮理何以即是盡性?”

曰:“心之體,性也,性即理也,窮仁之理真要仁極仁,窮義之理真要義極義,仁、義只是吾性,故窮理即是盡性,如孟子説充其惻隱之心至仁不可勝用[6],這便是窮理工夫。”[7]

日孚曰:“先儒謂一草一木亦皆有理,不可不察[8],如何?”

先生曰：“夫我則不暇[9]。公且先去理會自己性情，須能盡人之性，然後能盡物之性。”日孚悚然有悟。

〔1〕梁日孚，名焯，廣東南海人。正德九年(1514)進士，十三年(1518)謁選於京，路經江西與王守仁談話後，便欲終身從學，不願離去。王守仁勸以聖人之道，不拘於時，不限以地，半年後始北去，乃書《別梁日孚序》相送。參見《明儒學案》卷三十。

〔2〕語見《中庸》第二十七章。

〔3〕語見《易·坤卦·文言》。

〔4〕語見《論語·憲問篇》第四十五章。

〔5〕語本《孟子·公孫丑篇上》：“敢問何謂浩然之氣？曰：‘難言也。其爲氣也，至大至剛，以直養而無害，則塞於天地之間。其爲氣也，配義與道，無是，餒也。是集義所生者，非義襲而取之也。行有不慊于心，則餒矣。’”(第二章)

〔6〕語本《孟子·盡心篇下》：“孟子曰：‘人皆有所不忍，達之於其所忍，仁也。人皆有所不爲，達之於其所爲，義也。人能充無欲害人之心，而仁不可勝用也。人能充無穿窬之心，而義不可勝用也。人能充無受爾汝之實，無所往而不爲義也。”(第三十一章)

〔7〕參見《書諸陽卷》：“故謂端莊静一爲養心，而以學問思辨爲窮理者，析心與理而爲二矣。若吾之説，則端莊静一，亦所以窮理；而學問思辨，亦所以養心。非謂養心之時，無有所謂理；而窮理之時，無有所謂心也。此古人之學所以知行並進而收合一之功。後世之學所以分知行爲先後，而不免於支離之病者也。”(《全書》卷八)

〔8〕語本程頤《語録》：“問：‘觀物察己，還因見物，反求諸身否？’曰：‘不必如此説。物我一理，纔明彼即曉此，合内外之道也。語其大，至天地之高厚；語其小，至一物之所以然，學者皆當理會。’又問：‘致知，先求之四端，如何？’曰：‘求之性情，固是切于身，然一草一木皆有理，須是察。’”(《二程集·遺書》卷十八)

〔9〕語本《論語·憲問篇》：“子貢方人。子曰：‘賜也賢乎哉？夫我則不

暇。’”(第三十一章)

118. 惟乾[1]問:“知如何是心之本體?”

先生曰:“知是理之靈處;就其主宰處説,便謂之心,就其稟賦處説,便謂之性。孩提之童,無不知愛其親,無不知敬其兄[2],只是這個靈能不爲私欲遮隔,充拓得盡,便完完是他本體,便與天地合德[3]。自聖人以下,不能無蔽,故須‘格物’以致其知。”

〔1〕冀惟乾(1482—1521),名元亨,號闇齋,楚之武陵(今湖南常德)人。陽明謫龍場,冀往受學,一直跟隨王至廬陵。湖廣鄉試,以格物致知爲題,冀以所聞於王守仁者爲對,主司奇而録之。王守仁在江西,冀又從之,主教濂溪書院。宸濠致書問學,王守仁使冀往答之。濠敗,忌王守仁者藉冀以陷之,被捕入獄。正德(1521)時被釋出獄而卒。參見《明儒學案》卷二十八。

〔2〕語本《孟子·盡心篇上》:“人之所不學而能者,其良能也;所不慮而知者,其良知也。孩提之童,無不知愛其親者,及其長也,無不知敬其兄也。”(第十五章)

〔3〕語本《易·乾卦·文言》:“夫大人者,與天地合其德,與日月合其明,與四時合其序,與鬼神合其吉凶。”

119. 守衡[1]問:“《大學》工夫只是誠意,誠意工夫只是格物,修、齊、治、平,只誠意盡矣,又有正心之功,有所忿懥好樂則不得其正[2],何也?”

先生曰:“此要自思得之,知此則知‘未發之中’矣。”

守衡再三請。

曰:“爲學工夫有淺深,初時若不著實用意去好善、惡惡,如何能爲善、去惡? 這著實用意便是誠意。然不知心之本體原無一物，一向著意去好善、惡惡，便又多了這分意思，便不是廓然大公[3]。《書》所謂'無有作好、作惡[4]'，方是本體。所以説：'有所忿懥、好樂，則不得其正。'正心只是誠意工夫裏面體當自家心體，常要鑑空衡平[5]，這便是'未發之中'。"[6]

[1] 情況未詳。

[2] 語本《大學》："所謂修身在正其心者，身有所忿懥，則不得其正；有所恐懼，則不得其正；有所好樂，則不得其正；有所憂患，則不得其正。"（第七章）

[3] 語本程顥所説："故君子之學，莫若廓然而大公，物來而順應。"（《二程集·文集》卷二《答橫渠張子厚先生書》）

[4] 語本《書·洪範篇》："無有作好，遵王之道；無有作惡，遵王之路。"

[5] 語本朱熹《大學或問》。

[6] 此條言保持心的虛靈本體，不得存善惡之意。參見第 101、213 和 215 條。

120. 正之[1]問："戒懼是己所不知時工夫，慎獨是己所獨知時工夫[2]，此説如何？"

先生曰："只是一個工夫，無事時固是獨知，有事時亦是獨知。人若不知於此獨知之地用力，只在人所共知處用功，便是作僞，便是'見君子而後厭然'[3]。此獨知處便是誠的萌芽；此處不論善念、惡念，更無虛假，一是百是，一錯百錯，正是王霸、義利、誠僞、善惡界頭，於此一立立定，便是端本澄源，便是立誠。古人許多誠身的工夫，精神命脈，全體只在此處，真是莫見莫顯，無時無處，無終無始，只是此個工夫。今若又分戒懼爲己所不知，即工夫便支離，亦有間斷。既戒懼即是知，己若不知，是誰戒懼？如此見解，便要流入斷滅禪定。"

曰:"不論善念、惡念,更無虛假,則獨知之地,更無無念時邪?"

曰:"戒懼亦是念。戒懼之念,無時可息;若戒懼之心稍有不存,不是昏瞶,便已流入惡念;自朝至暮,自少至老,若要無念,即是己不知,此除是昏睡,除是槁木死灰。"

〔1〕黃正之(1492—1561),名弘綱,號洛村,江西雩縣人。正德十一年(1516)登鄉舉,官至刑部主事,有《黃洛村集》。參見《明儒學案》卷十九。

〔2〕綜合朱熹《中庸章句》第一章注的思想。

〔3〕語本《大學》:"小人閒居爲不善,無所不至,見君子而後厭然,揜其不善而著其善。"(傳·第六章)

121. 志道〔1〕問:"荀子云'養心莫善于誠〔2〕',先儒非之〔3〕,何也?'"

先生曰:"此亦未可便以爲非。誠字有以工夫説者。誠是心之本體,求復其本體,便是思誠的工夫〔4〕。明道説'以誠敬存之〔5〕',亦是此意。《大學》:'欲正其心,先誠其意。'荀子之言固多病,然不可一例吹毛求疵。大凡看人言語,若先有個意見,便有過當處。'爲富不仁'之言,孟子有取於陽虎〔6〕,此便見聖賢大公之心。"

〔1〕情況未詳。

〔2〕語見《荀子·不苟篇》:"君子養心莫善于誠,致誠則無他事矣。"

〔3〕語本程顥所説:"既誠矣,心焉用養邪?荀子不知誠。"(《二程集·外書》卷二)

〔4〕參見《贈林典卿歸省序》:"夫誠,實理也。其在天地,則其麗焉者,

則其明焉者,則其行焉者,則其引類而言之不可窮焉者,皆誠也;其在人物,則其蕃焉者,則其群焉者,則其分焉者,則其引類而言之不可盡焉者,皆誠也。是故殫智慮,弊精力,而莫究其緒也;靡晝夜,極年歲,而莫竟其説也;析蠶絲,擢牛尾,而莫既其奧也。夫誠,一而已矣,故不可復有所益。益之,是爲二也。二則僞,故誠不可益。不可益,故至誠無息。”(《全書》卷七)

〔5〕語本程顥所説:“學者須先識仁。仁者,渾然與物同體。義、禮、智、信皆仁也。識得此理,以誠敬存之而已,不須防檢,不須窮索。”(《二程集·遺書》卷二上)

〔6〕語本《孟子·滕文公篇上》:“是故賢君必恭儉、禮下,取于民有制。陽虎曰:‘爲富不仁矣,爲仁不富矣。’”(第三章)

122. 蕭惠〔1〕問:“己私難克,奈何?”

先生曰:“將汝己私來,替汝克〔2〕。”先生曰:“人須有爲己之心,方能克己;能克己,方能成己。”

蕭惠曰:“惠亦頗有爲己之心,不知緣何不能克己?”

先生曰:“且説汝有爲己之心是如何?”

惠良久曰:“惠亦一心要做好人,便自謂頗有爲己之心。今思之,看來亦只是爲得個軀殼的己,不曾爲個真己。”

先生曰:“真己何曾離著軀殼?恐汝連那軀殼的己也不曾爲。且道汝所謂軀殼的己,豈不是耳、目、口、鼻、四肢?”

惠曰:“正是爲此;目便要色,耳便要聲,口便要味,四肢便要逸樂,所以不能克。”

先生曰:“美色令人目盲,美聲令人耳聾,美味令人口爽,馳騁田獵令人發狂〔3〕,這都是害汝耳、目、口、鼻、四肢的!豈得是爲汝耳、目、口、鼻、四肢?若爲著耳、目、口、鼻、四肢時,便須思量耳如何聽,目如何視,口如何言,四肢如何動?必須非禮勿視、聽、言、動，方才成得個耳、目、口、鼻、四肢，這個才是爲著耳、目、口、鼻、四肢。汝今終日向外馳求，爲名、爲利，這都是爲著軀殼外面的物事。汝若爲著耳、目、口、鼻、四肢，要非禮勿視、聽、言、動時，豈是汝之耳、目、口、鼻、四肢自能勿視、聽、言、動？須由汝心。這視、聽、言、動皆是汝心，汝心之視，發竅于目，汝心之聽，發竅于耳，汝心之言，發竅于口，汝心之動，發竅于四肢；若無汝心，便無耳、目、口、鼻。所謂汝心，亦不專是那一團血肉；若是那一團血肉，如今已死的人，那一團血肉還在，緣何不能視、聽、言、動？所謂汝心，却是那能視、聽、言、動的，這個便是性，便是天理。有這個性，才能生。這性之生理，便謂之仁。這性之生理發在目，便會視，發在耳，便會聽，發在口，便會言，發在四肢，便會動，都只是那天理發生。以其主宰一身，故謂之心。這心之本體，原只是個天理，原無非禮。這個便是汝之真己，這個真己是軀殼的主宰。若無真己，便無軀殼；真是有之即生，無之即死。汝若真爲那個軀殼的己，必須用著這個真己，便須常常保守著這個真己的本體，戒慎不睹，恐懼不聞，惟恐虧損了他一些；才有一毫非禮萌動，便如刀割，如針刺，忍耐不過，必須去了刀，拔了針。這才是有爲己之心，方能克己。汝今正是認賊作子[4]，緣何却說有爲己之心不能克己？"[5]

〔1〕蕭惠，零都人，其他情況不詳。此處薛侃直書其名，或係當時一少年。

〔2〕語本僧璨初見慧可大師時問答："曰：'弟子身纏風恙，請和尚懺罪。'曰：'將罪來，與汝懺。'居士良久云：'覓罪不可得？'師曰：'我與汝懺罪竟，宜依佛法。'"（《景德傳燈録》卷三）

〔3〕語本《老子》："五色令人目盲，五音令人耳聾，五味令人口爽，馳騁

畋獵令人心發狂。"(第十二章)

〔4〕語出《楞嚴經》:"佛告阿難,此是前塵虛妄相想,惑汝真性。由汝無
　　始至于今生,認賊爲子,失汝元常,故受輪轉。"(《大正新修大藏經》
　　第十九卷第一〇八頁)

〔5〕參見《書王嘉秀請益卷》:"君子之學,爲己之學也。爲己故必克己。
　　克己則無己。無己者,無我也。世之學者執其自私自利之心,而
　　自任以爲爲己,淪焉入于隳墮斷滅之中,而自任以爲無我者,吾見
　　亦多矣。"(《全書》卷八)

　　　　又參見《從吾道人記》:"夫吾之所謂真吾者,良知之謂也。父
　　而慈焉,子而孝焉,吾良知所好也;不慈不孝焉,斯惡之矣。言而
　　忠信焉,行而篤敬焉,吾良知所好也;不忠信焉,不篤敬焉,斯惡之
　　矣。故夫名利物欲之好,私吾之好也,天下之所惡也;良知之好,
　　真吾之好也,天下之所同好也。"(《全書》卷七)

123. 有一學者病目,戚戚甚憂。

先生曰:"爾乃貴目賤心!"

124. 蕭惠好仙、釋。

先生警之曰:"吾亦自幼篤志二氏,自謂既有所得,謂儒
者爲不足學。其後居夷三載,見得聖人之學若是其簡易廣
大,始自嘆悔錯用了三十年氣力。大抵二氏之學,其妙與聖
人只有毫釐之間。汝今所學,乃其土苴,輒自信自好若此,真
鴟鴞竊腐鼠耳[1]。"

惠請問二氏之妙。

先生曰:"向汝説聖人之學簡易廣大,汝却不問我悟的,
只問我悔的!"

惠慚謝,請問聖人之學。

先生曰：“汝今只是了人事問[2]；待汝辦個眞要求爲聖人的心，來與汝説。”

惠再三請。

先生曰：“已與汝一句道盡[3]，汝尚自不會！”

〔1〕語本《莊子·秋水篇》：“夫鵷雛，發於南海而飛於北海，非梧桐不止，非練實不食，非醴泉不飲。于是，鴟得腐鼠，鵷雛過之，仰而視之曰：‘嚇。’”（卷六）

〔2〕人事問，人事應酬常語。

〔3〕王守仁此處用機鋒。“一句”指上句“爲聖人之心”。

125. 劉觀時[1]問：“‘未發之中’是如何？”

先生曰：“汝但戒慎不睹，恐懼不聞，養得此心純是天理，便自然見。”

觀時請略示氣象。

先生曰：“啞子喫苦瓜，與你説不得；你要知此苦，還須你自喫。”[2]時曰仁在旁，曰：“如此才是眞知，即是行矣。”[3]一時在座諸友皆有省。

〔1〕情況不詳。

〔2〕語出《碧巖録》卷三。

〔3〕參見《答友人問》：“某今説知行合一，雖亦是就今時補偏救弊説，然知行體段亦本來如是。吾契但著實就身心上體履，當下便自知得。今却只從言語文義上窺測，所以牽制支離，轉説轉糊塗。正是不能知行合一之弊耳。”（《全書》卷六）

126. 蕭惠問死、生之道。[1]

先生曰：“知晝、夜，即知死、生。”

問晝、夜之道。

曰："知晝則知夜。"

曰："晝亦有所不知乎？"

先生曰："汝能知晝？懵懵而興，蠢蠢而食，行不著，習不察，終日昏昏，只是夢晝。惟息有養，瞬有存[2]，此心惺惺明明，天理無一息間斷，才是能知晝。這便是天德，便是通乎晝夜之道而知[3]。更有甚麼死、生！"

〔1〕語本朱熹《論語章句·先進篇》第十二章注引程頤所説："晝夜者，死生之道也。知生之道，則知死之道。盡事人之道，則盡事鬼之道。死生、人鬼，一而二，二而一者也。"

〔2〕語本張載(1020—1077)所説："言有教，動有法；晝有爲，宵有得；息有養，瞬有存。"(《正蒙·有德篇》)

〔3〕語本《易·繫辭傳上》："範圍天地之化而不過，曲成萬物而不遺，通乎晝夜之道而知，故神無方而易無體。"(第四章)

127. 馬子莘[1]問："'修道之教[2]'，舊説謂聖人品節吾性之固有[3]，以爲法於天下，若禮、樂、刑、政之屬。此意如何？"

先生曰："道即性即命，本是完完全全，增減不得，不假修飾的。何須要聖人品節，却是不完全的物件！禮、樂、刑、政是治天下之法，固亦可謂之教，但不是子思本旨。若如先儒之説，下面由教入道的，緣何舍了聖人禮、樂、刑、政之教，別説出一段戒慎恐懼工夫？却是聖人之教爲虛設矣。"

子莘請問。

先生曰："子思性、道、教皆從本原上説，天命於人則命便謂之性，率性而行則性便謂之道，修道而學則道便謂之教。

率性是誠者事，所謂‘自誠明謂之性’也；修道是誠之者事，所謂‘自明誠謂之教’[4]也。聖人率性而行即是道。聖人以下未能率性，於道未免有過不及，故須修道。修道則賢知者不得而過，愚不肖者不得而不及，都要循著這個道，則道便是個教。此‘教’字與‘天道至教’[5]、‘風雨霜露，無非教也’[6]之‘教’同。‘修道’字與‘修道以仁’[7]同。人能修道，然後能不違於道，以復其性之本體，則亦是聖人率性之道矣。下面‘戒慎恐懼’便是修道的工夫，‘中和’便是復其性之本體。如《易》所謂‘窮理盡性以至於命’[8]，‘中和位育’便是盡性至命。”[9]

〔1〕見第 40 條注〔2〕。

〔2〕語本《中庸》：“天命之謂性，率性之謂道，修道之謂教。”（第一章）

〔3〕語本朱熹《中庸章句》第一章注：“聖人因人物之所當行者而品節之，以爲法于天下，則謂之教，若禮樂刑政之屬是也。”

〔4〕語本《中庸》：“自誠明謂之性，自明誠謂之教。誠則明矣，明則誠矣。”（第二十一章）

〔5〕語見《禮記·禮器篇》：“天道至教，聖人至德。”（卷七）

〔6〕語見《禮記·孔子閒居篇》：“天有四時，春秋冬夏，風雨霜露，無非教也。”

〔7〕語見《中庸》：“故爲政在人，取人以身，修身以道，修道以仁。”（第二十章）

〔8〕語見《易·説卦傳》（第一章）。

〔9〕參見《修道説》：“率性之謂道，誠者也。修道之謂教，誠之者也。故曰：‘自誠明謂之性，自明誠謂之教。’《中庸》爲誠之者而作，修道之事也。道也者，性也，不可須臾離也。而過焉、不及焉，離也。是故君子有修道之功，戒慎乎其所不睹，恐懼乎其所不聞。微之顯，誠之不可掩也。修道之功，若是其無間，誠之也。夫然後喜怒哀樂之

未發謂之中,發而皆中節謂之和,道修而性復矣。致中和,則大本立而達道行,知天地之化育矣。非至誠盡性,其孰能與於此哉,是修道之極功也。"(《全書》卷七)

又參見《答季德明》:"率性而行,則性謂之道;修道而學,則道謂之教。謂修道之爲教可也,謂修道之爲學亦可也。自其道之示人無隱者而言,則道謂之教。自其功夫之修習無違者而言,則道謂之學。教也,學也,皆道也,非人之所能爲也。"(《全書》卷六)

128. 黄誠甫[1]問:"先儒以孔子告顔淵爲邦之問,是立萬世常行之道[2],如何?"

先生曰:"顔子具體聖人,其於爲邦的大本大原都已完備,夫子平日知之已深,到此都不必言,只就制度文爲上説。此等處亦不可忽略,須要是如此方盡善,又不可因自己本領是當了,便於防範上疏闊,須是要放鄭聲、遠佞人,蓋顔子是個克己向裏德上用心的人,孔子恐其外面末節或有疏略,故就他不足處幫補説。若在他人,須告以'爲政在人,取人以身,修身以道,修道以仁','達道'、'九經'及'誠身'許多功夫[3],方始做得,這個方是萬世常行之道。不然,只去行了夏時,乘了殷輅,服了周冕,作了韶舞,天下便治得?後人但見顔子是孔門第一人,又問個爲邦,便把做天大事看了。"

〔1〕見第 113 條注〔1〕。

〔2〕語本《論語·衞靈公篇》:"顔淵問爲邦。子曰:'行夏之時,乘殷之輅,服周之冕,樂則韶舞。放鄭聲、遠佞人;鄭聲淫,佞人殆。'"(第十章)朱熹《論語集注·衞靈公篇》第十章注引程頤所説:"問政多矣,惟顔淵告之以此。蓋三代之制,皆因時損益。及其久也,不能無弊。周衰,聖人不作,故孔子斟酌先王之禮,立萬世常行之道,發此以爲之兆爾。"

〔3〕語皆出《中庸》第二十章。九經：修身、尊賢、親親、敬大臣、體群臣、子庶民、來百工、柔遠人、懷諸侯。

129. 蔡希淵〔1〕問："文公《大學》新本，先'格致'而後'誠意'工夫，似與首章次第相合；若如先生從舊本之説，即'誠意'反在'格致'之前，於此尚未釋然。"

先生曰："《大學》工夫即是'明明德'。'明明德'只是個'誠意'。'誠意'的工夫只是'格物'、'致知'。若以'誠意'爲主，去用'格物'、'致知'的工夫，即工夫始有下落，即爲善、去惡無非是'誠意'的事。如新本先去窮格事物之理，即茫茫蕩蕩，都無著落處，須用添個'敬'字〔2〕，方才牽扯得向身心上來。然終是没根源；若須用添個'敬'字，緣何孔門倒將一個最緊要的字落了，直待千餘年後要人來補出？正謂以'誠意'爲主，即不須添'敬'字。所以提出個'誠意'來説，正是學問的大頭腦處。於此不察，直所謂'毫釐之差，千里之繆'〔3〕。大抵《中庸》工夫只是'誠身'，'誠身'之極，便是'至誠'；《大學》工夫只是'誠意'，'誠意'之極，便是'至善'。工夫總是一般。今説這裏補個'敬'字，那裏補個'誠'字，未免畫蛇添足。"〔4〕

〔1〕見第99條注〔1〕。

〔2〕語本程頤所説："涵養須用敬，進學則在致知。"（《二程集·遺書》卷十八）

〔3〕語出《易緯·通卦驗》。

〔4〕參見《大學古本序》："大學之要，誠意而已矣。誠意之功，格物而已矣。誠意之極，止至善而已矣。止至善之則，致知而已矣。正心，復其體也；修身，著其用也。以言乎己，謂之明德；以言乎人，謂之親民；以言乎天地之間，則備矣。是故至善也者，心之本體也。動

而後有不善,而本體之知,未嘗不知也。意者,其動也,物者,其事也。致其本體之知而動無不善,然非即其事而格之,則亦無以致其知。故致知者,誠意之本也,格物者,致知之實也。物格則知至意誠,而有以復其本體,是之謂止至善。聖人懼人之求之于外也,而反覆其辭,舊本析而聖人之意亡矣。是故不務于誠意,而徒以格物者,謂之支。不事于格物,而徒以誠意者,謂之虛。不本于致知,而徒以格物誠意者,謂之妄。支與虛與妄,其于至善也遠矣。合之以敬而益綴,補之以傳而益離。吾懼學之日遠于至善也,去分章而復舊本,傍爲之什,以引其義,庶幾復見聖人之心,而求之者有其要。噫! 乃若致知則存乎心悟,致知焉盡矣。"(《全書》卷七)

傳 習 録 中

德洪[1]曰：昔南元善[2]刻《傳習録》于越，凡二册。下册摘録先師手書，凡八篇[3]。其答徐成之[4]二書，吾師自謂："天下是朱非陸，論定既久，一旦反之爲難；二書姑爲調停兩可之説，使人自思得之。"故元善録爲下册之首者，意亦以是歟？

今朱、陸之辨明於天下久矣，洪刻先師文録[5]，置二書於外集者，示未全也，故今不復録。其餘指知、行之本體，莫詳於《答人論學》與答周道通、陸清伯、歐陽崇一四書；而謂格物爲學者用力日可見之地，莫詳于答羅整庵一書。平生冒天下之非詆推陷，萬死一生，遑遑然不忘講學，惟恐吾人不聞斯道，流於功利機智，以日墮於夷狄禽獸而不覺，其一體同物之心，譊譊終身，至於斃而後已；此孔、孟以來賢聖苦心，雖門人子弟，未足以慰其情也；是情也，莫詳於答聶文蔚之第一書。此皆仍元善所録之舊。

而揭"必有事焉"即"致良知"功夫，明白簡切，使人言下即得入手，此又莫詳於答文蔚之第二書，故增録之。元善當時洶洶，乃能以身明斯道，卒至遭奸被斥，油油然惟以此生得聞斯學爲慶，而絶無有纖芥憤鬱不平之氣[6]。斯録之刻，人

90

見其有功於同志甚大,而不知其處時之甚艱也。今所去取,裁之時義則然,非忍有所加損於其間也。

〔1〕錢德洪(1496—1574),字洪甫,號緒山,浙江餘姚人。初信朱熹説,二十四歲時讀《傳習録》而懷疑之,王守仁平宸濠歸越後,錢聞良知説後深信之,率同邑七十餘人受學。時來學者漸多,錢與王畿協助王守仁進行指導。王守仁征思田,錢與王畿居守越中書院,嘉靖七年,錢赴京應試,因聞王守仁逝世,中途返鄉守喪。嘉靖十一年(1532)舉進士,累官至刑部員外郎。嘉靖二十年因坐論郭勛死罪,被斥下獄。嘉靖二十二年出獄後,在野三十年,以講學爲事,致力編輯王守仁的文集、年譜。著作存有《錢緒山遺文抄》。參見《明儒學案》卷十一。

〔2〕南元善(1487—1541),名大吉,號瑞泉,陝西渭南人,正德六年(1511)進士,歷官至紹興府知府,爲權貴所忌,罷官歸里。著有《瑞泉集》。參見《明儒學案》卷二十九。

〔3〕佐藤一齋曾藏有嘉靖二十三年德安府重刊南元善兄弟校《傳習録》二册,據稱:“上册分爲四卷:第一,徐曰仁録。第二,陸原静録。第三,薛尚謙録。第四,則爲《答歐陽崇一書》一首,《答聶文蔚書》三首。下册亦爲四卷:第一,《答徐成之書》二首,《答儲柴墟書》二首,《答何子元書》一首,《答羅整庵書》一首。第二,《答人論學書》一首。第三,《答周道通書》一首,《答陸原静書》二首。第四,則爲《示弟立志説》四則,《訓蒙大意》六則。按南元善序曰:‘是録也,門弟子録陽明先生問答之辭,討論之書,而刻以示諸天下者也。’又曰:‘故命逢吉弟校續而重刻之以傳諸天下。’據此,上册所收討論之書,仍係門弟子舊録。下册四卷,則出于元善兄弟,所云‘續而重刻之’是也。”(《傳習録欄外書》第一——二頁)

佐藤一齋又説:“南本下册書凡十篇,並上册所載書四篇。共十四篇。又就此文數之,爲九篇。其曰八篇,誤也。緒山云答徐成之書,而敍其所以去。又云答儲柴墟書,答何子元書,則不敍其所

91

以去,何耶? 又謂增録答聶文蔚第二書,而南本既收在上册,則不可謂之增録,此序畢竟欠詳備。"(《傳習録欄外書》第八十——八十一頁)

日本"内閣文庫"藏有另一南大吉本《傳習録》,共六卷,其中語録較《全書》本約少 50 條,書信有《答人論學書》、《答羅整庵少宰書》、《答徐成之》二首,又有《示弟立志》及《訓蒙大意》。《答人論學》寫于嘉靖四年,則此藏本亦非嘉靖三年南大吉初刻本。

據日本今井宇三郎推斷,錢德洪此處所説南大吉本,可能爲嘉靖三年原本的增訂本,故包括嘉靖四年及五年的書信,而完成于嘉靖五年。德安府嘉靖二十三年的南大吉本又有所增訂,與錢德洪所見此本有所不同。據此,則佐藤一齋懷疑錢序"欠詳備",恐係誤解。參見山下龍二的《陽明學之研究·展開篇》第一七八——一八九頁。

〔4〕徐成之,名守誠,紹興人。參見《紹興府志》第四十一卷第四十八頁。

〔5〕此《陽明先生文録》,嘉靖十五年出版,構成《全書》本第四卷至第二十五卷。

〔6〕嘉靖五年,南大吉罷官歸,途中致王守仁書,王答書有云:"近得中途寄來書,讀之恍然如接顔色,勤勤懇懇,惟以得聞道爲喜,急問學爲事,恐卒不得爲聖人爲憂,亹亹千數百言,略無一字及于得喪榮辱之間。此非真有朝聞夕死之志者,未易以涉斯境也。"(《全書》卷六《答南元善》)

答顧東橋書〔1〕

130. 來書云:"近時學者務外遺内,博而寡要,故先生特倡'誠意'一義,鍼砭膏肓,誠大惠也!"

吾子洞見時弊如此矣，亦將何以救之乎？然則鄙人之心，吾子固已一句道盡，復何言哉！復何言哉！若"誠意"之說，自是聖門教人用功第一義；但近世學者乃作第二義看，故稍與提掇緊要出來，非鄙人所能特倡也。

〔1〕顧東橋(1476—1545)，名璘，字華玉，南京上元(今江蘇江寧)人，弘治九年(1496)進士，歷任至南京刑部尚書。顧年少時長于詩文，與同縣陳沂、王韋稱爲"金陵三俊"。王守仁二十八歲任職工部後，溺好詞章，與顧過從甚密。據《陽明先生文録》及《年譜》，此信寫于嘉靖四年(1525)，時王守仁家居，顧任山西按察使。參見《明史·文苑列傳》卷二八六。

　　王守仁頗重視此信，曾轉寄他人以闡明他的思想："寄去鄙録，末後《論學》一書，亦頗發明鄙見，暇中幸示及之。"(《全書》卷六《與毛古庵憲副》)

131. 來書云："但恐立説太高，用功太捷，後生師傳，影響謬誤，未免墜於佛氏明心見性、定慧、頓悟之機〔1〕，無怪聞者見疑。"

　　區區格、致、誠、正之説，是就學者本心、日用事爲間體究踐履，實地用功，是多少次第、多少積累在，正與空虛頓悟之説相反。聞者本無求爲聖人之志，又未嘗講究其詳，遂以見疑，亦無足怪。若吾子之高明，自當一語之下便瞭然矣，乃亦謂立説太高，用功太捷，何邪？

〔1〕戒、定、慧是學佛者修持的三學。釋道安說："世尊立教法，有三焉，一者戒律也，二者禪定也，三者智慧也。"(《出三藏記集》卷十一《比丘大戒序》)定(禪定)，指通過精神集中觀想特定對象而獲得悟解或功德的一種思維修習活動。慧(智慧)，指以"假有"、"性空"理論去觀察認識一切現象的特殊觀點和方法。以智慧指導禪定，以禪

定啟發智慧,名爲"定慧雙運"。頓悟,指不經階梯式修習,突然覺悟,直接把握佛教的"最高真理"。道生説:"夫稱'頓'者,明理不可分,'悟'語極照。"(慧達《肇論疏》引)

132. 來書云:"所諭知、行並進,不宜分別前後,即《中庸》'尊德性而道問學'[1]之功,交養互發,内外本末一以貫之之道。然工夫次第,不能無先後之差,如知食乃食,知湯乃飲,知衣乃服,知路乃行,未有不見是物,先有是事。此亦毫釐倏忽之間,非謂截然有等今日知之,而明日乃行也。"

既云"交養互發,内外本末一以貫之",則知、行並進之説無復可疑矣。又云"工夫次第,不能不[2]無先後之差",無乃自相矛盾已乎?知食乃食等説,此尤明白易見,但吾子爲近聞[3]障蔽,自不察耳。夫人必有欲食之心,然後知食,欲食之心即是意、即是行之始矣;食味之美惡,必待入口而後知,豈有不待入口而已先知食味之美惡者邪?必有欲行之心,然後知路,欲行之心即是意、即是行之始矣;路岐之險夷,必待身親履歷而後知,豈有不待身親履歷而已先知路岐之險夷者耶?知湯乃飲,知衣乃服,以此例之,皆無可疑。若如吾子之喻,是乃所謂不見是物而先有是事者矣。吾子又謂"此亦毫釐倏忽之間,非謂截然有等今日知之,而明日乃行也",是亦察之尚有未精。然就如吾子之説,則知、行之爲合一並進[4],亦自斷無可疑矣。

〔1〕見《中庸》第二十七章。

〔2〕據來書,原文"不"字顯係誤印。施本、張本無"不"字。

〔3〕"近聞"指朱熹爲主的知先行後説。

〔4〕王守仁此處"合一並進"即合一之義,"並進"二字係未經詳細斟酌

所用語。歐陽德（1496—1554）説："謂之並進,謂之交修,猶有二也。二則不能無先後也,若無物不實致其知,無時不實致其知,則一而已。孰爲知焉？孰爲行焉？而何先後之可言哉。"（《歐陽南野文集》卷一《答傅石山》）

133. 來書云："真知即所以爲行,不行不足謂之知,此爲學者吃緊立教,俾務躬行則可；若真謂行即是知,恐其專求本心,遂遺物理,必有闇而不達之處,抑豈聖門知行並進之成法哉？"

知之真切篤實處即是行,行之明覺精察處即是知[1],知行工夫本不可離；只爲後世學者分作兩截用功,失却知、行本體,故有合一並進之説。真知即所以爲行,不行不足謂之知,即如來書所云"知食乃食"等説可見,前已略言之矣。此雖吃緊救弊而發,然知、行之體本來如是,非以己意抑揚其間姑爲是説,以苟一時之效者也。

"專求本心,遂遺物理",此蓋失其本心者也。夫物理不外於吾心,外吾心而求物理,無物理矣。遺物理而求吾心,吾心又何物邪？心之體,性也,性即理也。故有孝親之心,即有孝之理,無孝親之心,即無孝之理矣；有忠君之心,即有忠之理,無忠君之心,即無忠之理矣；理豈外於吾心邪？晦庵謂人之所以爲學者,心與理而已。心雖主乎一身,而實管乎天下之理；理雖散在萬事,而實不外乎一人之心[2],是其一分一合之間,而未免已啟學者心、理爲二之弊。此後世所以有"專求本心,遂遺物理"之患,正由不知心即理耳。夫外心以求物理,是以有闇而不達之處。此告子義外之説,孟子所以謂之不知義也[3]。心一而已,以其全體惻怛而言,謂之仁；以其得

95

宜而言,謂之義;以其條理而言,謂之理。不可外心以求仁,不可外心以求義,獨可外心以求理乎?外心以求理,此知、行之所以二也。求理於吾心,此聖門知、行合一之教,吾子又何疑乎?[4]

〔1〕"知之真切篤實處即是行,行之明覺精察處即是知。"此不見于《傳習録上》,係晚年對知行合一説的深入闡發。參見《答友人問》:"知之真切篤實處便是行,行之明覺精察處便是知。若知時,其心不能真切篤實,則其知便不能明覺精察。不是知之時只要明覺精察,更不要真切篤實也。行之時,其心不能明覺精察,則其行便不能真切篤實。不是行之時只要真切篤實,更不要明覺精察也。知天地之化育,心體原是如此。乾知大始,心體亦原是如此。"(《全書》卷六)

〔2〕見《大學或問》第六十頁。

〔3〕告子曰:"食、色,性也。仁,内也,非外也。義,外也,非内也。"(《孟子·告子篇上》第四章)

　　孟子答公孫丑云:"我故曰'告子未嘗知義,以其外之也'。"(《孟子·公孫丑篇上》第二章)

〔4〕參見《書諸陽卷》:"心之體,性也。性即理也。天下寧有心外之性?寧有性外之理乎?寧有理外之心乎?外心以求理,此告子'義外'之説也。理也者,心之條理也。是理也,發之于親則爲孝,發之于君則爲忠,發之於朋友則爲信,千變萬化,至不可窮竭,而莫非發于吾之一心。"(《全書》卷八)

134. 來書云:"所釋《大學》古本,謂致其本體之知[1],此固孟子'盡心'之旨,朱子亦以虛靈知覺[2]爲此心之量[3]。然'盡心'由于'知性','致知'在於'格物'。"

　　"盡心"由於"知性","致知"在於"格物",此語然矣。然而推本吾子之意，則其所以爲是語者，尚有未明也。朱子以"盡心、知性、知天"爲"物格、知致"，以"存心、養性、事天"爲"誠意、正心、修身"，以"殀壽不貳、修身以俟"[4]爲"知至仁盡、聖人之事"[5]。若鄙人之見，則與朱子正相反矣。夫"盡心、知性、知天"者，生知、安行，聖人之事也；"存心、養性、事天"者，學知、利行，賢人之事也；"殀壽不貳、修身以俟"者，困知、勉行，學者之事也[6]。豈可專以"盡心、知性"爲知，"存心、養性"爲行乎？吾子驟聞此言，必又以爲大駭矣。然其間實無可疑者，一爲吾子言之。

夫心之體，性也；性之原，天也。能盡其心，是能盡其性矣。《中庸》云："惟天下至誠爲能盡其性[7]。"又云："知天地之化育[8]，質諸鬼神而無疑，知天也[9]。"此惟聖人而後能然。故曰：此生知、安行，聖人之事也。

存其心者，未能盡其心者也，故須加存之之功；必存之既久，不待於存而自無不存，然後可以進而言盡。蓋"知天"之"知"，如"知州"、"知縣"之"知"，"知州"則一州之事皆己事也，"知縣"則一縣之事皆己事也，是與天爲一者也；"事天"則如子之事父，臣之事君，猶與天爲二也。天之所以命於我者，心也，性也，吾但存之而不敢失，養之而不敢害，如"父母全而生之，子全而歸之"[10]者也。故曰：此學知、利行，賢人之事也。

至於"殀壽不貳"，則與存其心者又有間矣。存其心者雖未能盡其心，固已一心於爲善，時有不存，則存之而已；今使之"殀壽不貳"，是猶以殀壽貳其心者也；猶以殀壽貳其心，是其爲善之心猶未能一也；存之尚有所未可，而何盡之可云乎？今且使之不以殀壽貳其爲善之心，若曰死生殀壽皆有定命，吾但一心於爲善,修吾之身以俟天命而已,是其平日尚未知有天命也。"事天"雖與天爲二,然已真知天命之所在,但惟恭敬奉承之而已耳;若"俟之"云者,則尚未能真知天命之所在,猶有所俟者也,故曰"所以立命"。立者"創立"之"立",如"立德"、"立言"、"立功"、"立名"〔11〕之類,凡言立者,皆是昔未嘗有而今始建立之謂,孔子所謂"不知命無以爲君子"〔12〕者也。故曰:此困知、勉行,學者之事也〔13〕。

今以"盡心、知性、知天"爲"格物、致知",使初學之士尚未能不貳其心者,而遽責之以聖人生知、安行之事,如捕風捉影,茫然莫知所措其心,幾何而不至於"率天下而路"〔14〕也!今世致知、格物之弊亦居然可見矣。吾子所謂"務外遺内,博而寡要"者,無乃亦是過歟?此學問最緊要處,於此而差,將無往而不差矣。此鄙人之所以冒天下之非笑,忘其身之陷於罪戮,呶呶其言,其不容已者也。

〔1〕見《大學古本序》:"致其本體之知而動無不善,然非即其事而格之,則亦無以致其知。故致知者,誠意之本也。格物者,致知之實也。物格則知致意誠,而有以復其本體。"(《全書》卷七)但此段爲王守仁嘉靖二年(1523)最後修正稿,正德十三年(1518)原稿爲:"格物以誠意,復其不善之動而已矣。不善復而體正,體正而無不善之動矣。"(羅欽順《困知記》續三第二十章附《王序》)其中無"致其本體之知"句。

〔2〕見朱熹《中庸章句》序:"蓋嘗論之,心之虛靈知覺,一而已矣。"

〔3〕見朱熹《孟子集注·盡心篇上》注:"人有是心,莫非全體,然不窮理,則有所蔽,而無以盡乎此心之量。"(第一章注)

〔4〕王本,"物格知致"作"物格知至";"誠意正心修身"作"誠意正心";"以夭壽不貳,修身以俟"作"以末節夭壽不貳,修身以俟"。

〔5〕見朱熹《孟子集注·盡心篇上》注:"盡心知性而知天,所以造其理

也;存心養性以事天,所以履其事也。不知其理,固不能履其事;然徒造其理而不履其事,則亦無以有諸己矣。知天而不以夭壽貳其心,智之盡也,事天而能修身以俟死,仁之至也;智有不盡,固不知所以爲仁;然智而不仁,則亦將流蕩不法,而不足以爲智矣。"(第一章注)"知至仁盡",朱注原文作"智盡仁至"。

〔6〕語本《中庸》:"或生而知之,或學而知之,或困而知之,及其知之一也。或安而行之,或利而行之,或勉强而行之,及其成功一也。"(第二十章)

〔7〕見《中庸》第二十二章。

〔8〕語本《中庸》:"能盡物之性,則可以贊天地之化育,可以贊天地之化育,則可以與天地參矣。"(第二十二章)"知天地之化育"原文作"贊天地之化育"。

〔9〕語本《中庸》:"質諸鬼神而無疑,知天也;百世以俟聖人而不惑,知人也。"(第二十九章)

〔10〕語本《禮記·祭義》:"父母全而生之,子全而歸之,可謂孝矣;不虧其體,不辱其身,可謂全矣。"(卷十四)

〔11〕語本《左傳》:"太上有立德,其次有立功,其次有立言,雖久不廢,此之謂不朽。"(襄公二十四年)

〔12〕語本《論語·堯曰篇》:"不知命,無以爲君子也;不知禮,無以立也;不知言,無以知人也。"(第三章)

〔13〕參見《書魏師孟卷》:"心之良知是謂聖。聖人之學,惟是致此良知而已。自然而致之者,聖人也;勉然而致之者,賢人也;自蔽自昧而不肯致之者,愚不肖者也。愚不肖者,雖其蔽昧之極,良知又未嘗不存也,苟能致之,即與聖人無異矣。"(《全書》卷八)

〔14〕語本《孟子·滕文公篇上》:"有大人之事,有小人之事。且一人之身,而百工之所爲備,如必自爲而後用之,是率天下而路也。"(第四章)

135. 來書云:"聞語學者,乃謂'即物窮理'〔1〕之説亦是玩物喪志,又取其'厭繁就約'〔2〕、'涵養本原'〔3〕數說標示學者,指爲晚年定論〔4〕,此亦恐非。"

朱子所謂"格物"云者,在"即物而窮其理"也。即物窮理是就事事物物上求其所謂定理者也,是以吾心而求理於事事物物之中,析心與理而爲二矣。夫求理於事事物物者,如求孝之理於其親之謂也。求孝之理於其親,則孝之理其果在於吾之心邪? 抑果在於親之身邪? 假而果在於親之身,則親没之後,吾心遂無孝之理歟? 見孺子之入井,必有惻隱之理,是惻隱之理果在於孺子之身歟? 抑在於吾心之良知歟? 其或不可以從之於井歟? 其或可以手而援之歟? 是皆所謂理也,是果在於孺子之身歟? 抑果出於吾心之良知歟? 以是例之,萬事萬物之理莫不皆然,是可以知析心與理爲二之非矣。

夫析心與理而爲二,此告子義外之說,孟子之所深闢也。"務外遺内,博而寡要",吾子既已知之矣,是果何謂而然哉? 謂之玩物喪志〔5〕,尚猶以爲不可歟? 若鄙人所謂"致知、格物"者,致吾心之良知於事事物物也。吾心之良知,即所謂"天理"也。致吾心良知之"天理"於事事物物,則事事物物皆得其理矣。致吾心之良知者,致知也;事事物物皆得其理者,格物也,是合心與理而爲一者也〔6〕。合心與理而爲一,則凡區區前之所云,與朱子晚年之論,皆可以不言而喻矣。

〔1〕 指朱熹的格物説:"所謂致知在格物者,言欲致吾之知,在即物而窮其理也。"(《大學章句》補《格物致知傳》)

〔2〕 指朱熹《與劉子澄》:"近覺向來爲學,實有向外浮泛之弊,不惟自誤,而誤人亦不少。方別尋得一頭緒,似差簡約端的,始知文字言語之外,真别有用心處,恨未得面論也。"(《朱子大全》第三十五卷第二十六頁)

〔3〕指朱熹《答吕子約》:"日用工夫,比復何如? 文字雖不可廢,然涵養本原,而察于天理人欲之判,此是日用動静之間不可頃刻間斷底事,若于此處見得分明,自然不到得流入世俗功利權謀裏去矣。"(《朱子大全》第四十七卷第三十一頁)

〔4〕王守仁於正德十年(1515)編輯《朱子晚年定論》,肯定朱熹"晚年固已大悟舊説之非",又喜朱子之"先得我心之同然",于正德十三年(1518)出版。上兩信收入《朱子晚年定論》。顧東橋是第一個不同意王守仁提出《朱子晚年定論》的人,以後此問題争訟不已,一直延續至清初。

〔5〕語本《書經·旅獒》:"玩人喪德,玩物喪志。"

〔6〕參見《與王純甫·二》:"夫在物爲理,處物爲義,在性爲善,因所指而異其名,實皆吾之心也。心外無物,心外無事,心外無理,心外無義,心外無善。吾心之處事物純乎理,而無人偽之雜,謂之善,非在事物有定所之可求也。處物爲義,是吾心之得其宜也。義非在外可襲而取也。格者格此也,致者致此也。必曰事事物物上求個至善,是離而二之也。"(《全書》卷四)

136. 來書云:"人之心體本無不明,而氣拘物蔽,鮮有不昏;非學、問、思、辨〔1〕以明天下之理,則善、惡之機,真、妄之辨,不能自覺;任情恣意,其害有不可勝言者矣。"

此段大略似是而非,蓋承沿舊説之弊,不可以不辨也。夫問、思、辨、行,皆所以爲學,未有學而不行者也。如言學孝,則必服勞奉養,躬行孝道,然後謂之學;豈徒懸空口耳講説,而遂可以謂之學孝乎? 學射則必張弓挾矢,引滿中的;學書則必伸紙執筆,操觚染翰。盡天下之學,無有不行而可以言學者,則學之始固已即是行矣。篤者,敦實篤厚之意。已行矣,而敦篤其行,不息其功之謂爾。蓋學之不能以無疑,則有問，問即學也，即行也；又不能無疑，則有思，思即學也，即行也；又不能無疑，則有辨，辨即學也，即行也。辨既明矣，思既慎矣，問既審矣，學既能矣，又從而不息其功焉，斯之謂篤行。非謂學問思辨之後，而始措之於行也。

是故以求能其事而言謂之學，以求解其惑而言謂之問，以求通其説而言謂之思，以求精其察而言謂之辨，以求履其實而言謂之行：蓋析其功而言則有五，合其事而言則一而已。此區區心、理合一之體，知、行並進之功，所以異於後世之説者，正在於是。

今吾子特舉學、問、思、辨，以窮天下之理，而不及篤行，是專以學、問、思、辨爲知，而謂窮理爲無行也已；天下豈有不行而學者邪？豈有不行而遂可謂之窮理者邪？明道云：“只窮理便盡性至命。”[2]故必仁極仁而後謂之能窮仁之理，義極義而後謂之能窮義之理。仁極仁則盡仁之性矣，義極義則盡義之性矣，學至於窮理，至矣，而尚未措之於行，天下寧有是邪？是故知不行之不可以爲學，則知不行之不可以爲窮理矣，知不行之不可以爲窮理，則知“知、行”之合一並進，而不可以分爲兩節事矣[3]。

夫萬事萬物之理，不外於吾心；而必曰窮天下之理，是殆以吾心之良知爲未足，而必外求於天下之廣，以裨補增益之，是猶析心與理而爲二也。夫學、問、思、辨、篤行之功，雖其困勉至於人一己百，而擴充之極，至于盡性、知天，亦不過致吾心之良知而已；良知之外，豈復有加於毫末乎？今必曰窮天下之理，而不知反求諸其心，則凡所謂善、惡之機，真、妄之辨者，舍吾心之良知，亦將何所致其體察乎？吾子所謂氣拘物蔽者，拘此蔽此而已。今欲去此之蔽，不知致力於此，而欲以外求,是猶目之不明者不務服藥調理以治其目,而徒悵悵然求明於其外;明豈可以自外而得哉? 任情恣意之害,亦以不能精察天理於此心之良知而已。此誠毫釐千里之謬者,不容於不辨,吾子毋謂其論之太刻也。

〔1〕語本《中庸》:"博學之,審問之,慎思之,明辨之,篤行之。"(第二十章)

〔2〕語本程顥所説:"窮理、盡性、至命,三事一時並了,元無次序,不可將窮理作知之事。若實窮得理,即性命亦可了。"(《二程集·遺書》卷二上)

〔3〕參見《答友人問》:"知行原是兩個字説一個工夫。這一個工夫,須著此兩個字方説得完全無弊病。若頭腦處見得分明,見得原是一個頭腦,則雖把知、行分作兩個説,畢竟將來做那一個工夫,則始或未便融會,終所謂百慮而一致矣。若頭腦見得不分明,原看做兩個了,則雖把知、行合作一個説,亦恐終未有湊泊處,況又分作兩截去做,則是從頭至尾,更沒討下落處也。"(《全書》卷六)

137. 來書云:"教人以致知、明德,而戒其即物窮理,誠使昏闇之士,深居端坐,不聞教告,遂能至於知致而德明乎? 縱令静而有覺,稍悟本性,則亦定慧無用之見;果能知古今、達事變,而致用於天下國家之實否乎? 其曰'知者意之體,物者意之用〔1〕,格物如格君心之非之格'〔2〕。語雖超悟獨得,不踵陳見,抑恐於道未相脗合。"

區區論致知格物,正所以窮理,未嘗戒人窮理,使之深居端坐而一無所事也。若謂即物窮理,如前所云"務外而遺內"者,則有所不可耳。昏闇之士,果能隨事隨物精察此心之天理,以致其本然之良知,則雖愚必明,雖柔必強〔3〕,大本立而達道行,九經〔4〕之屬,可一以貫之而無遺矣;尚何患其無致用之實乎？彼頑空虛靜之徒，正惟不能隨事隨物精察此心之天理，以致其本然之良知，而遺棄倫理，寂滅虛無以爲常，是以要之不可以治家國天下。孰謂聖人窮理盡性之學，而亦有是弊哉！

心者，身之主也，而心之虛靈明覺，即所謂本然之良知也。其虛靈明覺之良知應感而動者，謂之意。有知而後有意，無知則無意矣。知非意之體乎？意之所用必有其物，物即事也。如意用於事親，即事親爲一物，意用於治民，即治民爲一物，意用於讀書，即讀書爲一物，意用於聽訟，即聽訟爲一物。凡意之所用，無有無物者；有是意即有是物，無是意即無是物矣，物非意之用乎？

"格"字之義，有以"至"字訓者，如"格於文祖"〔5〕、"有苗來格"〔6〕，是以"至"訓者也。然"格於文祖"，必純孝誠敬，幽明之間無一不得其理，而後謂之"格"；有苗之頑，實以文德誕敷而後格，則亦兼有"正"字之義在其間，未可專以"至"字盡之也。如"格其非心"〔7〕、"大臣格君心之非"之類，是則一皆"正其不正以歸於正"之義，而不可以"至"字爲訓矣。且《大學》"格物"之訓，又安知其不以"正"字爲訓，而必以"至"字爲義乎？如以"至"字爲義者，必曰"窮至事物之理"，而後其説始通。是其用功之要，全在一"窮"字，用力之地，全在一"理"字也。若上去一窮〔8〕，下去一理字，而直曰"致知在至物"，其可通乎？

夫"窮理盡性"，聖人之成訓，見於《繫辭》〔9〕者也。苟"格物"之説而果即"窮理"之義，則聖人何不直曰"致知在窮理"，而必爲此轉折不完之語，以啟後世之弊邪？蓋《大學》"格物"之説，自與《繫辭》"窮理"大旨雖同，而微有分辨。"窮理"者，兼格、致、誠、正而爲功也。故言"窮理",則格、致、誠、正之功皆在其中,言"格物",則必兼舉致知、誠意、正心,而後其功始備而密。今偏舉"格物"而遂謂之"窮理",此所以專以"窮理"屬"知",而謂"格物"未常有"行",非惟不得"格物"之旨,並"窮理"之義而失之矣。此後世之學所以析知、行爲先後兩截,日以支離決裂,而聖學益以殘晦者,其端實始於此。吾子蓋亦未免承沿積習見,則以爲"於道未相脗合",不爲過矣。

〔1〕此語不見于《王文成公全書》,可能出自《古本大學旁釋》,該書已佚。

〔2〕語見《孟子·離婁篇上》:"人不足與適也,政不足間也,惟大人爲能格君心之非。君仁莫不仁,君義莫不義,君正莫不正。一正君而國定矣。"(第二十章)

〔3〕語見《中庸》:"人一能之,己百之;人十能之,己千之。果能此道矣,雖愚必明,雖柔必強。"(第二十章)

〔4〕見第 128 條注〔3〕。

〔5〕語見《書經·舜典》:"月正元日,舜格于文祖,詢于四岳,闢四門,明四目,達四聰。"

〔6〕語見《書經·大禹謨》:"禹拜昌言,曰:俞。班師振旅。帝乃誕敷文德,舞干羽于兩階,七旬有苗格。"

〔7〕語見《書經·冏命》:"惟予一人無良,實賴左右前後有位之士,匡其不及,繩愆糾繆,格其非心,俾克紹先烈。"

〔8〕施本、俞本,窮字下有"字"字,《年譜》引此文亦同。

〔9〕"窮理盡性以至于命",出自《易經·說卦》,此處誤憶爲出自《易經·繫辭》。

138. 來書云:"謂致知之功,將如何爲温清、如何爲奉養即是'誠意',非別有所謂'格物',此亦恐非。"

　　此乃吾子自以己意揣度鄙見而爲是説，非鄙人之所以告吾子者矣。若果如吾子之言，寧復有可通乎？蓋鄙人之見，則謂意欲温凊、意欲奉養者，所謂"意"也，而未可謂之"誠意"，必實行其温凊奉養之意，務求自慊而無自欺，然後謂之"誠意"。知如何而爲温凊之節、知如何而爲奉養之宜者，所謂"知"也，而未可謂之"致知"。必致其知如何爲温凊之節者之知，而實以之温凊；致其知如何爲奉養之宜者之知，而實以之奉養，然後謂之"致知"。

　　温凊之事、奉養之事，所謂"物"也，而未可謂之"格物"。必其於温凊之事也，一如其良知之所知當如何爲温凊之節者而爲之，無一毫之不盡；於奉養之事也，一如其良知之所知當如何爲奉養之宜者而爲之，無一毫之不盡，然後謂之"格物"。温凊之物格，然後知温凊之良知始致；奉養之物格，然後知奉養之良知始致。故曰："物格而後知至。"[1] 致其知温凊之良知，而後温凊之意始誠；致其知奉養之良知，而後奉養之意始誠。故曰："知至而後意誠。"[2] 此區區"誠意、致知、格物"之説蓋如此。吾子更熟思之，將亦無可疑者矣[3]。

〔1〕〔2〕語見《大學》："物格而后知至，知至而后意誠，意誠而后心正，心正而后身修，身修而后家齊，家齊而后國治，國治而後天下平。"

〔3〕參見《書諸陽卷》："曰：'然則朱子所謂如何而爲温凊之節，如何而爲奉養之宜者，非致知之功乎？'曰：'是所謂知矣，而未可以爲致知也。知其如何而爲温凊之節，則必實致其温凊之功，而後吾之知始至。知其如何而爲奉養之宜，則必實致其奉養之力，而後吾之知始至。如是乃可以爲致知耳。若但空然知之爲如何温凊奉養，而遂謂之致知，則孰非致知者耶？《易》曰：'知至至之。'知至者，知也；至之者，致知也。此孔門不易之教，百世以俟聖人而不惑者也。"（《全書》卷八）

139. 來書云："道之大端易於明白，所謂'良知、良能'愚夫愚婦可與及者[1]。至於節目時變之詳，毫釐千里之謬，必待學而後知。今語孝於溫凊定省，孰不知之？至於舜之不告而娶[2]，武之不葬而興師[3]，養志、養口[4]，小杖、大杖[5]，割股、廬墓[6]等事，處常、處變，過與不及之間，必須討論是非，以爲制事之本，然後心體無蔽，臨事無失。"

"道之大端易於明白"，此語誠然。顧後之學者忽其易於明白者而弗由，而求其難於明白者以爲學，此其所以"道在邇而求諸遠，事在易而求諸難"[7]也。孟子云："夫道若大路然，豈難知哉？人病不由耳。"[8]良知、良能，愚夫、愚婦與聖人同；但惟聖人能致其良知，而愚夫、愚婦不能致，此聖、愚之所由分也。節目時變，聖人夫豈不知？但不專以此爲學。而其所謂學者，正惟致其良知，以精察此心之天理，而與後世之學不同耳。吾子未暇良知之致，而汲汲焉顧是之憂，此正求其難於明白者以爲學之弊也。

夫良知之於節目時變，猶規矩、尺度之於方圓、長短也；節目時變之不可預定，猶方圓、長短之不可勝窮也。故規矩誠立，則不可欺以方圓，而天下之方圓不可勝用矣；尺度誠陳，則不可欺以長短，而天下之長短不可勝用[9]矣；良知誠致，則不可欺以節目時變，而天下之節目時變不可勝應矣。毫釐千里之謬，不於吾心良知一念之微而察之，亦將何所用其學乎？是不以規矩而欲定天下之方圓，不以尺度而欲盡天下之長短，吾見其乖張謬戾，日勞而無成也已。

吾子謂："語孝於溫凊定省，孰不知之？"然而能致其知者鮮矣。若謂粗知溫凊定省之儀節，而遂謂之能致其知，則凡知君之當仁者，皆可謂之能致其仁之知，知臣之當忠者，皆可謂之能致其忠之知,則天下孰非致知者邪? 以是而言,可以知致知之必在於行,而不行之不可以爲致知也明矣。知、行合一之體,不益較然矣乎?

夫舜之不告而娶,豈舜之前已有不告而娶者爲之準則,故舜得以考之何典,問諸何人,而爲此邪? 抑亦求諸其心一念之良知,權輕重之宜,不得已而爲此邪? 武之不葬而興師,豈武之前已有不葬而興師者爲之準則,故武得以考之何典,問諸何人,而爲此邪? 抑亦求諸其心一念之良知,權輕重之宜,不得已而爲此邪? 使舜之心而非誠於爲無後,武之心而非誠於爲救民,則其不告而娶與不葬而興師,乃不孝、不忠之大者。而後之人不務致其良知,以精察義理於此心感應酬酢之間,顧欲懸空討論此等變常之事,執之以爲制事之本,以求臨事之無失,其亦遠矣。其餘數端,皆可類推,則古人致知之學,從可知矣。

〔1〕語本《中庸》:"君子之道費而隱,夫婦之愚可以與知焉,及其至也,雖聖人亦有所不知焉;夫婦之不肖,可以能行焉,及其至也,雖聖人亦有所不能焉。"(第十二章)

〔2〕語本《孟子·萬章篇上》,萬章問曰:"《詩》云'娶妻如之何,必告父母',信斯言也,宜莫如舜。舜之不告而娶,何也?"孟子曰:"告則不得娶。男女居室,人之大倫也。如告,則廢人之大倫,以懟父母,是以不告也。"(第二章)

〔3〕事見《史記·伯夷列傳》:"武王載木主,號爲文王,東伐紂。伯夷、叔齊扣馬而諫曰:'父死不葬,爰及干戈,可謂孝乎? 以臣弑君,可謂仁乎?'"(卷六十一)

〔4〕語本《孟子·離婁篇上》:"曾子養曾皙,必有酒肉;將徹,必請所與;問有餘,必曰有。曾皙死,曾元養曾子,必有酒肉;將徹,不請所與。問有餘,曰'亡矣',將以復進也。此所謂養口體者也。若曾子,則

可謂養志也。事親若曾子者，可也。"（第十九章）

〔5〕語本《孔子家語》："子曰：'汝不聞乎，昔瞽瞍有子曰舜，舜之事瞽瞍，欲使之，未嘗不在于側。索而殺之，未嘗可得。小棰則待過，大杖則逃走。故瞽瞍不犯不父之罪，而舜不失烝烝之孝。今參事父，委身以待暴怒，殪而不避，既身死而陷父于不義，其不孝孰大焉？'"（卷四）

〔6〕事見《新唐書·孝友列傳》："唐時陳藏器著《本草拾遺》，謂人肉治羸疾，自是民間以父母疾，多刲股肉而進。"（卷一九五）

　　又宋蘇軾曰："上以孝取人，則勇者割股，怯者廬墓。"（《宋史·選舉一》，卷一五五）

〔7〕語本《孟子·離婁篇上》："道在邇而求諸遠，事在易而求諸難。人人親其親，長其長，而天下平。"（第十一章）

〔8〕語見《孟子·告子篇下》第二章。

〔9〕參見《禮記纂言序》："然方圓者，規矩之所出，而不可遂以方圓爲規矩。故執規矩以爲方圓，則方圓不可勝用。捨規矩以爲方圓，而遂以方圓爲之規矩，則規矩之用息矣。故規矩者，無一定之方圓，而方圓者，有一定之規矩。"（《全書》卷七）

140. 來書云："謂《大學》'格物'之説，專求本心，猶可牽合；至於《六經》、《四書》所載'多聞多見'〔1〕、'前言往行'〔2〕、'好古敏求'〔3〕、'博學審問'〔4〕、'温故知新'〔5〕、'博學詳説'〔6〕、'好問好察'〔7〕，是皆明白求於事爲之際，資於論説之間者，用功節目固不容紊矣。"

　　"格物"之義，前已詳悉，"牽合"之疑，想已不俟復解矣。至於"多聞多見"，乃孔子因子張之務外好高，徒欲以多聞多見爲學，而不能求諸其心，以闕疑殆，此其言行所以不免於尤悔。而所謂見聞者，適以資其務外好高而已，蓋所以救子張多聞多見之病，而非以是教之爲學也。夫子嘗曰："蓋有不知而作之者，我無是也[8]。"是猶孟子"是非之心，人皆有之"之義也。此言正所以明德性之良知非由於聞見耳。若曰"多聞擇其善者而從之，多見而識之"，則是專求諸見聞之末，而已落在第二義矣，故曰："知之次也。"

夫以見聞之知爲次，則所謂知之上者，果安所指乎？是可以窺聖門致知用力之地矣。夫子謂子貢曰："賜也，汝以予爲多學而識之者歟？非也，予一以貫之。"[9]使誠在於"多學而識"，則夫子胡乃謬爲是説？以欺子貢者邪？"一以貫之"非致其良知而何？《易》曰："君子多識前言往行，以畜其德。"夫以畜其德爲心，則凡多識前言往行者，孰非畜德之事？此正知、行合一之功矣。

"好古敏求"者，好古人之學而敏求此心之理耳。心即理也，學者，學此心也，求者，求此心也。孟子云："學問之道無他，求其放心而已矣。"[10]非若後世廣記博誦古人之言詞，以爲好古，而汲汲然惟以求功名利達之具於其外者也。"博學、審問"，前言已盡。"溫故、知新"，朱子亦以"溫故"屬之"尊德性"[11]矣。德性豈可以外求哉？惟夫"知新"必由於"溫故"，而"溫故"乃所以"知新"，則亦可以驗知、行之非兩節矣。

"博學而詳説之"者，"將以反説約也"。若無"反約"之云，則"博學、詳説"者，果何事邪？舜之"好問好察"，惟以用中而致其精一於道心耳。道心者，良知之謂也。君子之學，何嘗離去事爲而廢論説；但其從事於事爲、論説者，要皆知、行合一之功，正所以致其本心之良知，而非若世之徒事口耳談説以爲知者，分知、行爲兩事，而果有節目先後之可言也。

〔1〕語本《論語・爲政篇》："子張學干禄，子曰：'多聞闕疑，慎言其餘，

則寡尤。多見闕殆,慎行其餘,則寡悔。言寡尤,行寡悔,禄在其中矣。'"(第十八章)

〔2〕語本《易經・大畜》卦辭:"君子以多識前言往行,以畜其德。"

〔3〕語本《論語・述而篇》:"子曰:'我非生而知之者,好古敏以求之者也。'"(第十章)

〔4〕語本《中庸》:"博學之,審問之,慎思之,明辨之,篤行之。"(第二十章)

〔5〕語本《論語・爲政篇》:"子曰:'温故而知新,可以爲師矣。'"(第十一章)

〔6〕語本《孟子・離婁篇下》:"孟子曰:'博學而詳説之,將以反説約也。'"(第十五章)

〔7〕語本《中庸》:"舜好問而好察邇言。"(第六章)

〔8〕語本《論語・述而篇》:"子曰:'蓋有不知而作之者,我無是也。多聞,擇其善者而從之,多見而識之,知之次也。'"(第二十七章)

〔9〕語本《論語・衛靈公篇》:"子曰:'賜也,女以予爲多學而識之者歟?'對曰:'然,非與?'曰:'非也,予一以貫之。'"(第三章)

〔10〕見《孟子・告子篇上》第十一章。

〔11〕語本朱熹説:"温故只是存得這道理在,便是尊德性;敦厚只是個朴實頭,亦是尊德性。"(《朱子語類》卷六十四)

141. 來書云:"楊、墨之爲仁義〔1〕,鄉愿之亂忠信〔2〕,堯、舜、子之之禪讓〔3〕,湯、武、楚項之放伐〔4〕,周公、莽、操之攝輔〔5〕,謾無印正,又焉適從? 且於古今事變、禮樂、名物,未嘗考識,使國家欲興明堂,建辟雍,制曆律,草封禪〔6〕,又將何所致其用乎? 故《論語》曰'生而知之'者,義理耳。若夫禮樂、名物、古今事變,亦必待學而後有以驗其行事之實〔7〕,此則可謂定論矣。"

所喻楊、墨、鄉愿、堯、舜、子之、湯、武、楚項、周公、莽、操之辨，與前舜、武之論，大略可以類推。古今事變之疑，前於良知之説，已有規矩尺度之喻，當亦無俟多贅矣。至于明堂、辟雍諸事，似尚未容于無言者。然其説甚長，姑就吾子之言而取正焉，則吾子之惑將亦可以少釋矣。

夫明堂、辟雍之制，始見于呂氏之《月令》，漢儒之訓疏，《六經》、《四書》之中，未嘗詳及也。豈呂氏、漢儒之知，乃賢於三代之賢聖乎？齊宣之時，明堂尚有未毀[8]，則幽、厲之世，周之明堂皆無恙也。堯、舜茅茨土階，明堂之制未必備，而不害其爲治；幽、厲之明堂，固猶文、武、成、康之舊，而無救於其亂，何邪？豈能“以不忍人之心，而行不忍人之政”[9]，則雖茅茨土階，固亦明堂也；以幽、厲之心，而行幽、厲之政，則雖明堂，亦暴政所自出之地邪？武帝肇講于漢，而武后盛作於唐，其治亂何如邪？

天子之學曰辟雍，諸侯之學曰泮宮，皆象地形而爲之名耳[10]。然三代之學，其要皆所以明人倫，非以辟不辟、泮不泮爲重輕也。孔子云：“人而不仁，如禮何？人而不仁，如樂何？[11]”制禮作樂，必具中和之德，聲爲律而身爲度者[12]，然後可以語此，若夫器數之末，樂工之事，祝史之守，故曾子曰：“君子所貴乎道者三，籩豆之事，則有司存也。”[13]堯命羲和，欽若昊天，曆象日月星辰，其重在於“敬授人時”也[14]。舜在璿璣玉衡，其重在於以齊七政也[15]。是皆汲汲然以仁民之心而行其養民之政，治曆明時之本，固在於此也。

羲和曆數之學，皋、契未必能之也，禹、稷未必能之也，堯、舜之知而不遍物，雖堯、舜亦未必能之也[16]，然至於今循羲和之法而世修之，雖曲知小慧之人、星術淺陋之士，亦能推步占候而無所忒，則是後世曲知小慧之人，反賢於禹、稷、堯、舜者邪？

"封禪"之説，尤爲不經，是乃後世佞人諛士所以求媚於其上，倡爲誇侈，以蕩君心而靡國費，蓋欺天罔人、無恥之大者，君子之所不道，司馬相如之所以見譏於天下後世也[17]。吾子乃以是爲儒者所宜學，殆亦未之思邪？

夫聖人之所以爲聖者，以其生而知之也。而釋《論語》者曰："'生而知之'者，義理耳。若夫禮樂、名物、古今事變，亦必待學而後有以驗其行事之實。"夫禮樂、名物之類，果有關於作聖之功也，而聖人亦必待學而後能知焉，則是聖人亦不可以謂之"生知"矣。謂聖人爲"生知"者，專指義理而言，而不以禮樂、名物之類，則是禮樂、名物之類無關於作聖之功矣。聖人之所以謂之"生知"者，專指義理而不以禮樂、名物之類，則是"學而知之"者，亦惟當學知此義理而已。"困而知之"者，亦惟當困知此義理而已。今學者之學聖人，於聖人之所能知者，未能"學而知之"，而顧汲汲焉求知聖人之所不能知者以爲學，無乃失其所以希聖之方歟？凡此皆就吾子之所惑者而稍爲之分釋，未及乎拔本塞源之論也。

夫拔本塞源[18]之論不明於天下，則天下之學聖人者，將日繁日難，斯人淪於禽獸、夷狄，而猶自以爲聖人之學。

吾之説雖或暫明於一時，終將凍解於西而冰堅於東，霧釋於前而雲滃於後，呶呶焉危困以死，而卒無救於天下之分毫也已。夫聖人之心，以天地萬物爲一體，其視天下之人，無外内遠近，凡有血氣，皆其昆弟赤子之親，莫不欲安全而教養之，以遂其萬物一體之念。

天下之人心，其始亦非有異於聖人也，特其間於有我之私，隔於物欲之蔽，大者以小，通者以塞，人各有心，至有視其父子兄弟如仇讎者。聖人有憂之,是以推其天地萬物一體之仁以教天下,使之皆有以克其私,去其蔽,以復其心體之同然。其教之大端,則堯、舜、禹之相授受,所謂“道心惟微,惟精惟一,允執厥中”;而其節目,則舜之命契,所謂“父子有親,君臣有義,夫婦有別,長幼有序,朋友有信”五者而已[19]。唐、虞、三代之世,教者惟以此爲教,而學者惟以此爲學。當是之時,人無異見,家無異習,安此者謂之聖,勉此者謂之賢,而背此者雖其啟明如朱[20],亦謂之不肖;下至閭井、田野,農、工、商、賈之賤,莫不皆有是學,而惟以成其德行爲務。何者?無有聞見之雜,記誦之煩,辭章之靡濫,功利之馳逐,而但使之孝其親,弟其長,信其朋友,以復其心體之同然。是蓋性分之所固有,而非有假於外者,則人亦孰不能之乎?

學校之中,惟以成德爲事,而才能之異,或有長於禮樂、長於政教、長於水土播植者,則就其成德,而因使益精其能於學校之中。迨夫舉德而任,則使之終身居其職而不易。用之者惟知同心一德,以共安天下之民,視才之稱否,而不以崇卑爲輕重,勞逸爲美惡;效用者亦惟知同心一德,以共安天下之民,苟當其能,則終身處於煩劇而不以爲勞,安於卑瑣而不以爲賤。當是之時,天下之人熙熙皞皞,皆相視如一家之親;其才質之下者,則安其農、工、商、賈之分,各勤其業,以相生相養,而無有乎希高慕外之心。

其才能之異,若皋、夔、稷、契者[21],則出而各效其能。若一家之務,或營其衣食,或通其有無,或備其器用,集謀並力,以求遂其仰事俯育之願,惟恐當其事者之或怠而重己之累也。故稷勤其稼,而不恥其不知教,視契之善教,即己之善教也;夔司其樂,而不恥於不明禮,視夷[22]之通禮,即己之通禮也。蓋其心學純明，而有以全其萬物一體之仁，故其精神流貫，志氣通達，而無有乎人己之分、物我之間[23]。譬之一人之身，目視、耳聽、手持、足行，以濟一身之用。目不恥其無聰，而耳之所涉，目必營焉；足不恥其無執，而手之所探，足必前焉。蓋其元氣充周，血脈條暢，是以痒疴呼吸，感觸神應，有不言而喻之妙。此聖人之學所以至易至簡，易知易從，學易能而才易成者，正以大端惟在復心體之同然，而知識技能非所與論也。

三代之衰，王道熄而霸術焻；孔、孟既没，聖學晦而邪說横。教者不復以此爲教，而學者不復以此爲學。霸者之徒，竊取先王之近似者，假之於外以内濟其私己之欲，天下靡然而[24]宗之，聖人之道遂以蕪塞。相仿相效，日求所以富強之說、傾詐之謀、攻伐之計，一切欺天罔人，苟一時之得，以獵取聲利之術，若管、商、蘇、張[25]之屬者，至不可名數。

既其久也，鬪爭劫奪，不勝其禍，斯人淪於禽獸、夷狄，而霸術亦有所不能行矣。世之儒者慨然悲傷，蒐獵先聖王之典章法制，而掇拾修補於煨燼之餘，蓋其爲心良亦欲以挽回先王之道。聖學既遠，霸術之傳積漬已深，雖在賢知，皆不免於習染，其所以講明修飾，以求宣暢光復於世者，僅足以增霸者之藩籬，而聖學之門牆，遂不復可睹。於是乎有訓詁之學，而傳之以爲名；有記誦之學，而言之以爲博；有詞章之學，而侈之以爲麗。若是者，紛紛籍籍，群起角立于天下，又不知其幾家，萬徑千蹊，莫知所適。

世之學者如入百戲之場，讙謔跳踉，騁奇鬪巧，獻笑爭妍者，四面而競出，前瞻後盼，應接不遑，而耳目眩瞀，精神恍惑，日夜遨游淹息其間，如病狂喪心之人，莫自知其家業之所歸。時君世主亦皆昏迷顛倒於其説，而終身從事於無用之虛文，莫自知其所謂。間有覺其空疏謬妄、支離牽滯，而卓然自奮，欲以見諸行事之實者，極其所抵，亦不過爲富強功利、五霸之事業而止。聖人之學日遠日晦，而功利之習愈趨愈下。其間雖嘗瞽惑于佛、老，而佛、老之説卒亦未能有以勝其功利之心；雖又嘗折衷于群儒，而群儒之論終亦未能有以破其功利之見。

　　蓋至於今，功利之毒淪浹於人之心髓，而習以成性也幾千年矣。相矜以知，相軋以勢，相争以利，相高以技能，相取以聲譽。其出而任也，理錢穀者則欲兼夫兵刑，典禮樂者又欲與於銓軸，處郡縣則思藩臬之高，居臺諫則望宰執之要[26]。故不能其事，則不得以兼其官；不通其説，則不可以要其譽；記誦之廣，適以長其敖也；知識之多，適以行其惡也；聞見之博，適以肆其辨也；辭章之富，適以飾其僞也。是以皋、夔、稷、契所不能兼之事，而今之初學小生皆欲通其説，究其術。其稱名僭號，未嘗不曰吾欲以共成天下之務，而其誠心實意之所在，以爲不如是則無以濟其私而滿其欲也。

　　嗚呼！以若是之積染，以若是之心志，而又講之以若是之學術，宜其聞吾聖人之教，而視之以爲贅疣枘鑿，則其以良知爲未足，而謂聖人之學爲無所用，亦其勢有所必至矣！嗚呼！士生斯世，而尚何以求聖人之學乎！尚何以論聖人之學乎！士生斯世，而欲以爲學者，不亦勞苦而繁難乎！不亦拘滯而險艱乎！嗚呼，可悲也已！

　　所幸天理之在人心，終有所不可泯，而良知之明，萬古一日，則其聞吾拔本塞源之論，必有惻然而悲，戚然而痛，憤然而起，沛然若決江河，而有所不可禦者矣。非夫豪傑之士，無所待而興起者，吾誰與望乎？

（此條自第八段"夫拔本塞源之論不明於天下"起，陳龍正曾單獨選出刻行，標明爲"拔本塞源論"，係王守仁的最著名的論著之一，代表他的倫理思想。參見第 171 條。）

〔1〕語本《孟子·盡心篇上》："孟子曰：'楊子取爲我，拔一毛而利天下，不爲也；墨子兼愛，摩頂放踵利天下，爲之。'"（第二十六章）

〔2〕語本《孟子·盡心篇下》，萬章以孔子謂鄉原爲德之賊爲問，孟子曰："非之無舉也，刺之無刺也，同乎流俗，合乎污世，居之似忠信，行之似廉潔，衆皆悦之，自以爲是，而不可與入堯、舜之道，故曰德之賊也。"（第三十七章）

〔3〕燕王噲讓國于其相子之，三年，國大亂。事見《史記·燕召公世家》。

〔4〕項羽（前 232—前 202）初尊楚懷王爲義帝，後又放逐義帝並擊殺之。事見《史記·項羽本紀》。

〔5〕王莽（公元前 45—公元 23）初爲漢相，後篡位，事見《漢書·王莽傳》。曹操（155—220）相漢，專權，自詡爲周文王，後其子曹丕篡位。事見《三國志·武帝紀》，注引《魏氏春秋》。

〔6〕明堂，古代施政行禮之所。辟雍，古代大學所在地。曆律，推算音律以定曆法。《大戴禮記·曾子天圓》注："曆以治時，律以候氣。"封禪，古代帝王祭天地、立碑石以紀功。

〔7〕語本《論語集注·述而篇》引尹焞注："蓋生而可知者義理爾。若夫禮樂名物，古今事變，亦必待學，而後有以驗其實也。"（第十九章注）

〔8〕事見《孟子·梁惠王篇下》："齊宣王問曰：'人皆謂我毀明堂，毀諸已乎？'"（第五章）

〔9〕語見《孟子·公孫丑篇上》第六章。

〔10〕辟雍，形圓似圓璧，圍以深溝，故名。泮宫，東西門以南通水，北部一半無水，故名。

〔11〕語見《論語・八佾篇》第三章。

〔12〕指禹而言,事本《史記・夏本紀》:"禹爲人敏給克勤;其德不違,其仁可親,其言可信;聲爲律,身爲度,稱以出;亹亹穆穆,爲綱爲紀。"

〔13〕曾子告孟敬子語,語見《論語・泰伯篇》:"君子所貴乎道者三:動容貌,斯遠暴慢矣;正顔色,斯近信矣;出辭氣,斯遠鄙倍矣。"(第四章)

〔14〕語見《書經・堯典》。欽,敬。若,順。

〔15〕語見《書經・舜典》。在,察。璿璣玉衡,測天文之器。七政,日、月、五星運行軌道。

〔16〕語本《孟子・盡心篇上》:"知者無不知也,當務之爲急;仁者無不愛也,急親賢之爲務。堯、舜之知而不遍物,急先務也;堯、舜之仁不遍愛人,急親賢也。"(第四十六章)

〔17〕司馬相如(前179—前117)有遺札言封禪,事見《史記・司馬相如列傳》。

〔18〕語本《左傳》:"我在伯父,猶衣服之有冠冕,木水之有本原,民人之有謀主也。伯父若裂冠毀冕,拔本塞原,專棄謀主,雖戎狄,其何有余一人。"(昭公九年)

〔19〕語本《孟子・滕文公篇上》:"人之有道也,飲食、暖衣、逸居而無教,則近于禽獸。聖人有憂之,使契爲司徒,教以人倫:父子有親,君臣有義,夫婦有別,長幼有序,朋友有信。"(第四章)

〔20〕朱:丹朱,堯之子。

〔21〕四人皆舜臣,皋陶爲掌刑法之官,夔爲典樂之官,稷爲掌農事之官,契爲教育之官,事見《尚書・舜典》。

〔22〕夷:伯夷,舜臣,掌禮之官。

〔23〕參見《綏柔流賊》:"古之人,能以天地萬物爲一體,故能通天下之志。凡舉大事,必順其情而使之,因其勢而導之,乘其機而動之,及其時而興之。是以爲之但見其易,而成之不見其難。此天下

之民，所以陰受其庇，而莫知其功之所自也。今皆反之，豈所見若是其相遠乎？亦由無忠誠惻怛之心以愛其民，不肯身任地方利害爲久遠之圖，凡所施爲，不本于精神心術，而惟事補輳掇拾，支吾粉飾于其外，以苟幸吾身之無事，此蓋今時之通弊也。"(《全書》卷十八)

〔24〕施本、俞本，無"而"字。

〔25〕管：管仲(卒於前 645)，春秋時齊國宰相，法家。商：商鞅(卒於前 338)，戰國時秦國宰相，法家。蘇：蘇秦(卒於前 317)，戰國時縱橫家。張：張儀(卒於前 309)，戰國時縱橫家。

〔26〕理錢穀，指戶部的財政工作。典禮樂，指禮部及太常卿的禮儀工作。銓軸，指吏部的銓敘工作。藩臬，藩指一省最高負責官吏的藩司，臬指巡視各省的臬使。臺諫，御史臺與諫議。宰執，宰相執政。

答周道通[1]書

142. 吳、曾兩生至，備道道通懇切爲道之意，殊慰相[2]念。若道通，真可謂篤信好學者矣。憂病[3]中會[4]，不能與兩生細論，然兩生亦自有志向，肯用功者，每見輒覺有進，在區區誠不能無負於兩生之遠來，在兩生則亦庶幾無負其遠來之意矣。臨別以此冊致道通意，請書數語。荒憒無可言者，輒以道通來書中所問數節，略下轉語奉酬，草草殊不詳細，兩生當亦自能口悉也。

來書云："日用工夫只是'立志'，近來於先生誨言時時體驗，愈益明白。然於朋友不能一時相離。若得朋友講習，則此志纔精健闊大，纔有生意。若三五日不得朋友相講，便覺微弱,遇事便會困,亦時會忘。乃今無朋友相講之日,還只静坐,或看書,或游衍經行,凡寓目、措身,悉取以培養此志,頗覺意思和適,然終不如朋友講聚,精神流動,生意更多也。離群索居之人,當更有何法以處之?"

　　此段足驗道通日用工夫所得,工夫大略亦只是如此用,只要無間斷,到得純熟後,意思又自不同矣。大抵吾人爲學,緊要大頭腦,只是"立志"。所謂"困、忘"之病,亦只是志欠真切。今好色之人,未嘗病於困忘,只是一真切耳。自家痛痒,自家須會知得,自家須會搔摩得;既自知得痛痒,自家須不能不搔摩得。佛家謂之"方便法門",須是自家調停斟酌,他人總難與力,亦更無別法可設也。〔5〕

〔1〕周道通(1485—1532),名衝,號静庵,常州府宜興人。明正德五年(1510)舉人,曾任江西萬安訓導,唐府長史等職,受業于王守仁、湛若水,力圖調和兩家之説,參見《明儒學案》卷二十五。據《陽明先生文録》,此信寫于甲申(1524)。

〔2〕施本、俞本、德安府南本,"相"作"想"。

〔3〕王守仁父王華,死于嘉靖元年(1522)。王按禮守制三年,此信寫于王守制期間。

〔4〕施本、德安府南本,"會"作"曾"。

〔5〕參見《贈周瑩歸省序》:永康周瑩德純,嘗學于應子元忠。既乃復見陽明子而請益。陽明子曰:"子從應子之所來乎?"曰:"然。""應子則何以教子?"曰:"無他言也。惟日誨之以希聖希賢之學,毋溺于流俗。且曰:'斯吾所嘗就正于陽明子者也。子而不吾信,則盍親往焉。'瑩以是不遠千里而來謁。"曰:"子之來也,猶有所未信乎?"曰:"信之。"曰:"信之而又來,何也?"曰:"未得其方也。"陽明子曰:"子既得其方矣,無所事于吾。"周生悚然有間,曰:"先生以應子之故,望卒賜之教。"陽明子曰:"子既得之矣,無所事于吾。"周生

悚然而起,茫然有間,曰:"瑩愚,不得其方,先生毋乃以瑩爲戲,幸
卒賜之教。"陽明子曰:"子之自永康而來也,程幾何?"曰:"千里而
遥。"曰:"遠矣,從舟乎?"曰:"從舟而又登陸也。"曰:"勞矣,當兹六
月,亦暑乎?"曰:"途之暑特甚也。"曰:"難矣!具資糧,從童僕乎?"
曰:"中途而僕病,乃捨貸而行。"曰:"兹益難矣。"曰:"子之來,既遠
且勞,其難若此也,何不遂返,而必來乎? 將亦無有強子者乎?"曰:
"瑩至于夫子之門,勞苦艱難誠樂之,寧以是而遂返;又俟乎人之
強之也乎?"曰:"斯吾所謂子之既得其方也。子之志欲至于吾門
也,則遂至于吾門,無假于人。子而志于聖賢之學,有不至于聖賢
者乎? 而假于人乎? 子之捨舟從陸,捐僕貸糧,冒毒暑而來也,則
又安所從受之方也?"生躍然起拜曰:"兹乃命之方也已。"(《全書》
卷七)王守仁在此用機鋒的方法,教導周瑩,成聖之道在于立志和
自得。此法以後爲羅近溪所發展,在明末産生很大的影響。

143. 來書云:"上蔡[1]嘗問天下何思何慮[2]。伊川云:
'有此理,只是發得太早[3]。'在學者工夫,固是'必有事焉而
勿忘',然亦須識得'何思何慮'底氣象,一併看爲是。若不識
得這氣象,便有正與助長之病,若認得'何思何慮',而忘'必
有事焉'工夫,恐又墮於'無'也。須是不滯於'有',不墮於
'無',然乎否也?"

所論亦相去不遠矣,只是契悟未盡。上蔡之問,與伊川
之答,亦只是上蔡、伊川之意,與孔子《繫辭》原旨稍有不同。
《繫》[4]言"何思何慮"是言所思所慮只是一個天理,更無別思
別慮耳,非謂無思無慮也。故曰:"同歸而殊途,一致而百慮,
天下何思何慮。"云"殊途",云"百慮",則豈謂無思無慮[5]邪?
心之本體即是天理。天理只是一個,更有何可思慮得? 天
理原自寂然不動,原自感而遂通。學者用功,雖千思萬慮,

只是要復他本來體用而已，不是以私意去安排思索出來。故明道云："君子之學，莫若廓然而大公，物來而順應。"若以私意去安排思索，便是"用智自私"[6]矣。"何思何慮"正是工夫。在聖人分上，便是自然的；在學者分上，便是勉然的。伊川却是把作效驗看了，所以有"發得太早"之説。既而云"却好用功"，則已自覺其前言之有未盡矣。濂溪主靜之論亦是此意[7]。今道通之言，雖已不爲無見，然亦未免尚有兩事也。

〔1〕謝良佐(1050—1103)，字顯道，蔡州上蔡(今屬河南)人，先後從程顥、程頤受業，傳學于胡安國、胡五峰、張栻等。號稱"湖南學派"。著有《論語説》、《上蔡語録》，參見《宋元學案》卷二十四。

〔2〕語本《易經·繫辭下》："天下何思何慮，天下同歸而殊途，一致而百慮，天下何思何慮。"(第五章)

〔3〕語本《二程集·外書》："(謝良佐)二十年前往見伊川。伊川曰：'近日事如何？'對曰：'天下何思何慮。'伊川曰：'是則是有此理，賢却發得太早。'在伊川直是會鍛鍊得人，説了又道，恰好著工夫也。"(第十二卷)

〔4〕朱文啟校本，"繫"下有"辭"字。

〔5〕第39條言："何思何慮，非初學時事。"此處所言已進展一步，更爲渾全了。參見《與黃勉之·二》："過思亦是暴氣，此語説得亦是。若遂欲截然不思，却是因噎而廢食者也。來書謂思而外于良知，乃謂之過。若念念在良知上體認，即終日終夜以思，亦不爲過。不外良知，即是何思何慮，此語甚得鄙意。"(《全書》卷五)

〔6〕語見《答横渠張子厚先生書》："夫天地之常，以其心普萬物而無心；聖人之常，以其情順萬事而無情。故君子之學，莫若廓然而大公，物來而順應。……人之情各有所蔽，故不能適道，大率患在于自私而用智。自私則不能以有爲爲應跡，用智則不能以明覺爲自

然。"(《二程集・文集》卷三)

〔7〕語本《太極圖説》:"二氣交感,化生萬物。萬物生生而變化無窮焉。惟人也得其秀而最靈。形既生矣,神發知矣,五性感動,而善惡分、萬事出矣。聖人定之以中正仁義而主静(自注:無欲故静),立人極焉。"(《周子通書》卷一)

144. 來書云:"凡學者纔曉得做工夫,便要識認得聖人氣象。蓋認得聖人氣象,把做準的,乃就實地做工夫去,才不會差,才是作聖工夫。未知是否?"

先認聖人氣象[1],昔人嘗有是言矣,然亦欠有頭腦。聖人氣象自是聖人的,我從何處識認?若不就自己良知上真切體認,如以無星之稱而權輕重,未開之鏡而照妍媸,真所謂以小人之腹,而度君子之心[2]矣。聖人氣象何由認得?自己良知原與聖人一般,若體認得自己良知明白,即聖人氣象不在聖人而在我矣。程子嘗云:"覷著堯,學他行事,無他許多聰明睿智,安能如彼之動容周旋中禮[3]?"又云:"心通於道,然後能辨是非。"[4]今且説通於道在何處?聰明睿智從何處出來?

〔1〕語本伊川所説:"凡看文字,非只是要理會語言,要識得聖賢氣象,如孔子曰:'盍各言爾志。'而由曰:'願車馬、衣輕裘,與朋友共,敝之而無憾!'顏子曰:'願無伐善,無施勞。'孔子曰:'老者安之,朋友信之,少者懷之。'觀此數句,便見聖賢氣象大段不同。若讀此不見得聖賢氣象,他處也難見,學者須要理會得聖賢氣象。"(《二程集・遺書》卷二十二上)

〔2〕語本《世説新語》:"劉慶孫在太傅府,于時人士多爲所構,唯庾子嵩縱心事外,無跡可問,後以其性儉家富,説太傅令換千萬,冀其有吝,于此可乘。太傅于衆坐中問庾,庾時頹然已醉,幘墮几上,以頭

就穿取,徐答云:‘下官家故可有兩娑千萬,隨公所取。’于是乃服。後有人向庾道此,庾曰:‘可謂以小人之慮,度君子之心。’”(《雅量》第六)

〔3〕語本伊川所説:“子以誠敬爲可勉強,且恁地説,到底須是知了方行得。若不知,只是覷著堯學他行事,無堯許多聰明睿智,怎生得如他動容周旋中禮? 有諸中,必形諸外,德容安可妄學。如子所言,是篤信而固守之,非固有之也。”(《二程集・遺書》卷十八)

〔4〕語本程頤《答朱長文書》:“夫心通乎道,然後能辨是非,如持權衡以較輕重,孟子所謂‘知言’是也。揆之以道,則是非了然,不待精思而後見也。學者當以道爲本。心不通乎道,而較古人之是非,猶不持權衡而酌輕重,竭其目力,勞其心智,雖使時中,亦古人所謂‘億則屢中’,君子不貴也。”(《二程集・文集》卷九)

145. 來書云:“事上磨煉。一日之内,不管有事無事,只一意培養本原。若遇事來感,或自己有感,心上既有覺,安可謂無事? 但因事凝心一會,大段覺得事理當如此,只如無事處之,盡吾心而已。然乃有處得善與未善,何也? 又或事來得多,須要次第與處,每因才力不足,輒爲所困,雖極力扶起而精神已覺衰弱。遇此未免要十分退省,寧不了事,不可不加培養。如何?”

所説工夫,就道通分上也只是如此用,然未免有出入在。凡人爲學,終身只爲這一事。自少至老、自朝至暮,不論有事無事,只是做得這一件,所謂“必有事焉”者也。若説“寧不了事,不可不加培養”,却是尚爲兩事也。“必有事焉而勿忘勿助”,事物之來,但盡吾心之良知以應之,所謂“忠恕違道不遠”〔1〕矣。凡處得有善有未善及有困頓失次之患者,皆是牽於毀譽得喪,不能實致其良知耳。若能實致其良知,然後見得平日所謂善者未必是善，所謂未善者却恐正是牽於毀譽得喪，自賊其良知者也。

〔1〕語本《中庸》：“忠恕違道不遠。施諸己而不願，亦勿施于人。”（第十三章）

146. 來書云：“致知之説，春間再承誨益[1]，已頗知用力，覺得比舊尤爲簡易。但鄙心則謂與初學言之，還須帶‘格物’意思，使之知下手處。本來‘致知’、‘格物’一併下，但在初學未知下手用功，還說與‘格物’，方曉得‘致知’。”云云。

“格物”是“致知”工夫，知得“致知”便已知得“格物”；若是未知“格物”，則是“致知”工夫亦未嘗知也。近有一書[2]與友人論此頗悉，今往一通，細觀之，當自見矣。

〔1〕王守仁致周衝書，在《全書》中僅存此件。日本天理大學存王守仁答周衝書五通原件，其中一件有云：“所謂良知，即孟子所謂‘是非之心，知也’。是非之心，人孰無有，但不能致此知耳。能致此知，即所謂充其是非之心，而知不可勝用矣。來書既云‘良心發見’，而復云‘不能辨理欲于疑似之間’，則所謂‘良心發見’者，果何物耶?”（《中國哲學》雜誌第一輯）此處所稱，或即指此書而言。

〔2〕此處所稱“近有一書”，佐藤一齋説：“文成論格致書，撿《全書》不止十數，本文一書，今未審的指何書。”（《傳習録欄外書》第一一七頁）陳榮捷説：“或指《答顧東橋書》，也可能指《答羅整庵書》。”（《傳習録》英譯本第一二九頁）。按：陳説指《答羅整庵書》較確。王守仁稱此書“與友人論此頗悉”。王他書論此較答顧、羅二書爲簡；而答顧東橋書寫于 1525 年，較此書爲晚也。

147. 來書云：“今之爲朱、陸之辨者尚未已。每對朋友言，正學不明已久，且不須枉費心力爲朱、陸争是非，只依先生‘立志’二字點化人。若其人果能辨得此志來，決意要知此學，已是大段明白了；朱、陸雖不辨，彼自能覺得。又嘗見朋友中見有人議先生之言者，輒爲動氣。昔在朱、陸二先生所以遺後世紛紛之議者，亦見二先生工夫有未純熟，分明亦有動氣之病。若明道則無此矣。觀其與吳涉禮[1]論介甫之學云：‘爲我盡達諸介甫，不有益於他，必有益於我也。’[2]氣象何等從容！嘗見先生與人書中亦引此言[3]，願[4]朋友皆如此，如何？”

此節議論得極是極是，願道通遍以告於同志，各自且論自己是非，莫論朱、陸是非也[5]。以言語謗人，其謗淺，若自己不能身體實踐，而徒入耳出口，呶呶度日，是以身謗也，其謗深矣。凡今天下之議論我者，苟能取以爲善，皆是砥礪切磋我也，則在我無非警惕修省進德之地矣。昔人謂攻吾之短者是吾師[6]，師又可惡乎？

〔1〕《二程全書·遺書》卷一作吳師禮。

〔2〕語本程顥所説：“爲我盡達諸介甫，我亦未敢自以爲是。如有説，願往復。此天下公理，無彼我。果能明辯，不有益于介甫，則必有益于我。”（《二程集·遺書》卷一）

〔3〕語本《答汪石潭内翰》：“吾兄之心，非若世之立異自高者，要在求其是而已，故敢言之無諱。有所未盡，不惜教論。不有益于兄，必有益于我也。”（《全書》卷四）

〔4〕德安府南本，“願”作“顧”。

〔5〕參見《答友人問》：“君子之學，豈有心于同異，惟其是而已。吾于象山之學有同者，非是苟同；其異者，自不掩其爲異也。吾于晦庵之論有異者，非是求異；其同者，自不害其爲同也。假使伯夷、柳下惠，與孔、孟同處一堂之上。就其所見之偏全，其議論斷亦不能皆合，然要之不害其同爲聖賢也。若後世論學之士，則全是黨同伐

異,私心浮氣所使,將聖賢人做一場兒戲看了也。"(《全書》卷六)

〔6〕語本《荀子·修身篇》:"故非我而當者,吾師也;是我而當者,吾友也;諂諛我者,吾賊也。故君子隆師而親友,以致惡其賊。"(卷一)

148. 來書云:"有引程子'人生而靜,以上不容説,才説性便已不是性'〔1〕。何故不容説?何故不是性?晦庵答云:'不容説者,未有性之可言;不是性者,已不能無氣質之雜矣。'〔2〕二先生之言皆未能曉,每看書至此,輒爲一惑,請問。"

"生之謂性"。生字即是氣字,猶言"氣即是性"也。氣即是性,"人生而靜,以上不容説",才説"氣即是性",即已落在一邊,不是性之本原矣。孟子性善,是從本原上説,然性善之端,須在氣上始見得,若無氣亦無可見矣。惻隱、羞惡、辭讓、是非即是氣。程子謂:"論性不論氣,不備;論氣不論性,不明。"〔3〕亦是爲學者各認一邊,只得如此説。若見得自性明白時,氣即是性,性即是氣,原無性、氣之可分也〔4〕。

〔1〕語見《二程集·遺書》:"生之謂性,性即氣,氣即性,生之謂也。人生氣禀,理有善惡,然不是性中元有此兩物相對而生也。有自幼而善,有自幼而惡,是氣禀有然也。善固性也,然惡亦不可謂之性也。蓋'生之謂性','人生而靜'以上不容説,才説性時,便已不是性也。凡人説性,只是説繼之者善也,孟子言人性善是也。"(卷一)

〔2〕語本朱熹《答嚴時亨》之一:"'人生而靜'是未發時,以上即是人物未生之時,不可謂性。才謂之性,便是人生以後,此理墮在形氣之中,不全是性之本體矣。"(《朱文公文集》卷六十一)

〔3〕語見《二程集·遺書》卷六。

〔4〕參見第 220 條。王守仁以"惻隱、羞惡、辭讓、是非即是氣",與朱熹説微有不同。朱熹認爲四者是情,情雖與氣有關,但看説明情是"性之動"或"性之發用",很少直接與氣相聯而言。

答陸原静書[1]

149. 來書云:"下手工夫,覺此心無時寧静,妄心固動也,照心亦動也;心既恆動,則無刻暫停也。"

是有意於求寧静,是以愈不寧静耳。夫妄心則動也,照心非動也。恆照則恆動恆静,天地之所以恆久而不已也[2]。照心固照也,妄心亦照也。其爲物不貳[3],則其生物不息,有刻暫停,則息矣,非至誠無息之學矣。

〔1〕據《陽明文録》,此書寫于甲申(1524)。陸原静事跡,見第 15 條注〔1〕。

〔2〕語本《易經·恆卦·象辭》:"天地之道,恆久而不已也。"

〔3〕語本《中庸》:"天地之道,可一言而盡也,其爲物不貳,則其生物不測。"(第二十六章)

150. 來書云"良知亦有起處"云云。

此或聽之未審。良知者,心之本體,即前所謂恆照者也。心之本體,無起無不起。雖妄念之發,而良知未嘗不在,但人不知存,則有時而或放耳;雖昏塞之極,而良知未嘗不明,但人不知察,則有時而或蔽耳。雖有時而或放,其體實未嘗不在也,存之而已耳;雖有時而或蔽,其體實未嘗不明也,察之而已耳。若謂良知亦有起處,則是有時而不在也,非其本體之謂矣。

151. 來書云:"前日精一之論,即作聖之功否?"[1]

"精一"之"精"以理言,"精神"之"精"以氣言。理者,氣之條理;氣者,理之運用[2]。無條理則不能運用,無運用則亦無以見其所謂條理者矣。精則精,精則明,精則一[3],精則神,精則誠;一則精,一則明,一則神,一則誠,原非有二事也[4]。但後世儒者之説與養生之説各滯於一偏,是以不相爲用。前日"精一"之論,雖爲原静愛養精神而發,然而作聖之功,實亦不外是矣。

〔1〕"來書云"等十五字,諸本並脱,據王本補。

〔2〕朱熹以理氣爲二:"天地之間,有理有氣,理也者,形而上之道也,生物之本也。氣也者,形而下之器也,生物之具也。"(《朱文公文集》卷五十八《答黄道夫書》)王守仁以"理者氣之條理,氣者理之運用",與朱説成爲鮮明的對照。

〔3〕"精則一"三字疑爲衍文。

〔4〕參見《送宗伯喬白巖序》:"夫道廣矣、大矣,文詞技能于是乎出,而以文詞技能爲者,去道遠矣。是故非專則不能以精,非精則不能以明,非明則不能以誠,故曰惟精惟一。精,精也;專,一也。精則明矣,明則誠矣。是故明,精之爲也;誠,一之基也;一,天下之大本也;精,天下之大用也。知天地之化育,而況于文詞技能之末乎。"(《全書》卷七)

152. 來書云:"元神、元氣、元精必各有寄藏發生之處;又有真陰之精,真陽之氣。"云云。

夫良知,一也,以其妙用而言謂之神,以其流行而言謂之氣,以其凝聚而言謂之精,安可以形象方所求哉?真陰之精,即真陽之氣之母,真陽之氣,即真陰之精之父;陰根陽,陽根陰,亦非有二也。苟吾良知之説明,則凡若此類,皆可以不言而喻[1];不然,則如來書所云"三關"、"七返"、"九還"之屬[2],

尚有無窮可疑者也。

〔1〕參見《與陸元靜》：“大抵養德養身，只是一事。”（《全書》卷五）又參見《壽湯雲谷序》：“古之有道之士，外槁而中澤，處隘而心廣，累釋而無所撓其精，機忘而無所忤于俗，是故其色愉愉，其居于，其所遭若清風之披物，而莫知其所從往也。今子之步徐髮改，而貌若益懫，然而其精藏矣。言下意懇，而氣若益衰，然而其神守矣。室廬無所增益于舊，而志意擴然，其累釋矣。鄉人之相忘于賢愚貴賤，且以爲慈母，且以爲嬰兒，其機忘矣。夫精藏則太和流，神守則天光發，累釋則怡愉而靜，機忘則心純而一，四者，道之證也。夫道無在而神無方，安常處順，其至矣。”（《全書》卷二十二）

〔2〕語見《黃庭經》：“三關之中精氣深。”又見《周易參同契·中篇》：“剛施而退，柔化以滋，九還七反，八歸六居。”九還，精氣運轉一周期。七反，精氣運轉七次。

　　參見《長生》：“微軀一繫念，去道日遠而，中歲忽有覺，九還乃在兹。非爐亦非鼎，何坎復何離，本無終始究，寧有死生期？彼哉游方士，詭辭反增疑。”（《全書》卷二十）

又〔1〕

153. 來書云：“良知，心之本體，即所謂性善也，未發之中也，寂然不動之體也，廓然大公也，何常人皆不能而必待於學耶？中也，寂也，公也，既以屬心之體，則良知是矣。今驗之於心，知無不良，而中、寂、大公，實未有也，豈良知復超然於體用之外乎？”

　　性無不善，故知無不良。良知即是未發之中，即是廓然大公、寂然不動之本體，人人之所同具者也〔2〕。但不能不昏蔽於物欲,故須學以去其昏蔽;然於良知之本體,初不能有加損於毫末也。知無不良,而中、寂、大公,未能全者,是昏蔽之未盡去,而存之未純耳。體即良知之體,用即良知之用,寧復有超然於體、用之外者乎?

〔1〕《陽明先生文録》本及王本,無此"又"字。錢德洪所據南本,或亦無"又"字,故前言中提及《答陸清伯書》僅有一書。但此信提及陸來信引用前信"照心非動也"、"妄心亦照也"句,則二信似非同時所寫。

〔2〕參見《答汪石潭内翰》:"心統性情。性,心體也;情,心用也。程子云:'心一也,有指體而言者,寂然不動是也;有指用而言者,感而遂通是也。'斯言既無以加矣。"(《全書》卷四)

154. 來書云:"周子曰'主静',程子曰'動亦定,静亦定',先生曰'定者心之本體'。是静定也,決非不睹不聞,無思無爲之謂,必常知常存,常主於理之謂也。夫常知常存,常主於理,明是動也,已發也,何以謂之静? 何以謂之本體? 豈是静定也,又有以貫乎心之動静者邪?"

理無動者也。常知常存,常主於理,即不睹不聞、無思無爲之謂也。不睹不聞、無思無爲,非槁木死灰之謂也;睹聞思爲一於理,而未嘗有所睹聞思爲,即是動而未嘗動也。所謂"動亦定,静亦定"〔1〕、"體用一原"〔2〕者也。

〔1〕佐藤一齋説他嘗得文成《書太極圖説》墨本,末有云:"濂溪自注主静云'無欲故静'。而于《通書》云:'無欲則静虚動直。'是主静之説,實兼動静。"(《傳習録欄外書》第一二二頁)據此,王守仁實溝通"主静"與"動亦定,静亦定"之説,並可補充此處答語。

〔2〕語本程頤《易傳序》:"至微者理也,至著者象也。體用一源,顯微無

間。"(《二程全書·周易程子傳序》)。陳榮捷說,《大漢和辭典》提到"體用一源"四字來源于澄觀的《華嚴經注》,但太田綿城已在《疑問錄》中指出,在該書及澄觀的其他著作中,都沒有發現此語。然而澄觀確實在其注疏中說過意義較泛的類似用語,但用字稍有不同(參見《續大藏經》第一輯第八十八套第三册)。十一世紀時,這個用語已在佛教與新儒家中通用了。像唐順之(1507—1560)說:儒、佛皆此語,但無人指出這些話是誰說的。(《唐荊川集》卷六)太田說"顯微無間"是法藏(643—712)所用格言,但他沒有點出確切出處。(《傳習錄》英譯本第一三五頁)

155. 來書云:"此心未發之體,其在已發之前乎? 其在已發之中而爲之主乎? 其無前後、内外而渾然之體者乎? 今謂心之動、靜者,其主有事、無事而言乎? 其主寂然、感通而言乎? 其主循理、從欲而言乎? 若以循理爲靜,從欲爲動,則於所謂'動中有靜,靜中有動[1],動極而靜,靜極而動'[2]者,不可通矣。若以有事而感通爲動,無事而寂然爲靜,則於所謂'動而無動,靜而無靜'者[3],不可通矣。若謂未發在已發之先,靜而生動,是至誠有息也,聖人有復也,又不可矣。若謂未發在已發之中,則不知未發、已發俱當主靜乎? 抑未發爲靜而已發爲動乎? 抑未發、已發俱無動無靜乎? 俱有動有靜乎? 幸教。"

未發之中,即良知也,無前後内外,而渾然一體者也。有事、無事可以言動、靜,而良知無分於有事、無事也;寂然、感通可以言動、靜,而良知無分於寂然、感通也。動、靜者,所遇之時;心之本體,固無分於動、靜也。理無動者也,動即爲欲。循理則雖酬酢萬變而未嘗動也,從欲則雖槁心一念而未嘗靜也。"動中有靜,靜中有動",又何疑乎? 有事而感通,固可以言動，然而寂然者未嘗有增也；無事而寂然，固可以言静，然而感通者未嘗有減也。“動而無動，静而無静”，又何疑乎？無前後内外而渾然一體，則至誠有息之疑，不待解矣。未發在已發之中，而已發之中未嘗别有未發者在，已發在未發之中，而未發之中未嘗别有已發者存。是未嘗無動、静，而不可以動、静分者也[4]。

凡觀古人言語，在以意逆志而得其大旨，若必拘滯於文義，則“靡有孑遺”者，是周果無遺民也[5]。周子“静極而動”之説，苟不善觀，亦未免有病。蓋其意從“太極動而生陽，静而生陰”説來。太極生生之理，妙用無息，而常體不易。太極之生生，即陰陽之生生。就其生生之中，指其妙用無息者而謂之動，謂之陽之生，非謂動而後生陽也，就其生生之中，指其常體不易者而謂之静，謂之陰之生，非謂静而後生陰也。若果静而後生陰，動而後生陽，則是陰陽、動静，截然各自爲一物矣。陰陽一氣也，一氣屈伸而爲陰陽；動静一理也，一理隱顯而爲動、静。春夏可以爲陽、爲動，而未嘗無陰與静也；秋冬可以爲陰、爲静，而未嘗無陽與動也。春夏此不息，秋冬此不息，皆可謂之陽，謂之動也；春夏此常體，秋冬此常體，皆可謂之陰，謂之静也。自元、會、運、世[6]、歲、月、日、時，以至刻、杪、忽、微，莫不皆然。所謂動静無端，陰陽無始[7]，在知道者默而識之，非可以言語窮也。若只牽文泥句，比擬仿像，則所謂心從《法華》轉，非是轉《法華》[8]矣。

〔1〕語見《二程集·遺書》：“静中便有動，動中自有静。”（卷七）

〔2〕語見周敦頤《太極圖説》：“無極而太極，太極動而生陽，動極而静，静而生陰，静極復動。一動一静，互爲其根，分陰分陽，兩儀立焉。”

〔3〕語見周敦頤《通書·動静》：“動而無静，静而無動，物也。動而無

動,静而無静,神也。動而無動,静而無静,非不動不静也。"

〔4〕參見《答倫彦式》:"心無動静者也。其静也者,以言其體也。其動也者,以言其用也。故君子之學,無間于動静。其静也,常覺而未嘗無也,故常應;其動也,常定而未嘗有也,故常寂。常應常寂,動静皆有事焉,是之謂集義。集義故能無祗悔,所謂動亦定,静亦定者也。"(《全書》卷五)

〔5〕語本《孟子·萬章篇上》:"故説《詩》者,不以文害辭,不以辭害志,以意逆志,是爲得之,如以辭而已矣,《雲漢》之詩曰:'周餘黎民,靡有孑遺。'信斯言也,是周無遺民也。"(第四章)

〔6〕語本邵康節《觀物内篇》:"日經天之元,月經天之會,星經天之運,辰經天之世。"(《皇極經世》卷十一)並以三十年爲一世,十二世爲一運,三十運爲一會,十二會爲一元。

〔7〕語本程頤《易説·繫辭》:"道者,一陰一陽也。動静無端,陰陽無始。非知道者,孰能識之。"(《二程集·經説》卷一)

〔8〕語本《六祖壇經》:"心迷《法華》轉,心悟轉《法華》。誦經久不明,與義作讐家。"(《機緣品》)

　　參見《與黄勉之·二》:"大抵訓釋字義,亦只是得其大概。若其精微奥蘊,在人思而自得,非言語所能喻。後人多有泥文著相,專在字眼上穿求,却是心從《法華》轉也。"(《全書》卷五)

156. 來書云:"嘗試於心,喜、怒、憂、懼之感發也,雖動氣之極,而吾心良知一覺,即罔然消阻,或遏於初,或制於中,或悔於後。然則良知常若居優閒無事之地而爲之主,於喜、怒、憂、懼若不與焉者,何歟?"

知此,則知未發之中、寂然不動之體,而有發而中節之和、感而遂通之妙矣。然謂"良知常若居於優閒無事之地",語尚有病。蓋良知雖不滯於喜、怒、憂、懼,而喜、怒、憂、懼亦不外於良知也。〔1〕

〔1〕參見第 268 條。

157. 來書云:"夫子昨以良知爲照心。竊謂良知,心之本體也,照心,人所用[1]功,乃戒慎恐懼之心也,猶思也,而遂以戒慎恐懼爲良知,何歟?"

能戒慎恐懼者,是良知也。[2]

〔1〕"用功"二字之間,施本、俞本並有"之"字。
〔2〕參見第 244、308 條。

158. 來書云:"先生又曰:'照心非動也。'[1]豈以其循理而謂之静歟? '妄心亦照也。'豈以其良知未嘗不在於其中,未嘗不明於其中,而視聽言動之不過則者,皆天理歟? 且既曰妄心,則在妄心可謂之照,而在照心則謂之妄矣。 妄與息何異? 今假妄之照以續至誠之無息,竊所未明,幸再啟蒙。"

"照心非動"者,以其發於本體明覺之自然,而未嘗有所動也;有所動即妄矣。"妄心亦照"者,以其本體明覺之自然者,未嘗不在於其中,但有所動耳;無所動即照矣。 無妄、無照,非以妄爲照、以照爲妄也。 照心爲照,妄心爲妄,是猶有妄、有照也。 有妄、有照,則猶貳也,貳則息矣。 無妄、無照則不貳,不貳則不息矣。

〔1〕參見第 149 條。

159. 來書云:"養生以清心寡欲爲要。夫清心寡欲,作聖之功畢矣。然欲寡則心自清。清心非舍棄人事而獨居求静之謂也。 蓋欲使此心純乎天理,而無一毫人欲之私耳。 今欲爲此之功,而隨人欲生而克之,則病根常在,未免滅於東而生於西。若欲刊剝洗蕩於眾欲未萌之先，則又無所用其力，徒使此心之不清。且欲未萌而搜剔以求去之，是猶引犬上堂而逐之也[1]，愈不可矣。”

必欲此心純乎天理，而無一毫人欲之私，此作聖之功也。必欲此心純乎天理，而無一毫人欲之私，非防於未萌之先而克於方萌之際不能也。防於未萌之先而克於方萌之際，此正《中庸》“戒慎恐懼”、《大學》“致知格物”之功，舍此之外，無別功矣。

夫謂滅於東而生於西，引犬上堂而逐之者，是自私自利，將迎意必之[2]爲累，而非克治洗蕩之爲患也。今曰“養生以清心寡欲爲要”，只“養生”二字，便是自私自利、將迎意必之根。有此病根潛伏於中，宜其有“滅於東而生於西”、“引犬上堂而逐之”之患也。

〔1〕語本《二程集·遺書》：“勿謂小兒無記性，所歷事皆能不忘，故善養子者，當其嬰孩，鞠之使得所養，全其和氣，乃至長而性美，教之示以好惡有常。至如養犬者，不欲其升堂，則時其升堂而撲之。若既撲其升堂，又復食之于堂，則使孰從？雖日撻而求其不升，不可得也。養異類且爾，況人乎？故養正者，聖人也。”（卷二下）

〔2〕將、迎，語本《莊子·知北游篇》：“顏淵問乎仲尼曰：‘回嘗聞諸夫子曰：無有所將，無有所迎，回敢問其游？’仲尼曰：‘……聖人處物，不傷物。不傷物者，物亦不能傷也，唯無所傷者，爲能與人相將迎。’”

意、必，語本《論語·子罕篇》：“子絕四：毋意，毋必，毋固，毋我。”（第四章）

160. 來書云：“佛氏於‘不思善、不思惡時，認本來面目’[1]，於吾儒‘隨物而格’之功不同。吾若於不思善、不思惡時,用致知之功,則已涉於思善矣。欲善惡不思,而心之良知清静自在,惟有寐而方醒之時耳。斯正孟子'夜氣'〔2〕之説。但於斯光景不能久,倏忽之際,思慮已生,不知用功久者,其常寐初醒而思未起之時否乎? 今澄欲求寧静,愈不寧静,欲念無生,則念愈生。如之何而能使此心前念易滅,後念不生,良知獨顯,而與造物者游乎?"〔3〕

"不思善、不思惡時,認本來面目。"此佛氏爲未識本來面目者設此方便。本來面目即吾聖門所謂良知,今既認得良知明白,即已不消如此説矣。

"隨物而格"是致知之功,即佛氏之"常惺惺〔4〕",亦是常存他本來面目耳。體段工夫大略相似,但佛氏有個自私自利之心,所以便有不同耳。今欲善惡不思,而心之良知清静自在,此便有自私自利、將迎意必之心,所以有"不思善、不思惡時,用致知之功,則已涉於思善"之患。孟子説"夜氣",亦只是爲失其良心之人指出個良心萌動處,使他從此培養將去。今已知得良知明白,常用致知之功,即已不消説"夜氣"。却是得兔後不知守兔,而仍去守株,兔將復失之矣〔5〕。欲求寧静,欲念無生,此正是自私自利、將迎意必之病,是以念愈生而愈不寧静。良知只是一個良知,而善惡自辨,更有何善何惡可思〔6〕! 良知之體本自寧静,今却又添一個求寧静;本自生生,今却又添一個欲無生,非獨聖門致知之功不如此,雖佛氏之學亦未如此將迎意必也。只是一念良知,徹頭徹尾,無始無終,即是前念不滅,後念不生〔7〕。今却欲前念易滅,而後念不生,是佛氏所謂斷滅種性〔8〕,入于槁木死灰之謂矣。

〔1〕語本《六祖壇經·行由品》:"惠能遂出,盤坐石上。惠明作禮云:'望行者爲我説法。'惠能云:'汝既爲法而來,可屏息諸緣,勿生一

念,吾爲汝説。'明良久,惠能云:'不思善,不思惡,正與麼時,那個是明上座本來面目。'惠明言下大悟。"

〔2〕語本《孟子·告子篇上》,參見第 47 條注〔1〕。

〔3〕語本《莊子·天下篇》説莊子上與造物者游,而下與外死生、無終始者爲友。

〔4〕語本《明覺禪師語録》:"玄沙問僧:'近離甚處?'云:'瑞巖。'沙云:'瑞巖有何言句?'僧云:'長唤主人翁,自云諾惺惺著,他後莫受人瞞。'"(卷三)

〔5〕語本《韓非子·五蠹篇》:"宋人有耕者,田中有株,兔走觸株,折頸而死,因釋其耒而守株,冀復得兔,兔不可復得,而身爲宋國笑。"

〔6〕參見《題夢槎奇游詩卷》:"君子之學,求盡吾心焉爾。故其事親也,求盡吾心之孝,而非以爲孝也。事君也,求盡吾心之忠,而非以爲忠也。是故夙興夜寐,非以爲勤也;剗繁理劇,非以爲能也;嫉邪袪蠹,非以爲剛也;規切諫諍,非以爲直也;臨難死義,非以爲節也。吾心有不盡焉,是謂自欺其心,心盡而後吾之心始自以爲快也。惟夫求以自快吾心,故凡富貴貧賤憂戚患難之來,莫非吾所以致知求快之地。苟富貴貧賤憂戚患難而莫非吾致知求快之地,則亦寧有所謂富貴貧賤憂戚患難者足以動其中哉?世之人,徒知君子之于富貴貧賤憂戚患難無入而不自得也,而皆以爲獨能人之所不可及,不知君子之求以自快其心而已矣。"(《全書》卷二十四)

〔7〕語本《六祖壇經·機緣品》:"問曰:'即心即佛,願垂指諭。'師曰:'前念不生即心,後念不滅即佛,成一切相即心,離一切相即佛。'"

〔8〕語本《成唯識論》:"何謂大乘二種種性? 一、本性住種性,謂無始來依附本識法爾所得無漏法因;二、習所成種性,謂聞法界等流法已、聞所成等熏習所成,要具大乘此二種性,方能漸次悟入唯識。"(卷九)斷滅種性,則不能悟入唯識。

161. 來書云:"佛氏又有常提念頭之説,其猶孟子所謂

'必有事'，夫子所謂'致良知'之説乎？其即'常惺惺，常記得，常知得，常存得'者乎？於此念頭提在之時，而事至物來，應之必有其道。但恐此念頭提起時少，放下時多，則工夫間斷耳。且念頭放失，多因私欲客氣[1]之動而始，忽然驚醒而後提，其放而未提之間，心之昏雜多不自覺，今欲曰精曰明，常提不放，以何道乎？只此常提不放，即全功乎？抑於常提不放之中，更宜加省克之功乎？雖曰常提不放，而不加戒懼克治之功，恐私欲不去；若加戒懼克治之功焉，又爲'思善'之事，而於'本來面目'又未達一間也。如之何則可？"

　　戒懼克治即是常提不放之功，即是"必有事焉"，豈有兩事邪！此節所問，前一段已自説得分曉，末後却是自生迷惑，説得支離。及有'本來面目未達一間'之疑，都是自私自利、將迎意必之爲病，去此病，自無此疑矣。

〔1〕客氣：指受外界影響而生之驕傲、名譽、情欲等。

　　162. 　來書云："質美者明得盡，渣滓便渾化[1]。如何謂[2]明得盡？如何而能便渾化？"

　　良知本來自明。氣質不美者，渣滓多，障蔽厚，不易開明。質美者，渣滓原少，無多障蔽，略加致知之功，此良知便自瑩徹，些少渣滓，如湯中浮雪，如何能作障蔽？此本不甚難曉，原靜所以致疑于此，想是因一"明"字不[3]明白，亦是稍有欲速之心。向曾面論明善之義，明則誠矣，非若後儒所謂明善之淺也。[4]

〔1〕語本程顥所説："學只要鞭辟近裏，著己而已。故'切問而近思'，則'仁在其中矣'。'言忠信，行篤敬，雖蠻貊之邦，行矣；言不忠信，行不篤敬，雖州里，行乎哉！立則見其參於前也，在輿則見其倚於衡，夫然後行。'只此是學。質美者明得盡，渣滓便渾化，却與天地同體，

其次惟莊敬持養，及其至，則一也。"（《二程集·遺書》卷十一）

〔2〕"謂"字下，施本、俞本並有"之"字。

〔3〕"不"字，施本、俞本並作"欠"。

〔4〕參見《別黃宗賢歸天台序》："君子之學，以明其心，其心本無昧也，而欲爲之蔽，習爲之害。故去蔽與害而明復，匪自外得也。心猶水也，污入之而流濁；猶鑒也，垢積之而光昧。孔子告顏淵克己復禮爲仁，孟軻氏謂萬物皆備于我，反身而誠。夫己克而誠，固無待乎其外也。世儒既叛孔、孟之説，昧于《大學》格致之訓，而徒務博乎其外，以求益乎其内，皆入污以求清，積垢以求明者也，弗可得已。"（《全書》卷七）

163. 來書云："聰明睿知果質乎〔1〕？仁義禮智果性乎？喜怒哀樂果情乎？私欲客氣果一物乎？二物乎？古之英才，若子房、仲舒、叔度、孔明、文中、韓、范諸公〔2〕，德業表著，皆良知中所發也，而不得謂之聞道者，果何在乎？苟曰此特生質之美耳，則生知、安行者，不愈於學知、困勉者乎〔3〕？愚意竊云謂諸公見道偏則可，謂全無聞則恐後儒崇尚記誦訓詁之過也。然乎？否乎？"

性一而已。仁、義、禮、知，性之性〔4〕也；聰、明、睿、知，性之質也；喜、怒、哀、樂，性之情也；私欲、客氣，性之蔽也。質有清濁，故情有過不及，而蔽有淺深也；私欲、客氣，一病兩痛，非二物也。張、黃、諸葛及韓、范諸公，皆天質之美，自多暗合道妙，雖未可盡謂之知學，盡謂之聞道，然亦自其有學，違道不遠者也；使其聞學知道，即伊、傅、周、召〔5〕矣。若文中子則又不可謂之不知學者，其書雖多出於其徒，亦多有未是處，然其大略則亦居然可見，但今相去遼遠，無有的然憑證，不可懸斷其所至矣。夫良知即是道，良知之在人心，不但聖賢,雖常人亦無不如此。若無有物欲牽蔽,但循著良知發用流行將去,即無不是道。但在常人多爲物欲牽蔽,不能循得良知。如數公者,天質既自清明,自少物欲爲之牽蔽,則其良知之發用流行處,自然是多,自然違道不遠。學者學循此良知而已。謂之知學,只是知得專在學循良知。數公雖未知專在良知上用功,而或泛濫於多歧,疑迷於影響,是以或離或合而未純。若知得時,便是聖人矣。後儒嘗以數子者,尚皆是氣質用事,未免於行不著,習不察,此亦未爲過論。但後儒之所謂著、察者,亦是狃於聞見之狹,蔽於沿習之非,而依擬仿象於影響形跡之間,尚非聖門之所謂著、察者也。則亦安得以己之昏昏,而求人之昭昭[6]也乎? 所謂生知、安行,"知、行"二字,亦是就用功上説;若是知、行本體,即是良知、良能,雖在困勉之人,亦皆可謂之生知、安行矣。知、行二字更宜精察。

〔1〕語本《中庸》:"唯天下至聖,爲能聰明睿知,足以有臨也。"(第三十一章)朱熹注曰:"聰明睿知,生知之質。"(《中庸章句》)

〔2〕漢張良(? —前189),董仲舒(前179—前104),黄憲(75—122),蜀諸葛亮(181—234),隋王通(584—617),宋韓琦(1008—1075),范仲淹(989—1052)。

〔3〕"勉"字疑爲"知"字之誤,或以"學知"爲"學利"之誤。

〔4〕"性之性",王貽樂本作"性之德"。

〔5〕伊尹:商朝賢相,相湯(前1751—前1739?)伐紂,助太甲(前1738—前1727)建立功業。
傅説:商朝賢相,助武丁(前1339—前1281)建立功業。

〔6〕語本《孟子·盡心篇下》:"賢者以其昭昭使人昭昭。"

164. 來書云:"昔周茂叔每令伯淳尋仲尼、顔子樂處[1]。敢問是樂也,與七情之樂同乎? 否乎? 若同,則常人之一遂

傳習録注疏

所欲,皆能樂矣,何必聖賢? 若別有真樂,則聖賢之遇大憂、大怒、大驚、大懼之事,此樂亦在否乎? 且君子之心常存戒懼,是蓋終身之憂也,惡得樂? 澄平生多悶,未嘗見真樂之趣,今切願尋之。"

樂是心之本體[2],雖不同於七情之樂,而亦不外於七情之樂;雖則聖賢別有真樂,而亦常人之所同有,但常人有之而不自知,反自求許多憂苦,自加迷棄。雖在憂苦迷棄之中,而此樂又未嘗不存,但一念開明,反身而誠,則即此而在矣。每與原靜論,無非此意,而原靜尚有"何道可得"之問,是猶未免於騎驢覓驢之蔽也。

[1] 語本《二程集·遺書》:"昔受學于周茂叔,每令尋顔子、仲尼樂處所樂何事。"(卷二上)

[2] 參見《與黃勉之·二》:"樂是心之本體。仁人之心,以天地萬物爲一體。欣合和暢,原無間隔,來書謂人之生理本自和暢,本無不樂,但爲客氣物欲攪此和暢之氣,始有間隔不樂,是也。時習者,求復此心之本體也。悅,則本體漸復矣。朋來,則本體之欣合和暢,充周無間。本體之欣合和暢,本來如是,初未嘗有所增也,就使無朋來,而天下莫我知焉,初未嘗有所減也。"(《全書》卷五)

又參見《朱得之語録》:"問喜怒哀樂,陽明老師曰:'樂者心之本體也。得所樂則喜,反所樂則怒,失所樂則哀。不喜不怒不哀時,此真樂也。'"(《明儒學案》卷二十五)

165. 來書云:"《大學》以'心有好樂、忿憓、憂患、恐懼'爲'不得其正',而程子亦謂'聖人情順萬事而無情'。所謂有者,《傳習録》中以病瘧譬之[1],極精切矣。若程子之言,則是聖人之情不生於心而生於物也,何謂邪? 且事感而情應,則是是非非可以就格;事或未感時,謂之有則未形也,謂之無則病根在,有無之間,何以致吾知乎? 學務無情,累雖輕,而出儒入佛矣,可乎?”

聖人致知之功,至誠無息。其良知之體,皦如明鏡,略無纖翳,妍媸之來,隨物見形,而明鏡曾無留染,所謂“情順萬事而無情”也。“無所住而生其心[2]”,佛氏曾有是言,未爲非也。明鏡之應物,妍者妍,媸者媸,一照而皆真,即是生其心處,妍者妍,媸者媸,一過而不留,即是無所住處。病瘧之喻,既已見其精切,則此節所問可以釋然。病瘧之人,瘧雖未發,而病根自在,則亦安可以其瘧之未發而遂忘其服藥調理之功乎? 若必待瘧發而後服藥調理,則既晚矣。致知之功,無間於有事、無事,而豈論於病之已發、未發邪? 大抵原静所疑,前後雖若不一,然皆起於自私自利、將迎意必之爲祟,此根一去,則前後所疑,自將冰消霧釋,有不待於問辨者矣。

答原静書出,讀者皆喜澄善問,師善答,皆得聞所未聞。師曰:“原静所問只是知解上轉,不得已與之逐節分疏。若信得良知,只在良知上用工,雖千經萬典無不脗合,異端曲學一勘盡破矣。何必如此節節分解! 佛家有‘撲人逐塊’之喻[3],見塊撲人,則得人矣,見塊逐塊,於塊奚得哉?”在座諸友聞之,惕然皆有惺悟。此學貴反求,非知解可入也。[4]

[1] 參見第 76 條。

[2] 語見《金剛經》。

[3] 語本《大般若經·法性品第六》:“天王富知,邪見外道爲求解脱,但欲斷死,不知斷生。若法不生,即無有滅。譬如有人塊擲獅子,獅子逐人而塊自息。菩薩亦爾,但斷其生而死自滅。犬唯逐塊不知逐人,塊終不息。外道亦爾,不知斷生,終不離死。”(卷五六九)

[4] 此段係錢德洪按語。

答歐陽崇一[1]

166. 崇一來書云：“師云：‘德性之良知，非由於聞見，若曰“多聞擇其善者而從之，多見而識之”，則是專求之見聞之末，而已落在第二義。’[2]竊意良知雖不由見聞而有，然學者之知，未嘗不由見聞而發；滯於見聞固非，而見聞亦良知之用也。今曰‘落在第二義’，恐爲專以見聞爲學者而言，若致其良知而求之見聞，似亦知、行合一之功矣。如何？”

良知不由見聞而有，而見聞莫非良知之用，故良知不滯於見聞，而亦不離於見聞[3]。孔子云：“吾有知乎哉？無知也。”[4]良知之外，別無知矣。故“致良知”是學問大頭腦，是聖人[5]教人第一義。今云專求之見聞之末，則是失却頭腦，而已落在第二義矣。近時同志中，蓋已莫不知有“致良知”之說，然其功夫尚多鶻突者[6]，正是欠此一問。大抵學問功夫只要主意頭腦是當，若主意頭腦專以“致良知”爲事，則凡多聞、多見，莫非“致良知”之功。蓋日用之間，見聞醻酢，雖千頭萬緒，莫非良知之發用流行，除却見聞醻酢，亦無良知可致矣，故只是一事。若曰致其良知而求之見聞，則語意之間未免爲二。此與專求之見聞之末者雖稍不同，其爲未得精一之旨，則一而已。“多聞擇其善者而從之，多見而識之。”既云擇，又云識，其良知[7]亦未嘗不行於其間，但其用意[8]乃專在多聞多見上去擇、識，則已失却頭腦矣[9]。崇一於此等處見得當已分曉，今日之問，正爲發明此學，於同志中極有益。但語意未瑩，則毫釐千里，亦不容不精察之也。

〔1〕據《陽明先生文録》及《年譜》,此書寫于丙戌(1526)。

〔2〕見《答顧東橋書》。

〔3〕參見黃檗禪師《傳心法要》:"然本心不屬見聞覺知,亦不離見聞覺
知,但莫于見聞覺知上起見解,亦莫于見聞覺知上動念,亦莫離見
聞覺知覓心,亦莫捨見聞覺知取法。不即不離,不住不著,縱横自
在,無非道場。"

〔4〕語本《論語·子罕篇》:"子曰:'吾有知乎哉?無知也。有鄙夫問於
我,空空如也。我扣其兩端而竭焉。'"(第六章)

〔5〕"聖人",施本、俞本、德安府南本並作"聖門"。

〔6〕"然其功夫",施本、俞本、德安府南本並作"然其間功夫"。鶻突:
糊塗。

〔7〕"其良知",德安府南本作"則良知"。

〔8〕"但其用意",施本、俞本、王本、德安府南本並作"但其立意"。

〔9〕參見王畿《錢緒山行狀》:"闢龍泉中天閣,請夫子(守仁)升座開講,
君首以所學請正。夫子曰:'知乃德性之知,是爲良知,而非知識
也。良知至微而顯,故知微可與入德。唐、虞授受,祇是指點得一
微字。《中庸》不睹不聞,以至無聲無臭,中間祇是發明得一微字。'
衆聞之,躍然有悟如大夢之得醒。"(《龍溪先生全集》卷二十)

167. 來書云:"師云:'《繋》言"何思何慮",是言所思所慮
只是天理,更無別思別慮耳,非謂無思無慮也。心之本體即
是天理,有何可思慮得!學者用功,雖千思萬慮,只是要復他
本體,不是以私意去安排思索出來;若安排思索,便是自私用
智矣。'學者之蔽,大率非沈空守寂,則安排思索。德辛壬〔1〕
之歲著前一病,近又著後一病,但思索亦是良知發用,其與私
意安排者何所取別?恐認賊作子〔2〕,惑而不知也。"

"思曰睿,睿作聖。"〔3〕"心之官則思,思則得之。"〔4〕思其
可少乎?沈空守寂與安排思索,正是自私用智,其爲喪失良

知一也。良知是天理之昭明靈覺處，故良知即是天理，思是良知之發用。若是良知發用之思，則所思莫非天理矣〔5〕。良知發用之思，自然明白簡易。良知亦自能知得。若是私意安排之思，自是紛紜勞擾。良知亦自會分別得。蓋思之是非邪正，良知無有不自知者。所以認賊作子，正爲致知之學不明，不知在良知上體認之耳。

〔1〕辛壬：辛巳(1521)，壬午(1522)。

〔2〕語本《楞嚴經》：“佛告阿難：‘汝今答我，如來屈指爲光明拳，耀汝心目，汝目可見，以何爲心，當我拳耀？’阿難言：‘如來現今徵心所在，而我以心推窮尋逐，即能推者，我將爲心。’佛言：‘咄！阿難，此非汝心。’阿難矍然避座合掌，起立白佛：‘此非我心，當名何等？’佛告阿難：‘此是前塵虛妄相想，惑汝真性。由汝無始至于今生，認賊爲子，失汝元常，故受輪轉。’”(卷一)

〔3〕語本《書經·洪範》：“五事：一曰貌，二曰言，三曰視，四曰聽，五曰思。貌曰恭，言曰從，視曰明，聽曰聰，思曰睿。恭作肅，從作乂，明作哲，聰作謀，睿作聖。”

〔4〕語本《孟子·告子篇上》：“心之官則思，思則得之，不思則不得也。此天之所與我者。”(第十五章)

〔5〕參見《答南元善》：“蓋吾良知之體，本自聰明睿智，本自寬裕溫柔，本自發強剛毅，本自齋莊中正，文理密察，本自溥博淵泉而時出之。本無富貴之可慕，本無貧賤之可憂，本無得喪之可欣戚、愛憎之可取捨。蓋吾之耳而非良知則不能以聽矣，又何有于聰。目而非良知則不能以視矣，又何有于明。心而非良知則不能以思與覺矣，又何有于睿知。然則又何有于寬裕溫柔乎？又何有于發強剛毅乎？又何有于齋莊中正文理密察乎？又何有于溥博淵泉而時出之乎？故凡慕富貴，憂貧賤，欣戚得喪，愛憎取捨之類，皆足以蔽吾聰明睿知之體，而窒吾淵泉時出之用。若此者，如明目之中

而翳之以塵沙,聰耳之中而塞之以木楔也。其疾痛鬱逆,將必速去之爲快,而何能忍于時刻乎?"(《全書》卷六)

168. 來書又云:"師云:'爲學終身只是一事,不論有事無事,只是這一件。若説寧不了事,不可不加培養,却是分爲兩事也。'〔1〕竊意覺精力衰弱,不足以終事者,良知也;寧不了事,且加休養,致知也。如何却爲兩事? 若事變之來,有事勢不容不了,而精力雖衰,稍鼓舞亦能支持,則持志以帥氣可矣〔2〕。然言動終無氣力,畢事則困憊已甚,不幾於暴其氣〔3〕已乎? 此其輕重緩急,良知固未嘗不知,然或迫於事勢,安能顧精力? 或困於精力,安能顧事勢? 如之何則可?"

"寧不了事,不可不加培養"之意,且與初學如此説,亦不爲無益,但作兩事看了,便有病痛在。孟子言必有事焉,則君子之學終身只是"集義"一事。義者,宜也,心得其宜之謂義。能致良知則心得其宜矣,故"集義"亦只是致良知。君子之酬酢萬變,當行則行,當止則止,當生則生,當死則死,斟酌調停,無非是致其良知,以求自慊而已。故"君子素其位而行","思不出其位",凡謀其力之所不及,而強其知之所不能者〔4〕,皆不得爲致良知;而凡"勞其筋骨,餓其體膚,空乏其身,行拂亂其所爲,動心忍性以增益其所不能"〔5〕者,皆所以致其良知也〔6〕。若云寧不了事,不可不加培養者,亦是先有功利之心,較計成敗利鈍而愛憎取捨於其間。是以將了事自作一事,而培養又別作一事,此便有是内、非外之意,便是自私用智,便是"義外",便有"不得於心勿求於氣"之病,便不是致良知以求自慊之功矣。所云"鼓舞支持,畢事則困憊已甚",又云"迫於事勢,困於精力",皆是把作兩事做了,所以有此。凡學問之功,一則誠,二則僞,凡此皆是致良知之意欠誠一真切之故。《大學》言:"誠其意者,如惡惡臭,如好好色,此之謂自慊。"曾見有惡惡臭,好好色,而須鼓舞支持者乎? 曾見畢事則困憊已甚者乎? 曾有迫於事勢,困於精力者乎? 此可以知其受病之所從來矣。

〔1〕見《答周道通書》之四(第145條)。

〔2〕語本《孟子·公孫丑篇上》,孟子告公孫丑云:"告子曰:'不得于言,勿求于心,不得于心,勿求于氣。'不得于心,勿求于氣,可;不得于言,勿求于心,不可。夫志,氣之帥也,氣,體之充也;夫志至焉,氣次焉,故曰,持其志無暴其氣。"(第二章)

〔3〕同上。

〔4〕語本歐陽修《秋聲賦》:"人爲動物,惟物之靈,百憂感其心,萬事勞其形。有動于中,必搖其精,而況思其力之所不及,憂其智之所不能。"(《歐陽文忠公文集》卷十五)

〔5〕語本《孟子·告子篇下》:"故天將降大任于是人也,必先苦其心志,勞其筋骨,餓其體膚,空乏其身,行拂亂其所爲,所以動心忍性,增益其所不能。"(第十五章)

〔6〕參見《與王純甫》:"吾安能小不忍于純甫,不使動心忍性,以大其所就乎? 譬之金之在冶,經烈焰,受鉗錘,當此之時,爲金者甚苦;然自他人視之,方喜金之益精煉,而唯恐火力錘鍛之不至。既出其冶,金亦自喜其挫折鍛煉之有成矣。某平日亦每有傲視行輩,輕忽世故之心,後雖稍知懲創,亦惟支持抵塞于外而已。及謫貴州三年,百難備嘗,然後能有所見,始信孟氏生于憂患之言,非欺我也。……汪景顏近亦出宰大名,臨行請益,某告以變化氣質。居常無所見,惟當利害,經變故,遭屈辱,平時憤怒者,到此能不憤怒,憂惶失措者,到此能不憂惶失措,始是能有得力處,亦便是用力處。"(《全書》卷四)

169. 來書又有云："人情機詐百出，御之以不疑，往往爲所欺；覺則自入於逆億[1]。夫逆詐，即詐也，億不信，即非信也。爲人欺，又非覺也。不逆、不億而常先覺，其惟良知瑩徹乎？然而出入毫忽之間，背覺合詐者多矣。"

不逆、不億而先覺，此孔子因當時人專以逆詐、億不信爲心，而自陷於詐與不信，又有不逆、不億者，然不知致良知之功，而往往又爲人所欺詐，故有是言，非教人以是存心，而專欲先覺人之詐與不信也。以是存心，即是後世猜忌險薄者之事；而只此一念，已不可與入堯、舜之道矣。不逆、不億而爲人所欺者，尚亦不失爲善，但不如能致其良知，而自然先覺者之尤爲賢耳。崇一謂"其惟良知瑩徹"者，蓋已得其旨矣。然亦穎悟所及，恐未實際也。蓋良知之在人心，亘萬古、塞宇宙而無不同，不慮而知，恆易以知險[2]，不學而能，恆簡以知阻[3]，先天而天不違，天且不違，而況於人乎？況於鬼神乎？[4]

夫謂背覺合詐者，是雖不逆人而或未能無自欺也，雖不億人而或未能果自信也，是或常有求先覺之心，而未能常自覺也。常有求先覺之心，即已流於逆、億而足以自蔽其良知矣，此背覺合詐之所以未免也。君子學以爲己[5]，未嘗虞人之欺己也，恆不自欺其良知而已；未嘗虞人之不信己也，恆自信其良知而已；未嘗求先覺人之詐與不信也，恆務自覺其良知而已。是故不欺則良知無所僞而誠，誠則明矣；自信則良知無所惑而明，明則誠矣。明、誠相生，是故良知常覺常照；常覺常照則如明鏡之懸，而物之來者自不能遁其妍媸矣。何者？不欺而誠，則無所容其欺，苟有欺焉而覺矣；自信而明[6]，則無所容其不信，苟不信焉而覺矣。是謂易以知險，簡以知阻，子思所謂“至誠如神，可以前知”〔7〕者也。然子思謂“如神”，謂“可以前知”，猶二而言之。是蓋推言思誠者之功效，是猶爲不能先覺者説也。若就至誠而言，則至誠之妙用，即謂之“神”，不必言“如神”，至誠則“無知而無不知”，不必言“可以前知”矣。

〔1〕 語本《論語·憲問篇》：“子曰：‘不逆詐，不億不信，抑亦先覺者，是賢乎。’”（第三十一章）逆：未至而迎之。億：未見而意之。詐：謂人欺己。不信：謂人疑己。

〔2〕 語本《易經·繫辭傳下》：“夫乾，天下之至健也，德行恆易以知險；夫坤，天下之至順也，德行恆簡以知阻。”（第十二章）

〔3〕 同注〔2〕。

〔4〕 語本《易經·乾卦·文言》：“先天而天弗違，後天而奉天時。天且弗違，而況于人乎，況于鬼神乎？”

　　　　參見《書朱守乾卷》：“人孰無是良知乎？獨有不能致之耳。自聖人以至于凡人，自一人之心以達于四海之遠，自千古之前以至于萬代之後，無有不同是良知者也，是所謂天下之大本也。致是良知而行，則所謂天下之達道也。天地以位，萬物以育，將富貴貧賤、患難夷狄，無所入而弗自得也矣。”（《全書》卷八）

〔5〕 語本《論語·憲問篇》：“古之學者爲己，今之學者爲人。”（第二十四章）

〔6〕 “自信而明”，施本、俞本、德安府南本作“自信而誠”。

〔7〕 語本《中庸》：“至誠之道，可以前知，國家將興，必有禎祥，國家將亡，必有妖孽，見乎蓍龜，動乎四體。禍福將至，善，必先知之；不善，必先知之，故至誠如神。”（第二十四章）

答羅整庵少宰書〔1〕

170. 某頓首啟：昨承教及《大學》，發舟匆匆，未能奉答。

曉來江行稍暇，復取手教而讀之。恐至贛後人事復紛沓，先具其略以請。來教云：“見道固難，而體道尤難。道誠未易明，而學誠不可不講，恐未可安於所見而遂以爲極則也。”幸甚幸甚！何以得聞斯言乎！其敢自以爲極則而安之乎？正思就天下之有道以講明之耳，而數年以來，聞其説而非笑之者有矣，詬訾之者有矣，置之不足較量辨議之者有矣，其肯遂以教我乎？其肯遂以教我，而反覆曉諭，惻然惟恐不及救正之乎？然則天下之愛我者，固莫有如執事之心深且至矣。感激當何如哉！夫“德之不修，學之不講”，孔子以爲憂[2]，而世之學者稍能傳習訓詁，即皆自以爲知學，不復有所謂講學之求，可悲矣！夫道必體而後見，非已見道而後加體道之功也，道必學而後明，非外講學而復有所謂明道之事也。然世之講學者有二，有講之以身心者，有講之以口耳者。講之以口耳，揣摸測度，求之影響者也；講之以身心，行著習察，實有諸己者也。知此，則知孔門之學矣。[3]

　　來教謂某“《大學》古本之復，以人之爲學，但當求之於內，而程、朱‘格物’之説不免求之於外，遂去朱子之分章，而削其所補之傳”[4]。非敢然也。學豈有內外乎？《大學》古本乃孔門相傳舊本耳。朱子疑其有所脱誤而改正補緝之，在某則謂其本無脱誤，悉從其舊而已矣。失在於過信孔子則有之，非故去朱子之分章而削其傳[5]。夫學貴得之心，求之於心而非也，雖其言之出於孔子，不敢以爲是也，而況其未及孔子者乎？求之於心而是也，雖其言之出於庸常，不敢以爲非也，而況其出於孔子者乎[6]？且舊本之傳數千載矣，今讀其文詞，既明白而可通，論其工夫，又易簡而可入；亦何所按據而斷其此段之必在於彼，彼段之必在於此，與此之如何而缺,彼之如何而補?而遂改正補緝之,無乃重於背朱而輕於叛孔已乎?

來教謂:"如必以學不資於外求,但當反觀、内省以爲務,則'正心誠意'四字亦何不盡之有,何必於入門之際,便困以'格物'一段工夫也?〔7〕"誠然誠然!若語其要,則"修身"二字亦足矣,何必又言"正心"?"正心"二字亦足矣,何必又言"誠意"?"誠意"二字亦足矣,何必又言"致知",又言"格物"?惟其工夫之詳密,而要之只是一事,此所以爲"精一"之學,此正不可不思者也。夫理無内外,性無内外,故學無内外。講習、討論,未嘗非内也;反觀、内省,未嘗遺外也。夫謂學必資于外求,是以己性爲有外也,是"義外"也,用智者也;謂反觀、内省爲求之於内,是以己性爲有内也,是有我也,自私者也,是皆不知性之無内外也。故曰:"精義入神,以致用也;利用安身,以崇德也。"〔8〕"性之德也,合内外之道也。"〔9〕此可以知"格物"之學矣。"格物"者,《大學》之實下手處,徹首徹尾,自始學至聖人,只此工夫而已。非但入門之際有此一段也。夫"正心"、"誠意"、"致知"、"格物",皆所以"修身",而"格物"者,其所用力,日〔10〕可見之地。故"格物"者,格其心之物也,格其意之物也,格其知之物也;"正心"者,正其物之心也;"誠意"者,誠其物之意也;"致知"者,致其物之知也。此豈有内外、彼此之分哉?理一而已,以其理之凝聚而言則謂之"性",以其凝聚之主宰而言則謂之"心",以其主宰之發動而言則謂之"意",以其發動之明覺而言則謂之"知",以其明覺之感應而言則謂之"物"〔11〕。故就物而言謂之"格",就知而言謂之"致",就意而言謂之"誠",就心而言謂之"正"。正者,正此也;誠者,誠此也;致者,致此也;格者,格此也,皆所謂窮理以盡性也[12]。天下無性外之理,無性外之物,學之不明,皆由世之儒者認理爲外,認物爲外,而不知義外之説,孟子蓋嘗闢之,乃至襲陷其內而不覺,豈非亦有似是而難明者歟? 不可以不察也!

凡執事所以致疑於"格物"之説者,必謂其是內而非外也;必謂其專事於反觀、內省之爲,而遺棄其講習、討論之功也;必謂其一意於綱領、本原之約,而脱略於支條、節目之詳也;必謂其沈溺於枯、槁、虛、寂之偏,而不盡於物理、人事之變也。審如是,豈但獲罪於聖門、獲罪於朱子,是邪説誣民,叛道亂正,人得而誅之也,而況於執事之正直哉? 審如是,世之稍明訓詁,聞先哲之緒論者,皆知其非也,而況執事之高明哉? 凡某之所謂"格物",其於朱子九條[13]之説,皆包羅統括於其中;但爲之有要,作用不同,正所謂毫釐之差耳。然毫釐之差,而千里之繆,實起於此,不可不辨。

孟子闢楊、墨至於"無父、無君[14]"。二子亦當時之賢者,使與孟子並世而生,未必不以之爲賢。墨子兼愛,行仁而過耳,楊子爲我,行義而過耳,此其爲説亦豈滅理亂常之甚,而足以眩天下哉? 而其流之弊,孟子至比於禽獸、夷狄,所謂以學術殺天下後世也[15]。今世學術之弊,其謂之學仁而過者乎? 謂之學義而過者乎? 抑謂之學不仁、不義而過者乎? 吾不知其於洪水、猛獸何如也。孟子云:"予豈好辯哉? 予不得已也。"[16]楊、墨之道塞天下,孟子之時,天下之尊信楊、墨,當不下於今日之崇尚朱説;而孟子獨以一人呶呶於其間,噫,可哀矣! 韓氏云:"佛、老之害甚於楊、墨。韓愈之賢不及孟子,孟子不能救之於未壞之先,而韓愈乃欲全之於已壞之後,其亦不量其力,且見其身之危莫之救以死也。"[17]嗚呼! 若某者,其尤不量其力,果見其身之危莫之救以死也矣！夫衆方嘻嘻之中,而獨出涕嗟若;舉世恬然以趨,而獨疾首蹙額以爲憂,此其非病狂喪心,殆必誠有大苦者隱於其中,而非天下之至仁,其孰能察之。

其爲《朱子晚年定論》,蓋亦不得已而然。中間年歲早晚,誠有所未考,雖不必盡出晚年,固多出於晚年者矣[18]。然大意在委曲調停,以明此學爲重。平生於朱子之説,如神明蓍龜,一旦與之背馳,心誠有所未忍,故不得已而爲此。"知我者謂我心憂,不知我者謂我何求。"[19]蓋不忍牴牾朱子者,其本心也;不得已而與之牴牾者,道固如是,不直則道不見也[20]。

執事所謂"決與朱子異"者,僕敢自欺其心哉？夫道,天下之公道也;學,天下之公學也,非朱子可得而私也,非孔子可得而私也,天下之公也,公言之而已矣。故言之而是,雖異於己,乃益於己也;言之而非,雖同於己,適損於己也。益於己者,己必喜之;損于己者,己必惡之。然則某今日之論,雖或於朱子異,未必非其所喜也。君子之過,如日月之食,其更也,人皆仰之[21];而小人之過也必文[22]。某雖不肖,固不敢以小人之心事朱子也。

執事所以教,反覆數百言,皆以未悉鄙人"格物"之説。若鄙説一明,則此數百言皆可以不待辨説而釋然無滯,故今不敢縷縷,以滋瑣屑之瀆。然鄙説非面陳口析,斷亦未能了了於紙筆間也。

嗟乎！執事所以開導啟迪於我者,可謂懇到詳切矣,人之愛我,寧有如執事者乎！僕雖甚愚下,寧不知所感刻佩服？然而不敢遽舍其中心之誠然而姑以聽受云者,正不敢有負於

深愛,亦思有以報之耳。秋盡東還,必求一面,以卒所請,千
萬終教。

〔1〕羅整庵(1465—1547),名欽順,字允升。江西泰和人,弘治六年
　　(1493)進士,官至南京吏部尚書。此信寫於正德十五年(1520),時
　　王守仁四十九歲,在平定宸濠反叛之後。羅當時任吏部右侍郎,
　　其信見《羅整庵集》。羅獲信後再答一信,王守仁時已逝世。參見
　　《明儒學案》卷四十七。

〔2〕語本《論語・述而篇》:"子曰:'德之不修,學之不講,聞義不能徙,
　　不善不能改,是吾憂也。'"(第三章)

〔3〕參見《與馬子莘》:"明道云:'吾學雖有所受,然天理二字,卻是自家
　　體認出來。'良知即是天理,體認者,實有諸己之謂耳,非若世之想
　　像講説者之爲也。近時同志,莫不知以良知爲説,然亦未見有能
　　實體認之者,是以尚未免于疑惑。蓋有謂良知不足以盡天下之
　　理,而必假于窮索以增益之者。又以爲徒致良知,未必能合于天
　　理,須以良知講求其所謂天理者,而執之以爲一定之則,然後可以
　　率由而無弊。是其爲説,非實加體認之功,而真有以見夫良知者,
　　則亦莫能辯其言之似是而非也。"(《全書》卷六)

〔4〕見《與王陽明》(《羅整庵先生存稿》卷一)。

〔5〕參見《答王天宇・二》:"《大學》次第,但言格物而後知至,知至而後
　　意誠,若窮理之極而後意誠,此則朱先生之説如此,其間亦自無大
　　相矛盾。但于《大學》本旨,卻恐未盡合耳。"(《全書》卷四)又參見
　　第129條。

〔6〕王守仁在這裏没有否定孔子的言論,但卻主張不以孔子的是非爲
　　是非的根據,這與朱熹的觀點成爲明顯的對照。朱熹讚揚孔子的
　　言論説:"聖人説話,磨棱合縫,盛水不漏。"(《朱子語類》卷十九)他
　　主張對儒家經典"字求其訓,句索其旨。未通乎前,則不求乎後;未
　　通乎此,則不敢志乎彼。"(《朱子語類》卷十)王守仁卻説"此心同,
　　此理同,苟知用力于此,雖百慮殊途,同歸一致。不然,雖字字而

證,句句而求,其始也毫釐,其末也千里。"(《全書》卷四《答甘泉》)王守仁對待孔子及其經典的這種態度,最後曾引導出李贄的不以孔子的是非爲是非的相對主義思想。

〔7〕見《與王陽明》(《羅整庵先生存稿》卷一)。

〔8〕語見《易經・繫辭傳下》第五章。

〔9〕語本《中庸》:"誠者,非自成己而已也,所以成物也。成己,仁也,成物,知也。性之德也,合外內之道也,故時措之宜也。"(第二十五章)

〔10〕"日"字,施本、俞本並作"實"。

〔11〕參見《朱得之語録》:"董實夫問心即理,心外無理,不能無疑,陽明老師曰:'道無形體,萬象皆是形體;道無顯晦,人所見有顯晦。以形體言,天地一物也;以顯晦言,人心其機也。所謂心即理者,以其充塞氤氳謂之氣,以其脈絡分明謂之理,以其流行賦畀謂之命,以其稟受一定謂之性,以其物無不由謂之道,以其妙用不測謂之神,以其凝聚謂之精,以其主宰謂之心,以其無妄謂之誠,以其無所倚著謂之中,以其無物可加謂之極,以其屈伸消息往來謂之易,其實則一而已。'"(《明儒學案》卷二十五)

〔12〕參見《大學問》:"蓋身心意知物者,是其工夫所用之條理,雖亦各有其所,而其實只是一物。格致誠正修者,是其條理所用之工夫,雖亦皆有其名,而其實只是一事……蓋其工夫條理,雖有先後次序之可言,而其體之惟一,實無先後次序之可分。其條理工夫雖無先後次序之可分,而其用之惟精,固有纖毫不可得而缺焉者。此格致誠正之説所以闡堯、舜之正傳而爲孔氏之心印也。"(《全書》卷二十六)

〔13〕語本朱熹《大學或問》:"又有問進修之術何先者。程子曰:'莫先于正心誠意。然欲誠意,必先致知,而欲致知,又在格物。致,盡也;格,至也,凡有一物,必有一理,窮而至之,所謂格物者也。然而格物,亦非一端,如或讀書講明道義,或論古今人物而別其是

非;或應接事物而處其當否,皆窮理也。'曰:'格物者,必物物而格之耶?將止格一物而萬理皆通耶?'曰:'一物格而萬理通,雖顏子亦未至此,惟今日而格一物焉,明日又格一物焉,積習既多,然後脫然有貫通處耳。'又曰:'自一身之中,以至萬物之理,理會得多,自當豁然有個覺處。'又曰:'窮理者,非謂必窮盡天下之理,又非謂止窮得一理便到,但積累多後,自當脫然有悟處。'又曰:'格物,非欲盡窮天下之物,但于一事上窮盡,其他可以類推,至于言孝,則當求其所以爲孝者如何?若一事上窮不得,且別窮一事,或先其易者,或先其難者,各隨人淺深,譬如千蹊萬徑,皆可以適國,但得一道而入,則可以類推而通其餘矣。蓋萬物各具一理,而萬理同出一原,此所以可推而無不通也。'又曰:'物必有理,皆所當窮,若天地之所以高深,鬼神之所以幽顯是也。若曰天,吾知其高而已矣;地,吾知其深而已矣;鬼神,吾知其幽且顯而已矣,則是已然之詞,又何理之可窮哉!'又曰:'如欲爲孝,則當知所以爲孝之道,如何而爲奉養之宜,如何而爲溫清之節,莫不窮究,然後能之,非獨守夫孝之一字而可得也。'或問:'觀物察己者,豈因見物而反求諸己乎?'曰:'不必然也,物我一理,才明彼即曉此,此合內外之道也。語其大,天地之所以高厚;語其小,至一物之所以然,皆學者所宜致思也。'曰:'然則先求之四端可乎?'曰:'求之情性,因切于身,然一草一木,亦皆有理,不可不察。'又曰:'致知之要,當知至善之所在,如父止于慈、子止于孝之類。若不務此,而徒欲泛然以觀萬物之理,則吾恐其如大軍之游騎,出太遠而無所歸也。'又曰:'格物,莫若察之于身,其得之尤切。'此九條者,皆言格物致知所當用力之地,與其次第工程也。"(第四六——五二頁)

〔14〕語本《孟子·滕文公篇下》:"楊氏爲我,是無君也。墨氏兼愛,是無父也。無父、無君,是禽獸也。"(第九章)

〔15〕語本陸九淵《與曾宅之》:"惟其生于後世,學絕道喪,異端邪説充塞彌滿,遂使有志之士,罹此患害,乃與世間凡庸恣情縱欲之人,

均其陷溺,此豈非以學術殺天下哉!"(《陸九淵集》卷一)

〔16〕語本《孟子‧滕文公篇下》:"我亦欲正人心,息邪説,距詖行,放淫辭,以承三聖者,豈好辯哉? 予不得已也,能言距楊、墨者,聖人之徒也。"(第九章)

〔17〕語見韓愈《與孟尚書書》(《韓昌黎集》卷十八),唯字句略有出入。

〔18〕此語係針對羅整庵所云:"偶考得何叔京氏卒于淳熙乙未(1175),時朱子年方四十有六爾。爾後二年丁酉,而《論孟集注》、《或問》始成。今有取于答何書者四通以爲晚年定論。至于《集注》、《或問》,則以爲中年未定之説,竊恐考之欠詳,而立論之太果也。又所取《答黄直卿》一書,監本只云此是向來差誤,別無'定本'二字。今所編刻增此二字,當別有據。而序中又變定字爲舊字,却未詳本字同所指否。朱子有《答吕東萊》一書,嘗及定本之説,然非指《集注》、《或問》也。凡此,愚皆不能無疑。"(《羅整庵先生存稿》卷一《與王陽明書》)

〔19〕語本《詩經‧國風‧黍離篇》:"彼黍離離,彼稷之苗。行邁靡靡,中心搖搖。知我者謂我心憂,不知我者謂我何求。悠悠蒼天,此何人哉。"(卷二)

〔20〕墨者夷之求見孟子。孟子曰:"吾今則可以見矣。不直,則道不見,我且直之。"(《孟子‧滕文公篇上》第五章)

〔21〕語本《論語‧子張篇》:"子貢曰:'君子之過也,如日月之食焉,過也,人皆見之;更也,人皆仰之。'"(第二十一章)

〔22〕語本《論語‧子張篇》:"子夏曰:'小人之過也必文。'"(第八章)

答聶文蔚〔1〕

171. 春〔2〕間遠勞迂途枉顧,問證惓惓,此情何可當也! 已期二三同志,更處静地,扳留旬日,少效其鄙見,以求切劘

之益，而公期俗絆，勢有不能，別去極怏怏，如有所失。忽承
箋惠，反覆千餘言，讀之無甚浣慰。中間推許太過，蓋亦獎掖
之盛心，而規礪真切，思欲納之於賢聖之域，又託諸崇一以致
其勤勤懇懇之懷，此非深交篤愛，何以及是；知感知愧，且懼
其無以堪之也。雖然，僕亦何敢不自鞭勉，而徒以感愧辭讓
為乎哉！

其謂“思、孟、周、程無意相遭於千載之下，與其盡信於天
下，不若真信於一人。道固自在，學亦自在，天下信之不爲
多，一人信之不爲少”〔3〕者，斯固君子“不見是而無悶”之
心〔4〕，豈世之謼謼屑屑者知足以及之乎！乃僕之情，則有大
不得已者存乎其間，而非以計人之信與不信也。

夫人者，天地之心，天地萬物本吾一體者也〔5〕。生民之
困苦荼毒，孰非疾痛之切於吾身者乎？不知吾身之疾痛，無
是非之心者也。是非之心不慮而知，不學而能，所謂“良知”
也。良知之在人心，無間於聖愚，天下古今之所同也。世之
君子惟務致其良知，則自能公是非，同好惡，視人猶己，視國
猶家，而以天地萬物爲一體，求天下無治，不可得矣。古之人
所以能見善不啻若己出，見惡不啻若己入，視民之飢溺猶己
之飢溺，而一夫不獲，若己推而納諸溝中者〔6〕，非故爲是而以
蘄天下之信己也，務致其良知求自慊而已矣。堯、舜、三王之
聖，言而民莫不信者，致其良知而言之也，行而民莫不說
者〔7〕，致其良知而行之也。是以其民熙熙皞皞，殺之不怨，利
之不庸〔8〕，施及蠻貊，而凡有血氣者莫不尊親〔9〕，爲其良知之
同也。嗚呼！聖人之治天下，何其簡且易哉。

後世良知之學不明，天下之人用其私智以相比軋，是以
人各有心，而偏瑣僻陋之見，狡僞陰邪之術，至於不可勝說；

外假仁義之名，而内以行其自私自利之實，詭辭以阿俗，矯行以干譽；揜人之善而襲以爲己長，訐人之私而竊以爲己直，忿以相勝而猶謂之徇義，險以相傾而猶謂之疾惡，妒賢忌能而猶自以爲公是非，恣情縱欲而猶自以爲同好惡，相陵相賊，自其一家骨肉之親，已不能無爾我勝負之意、彼此藩籬之形，而況于天下之大、民物之衆，又何能一體而視之？則無怪於紛紛籍籍，而禍亂相尋于無窮矣。

僕誠賴天之靈，偶有見於良知之學，以爲必由此，而後天下可得而治。是以每念斯民之陷溺，則爲之戚然痛心，忘其身之不肖，而思以此救之，亦不自知其量者。天下之人見其若是，遂相與非笑而詆斥之，以爲是病狂喪心之人耳。嗚呼！是奚足恤哉！吾方疾痛之切體，而暇計人之非笑乎？人固有見其父子兄弟之墜溺於深淵者，呼號匍匐，裸跣顛頓，扳懸崖壁而下拯之。士之見者，方相與揖讓談笑於其傍，以爲是棄其禮貌衣冠而呼號顛頓若此，是病狂喪心者也。故夫揖讓談笑於溺人之傍而不知救，此惟行路之人，無親戚骨肉之情者能之，然已謂之無惻隱之心非人矣；若夫在父子兄弟之愛者，則固未有不痛心疾首，狂奔盡氣，匍匐而拯之；彼將陷溺之禍有不顧，而況於病狂喪心之譏乎？而又況於蘄人之信與不信乎？嗚呼！今之人雖謂僕爲病狂喪心之人，亦無不可矣。天下之人心，皆吾之心也[10]。天下之人猶有病狂者矣，吾安得而非病狂乎！猶有喪心者矣，吾安得而非喪心乎[11]！

昔者孔子之在當時，有議其爲諂者[12]，有譏其爲佞者[13]，有毀其未賢[14]，詆其爲不知禮[15]，而侮之以爲東家丘者[16]，有嫉而沮之者[17]，有惡而欲殺之者[18]，晨門、荷蕢之徒，皆當時之賢士，且曰："是知其不可而爲之者歟？[19]""鄙哉硜硜乎！莫己知也，斯己而已矣[20]。"雖子路在升堂之列，尚不能無疑於其所見[21]，不悅於其所欲往[22]，而且以之爲迂[23]，則當時之不信夫子者，豈特十之二三而已乎？然而夫子汲汲遑遑若求亡子於道路，而不暇於煖席者，寧以蘄人之知我、信我而已哉？蓋其天地萬物一體之仁，疾痛迫切，雖欲已之而自有所不容已。故其言曰："吾非斯人之徒與而誰與？"[24]"欲潔其身而亂大倫[25]。""果哉，末之難矣[26]！"嗚呼！此非誠以天地萬物爲一體者，孰能以知夫子之心乎[27]？若其遁世無悶[28]，樂天知命者[29]，則固無入而不自得[30]，道並行而不相悖也[31]。

僕之不肖，何敢以夫子之道爲己任？顧其心亦已稍知疾痛之在身，是以彷徨四顧，將求其有助於我者，相與講去其病耳。今誠得豪傑同志之士，扶持匡翼，共明良知之學於天下，使天下之人皆知自致其良知，以相安相養，去其自私自利之蔽，一洗讒妒勝忿之習，以濟於大同，則僕之狂病固將脫然以愈，而終免于喪心之患矣，豈不快哉？

嗟呼！今誠欲求豪傑同志之士于天下，非如吾文蔚者，而誰望之乎？如吾文蔚之才與志，誠足以援天下之溺者，今又既知其具之在我，而無假于外求矣，循是而充[32]，若決河注海，孰得而禦哉！文蔚所謂"一人信之不爲少"，其又能遂以委之何人乎？[33]

會稽素號山水之區，深林長谷，信步皆是，寒暑晦明，無時不宜，安居飽食，塵囂無擾，良朋四集，道義日新，優哉游哉，天地之間，寧復有樂於是[34]者？孔子云："不怨天，不尤人，下學而上達。[35]"僕與二三同志方將請事斯語，奚暇外慕？獨其切膚之痛，乃有未能恝然者，輒復云云爾。

咳疾暑毒，書札絶懶，盛使遠來，遲留經月，臨歧執筆，又不覺累紙，蓋於相知之深，雖已縷縷至此，殊覺有所未能盡也。

〔1〕聶文蔚（1487—1563），名豹，號雙江，江西永豐人，正德十二年（1517）進士。三十四歲任華亭知事，有政績。四十歲任福建道監察御史，得見王守仁。四十四歲任蘇州知府，以錢緒山爲證，拜王守仁爲師，四十五歲丁憂歸，五十七歲任陝西按察司副使，因得罪夏貴溪，六十歲革職，不久下獄。出獄歸里後又因徐階推薦，歷任至兵部尚書。著有《聶雙江先生文集》。參見《明儒學案》卷十七。據《陽明先生文録》及《年譜》，此信寫于丙戌（1526）。

〔2〕"春間"，施本、俞本作"夏間"，與《年譜》一致。

〔3〕此信不見于現存《聶雙江先生文集》。

〔4〕語本《易經·乾卦·文言》："初九曰'潛龍勿用'，何謂也？子曰：'龍德而隱者也，不易乎世，不成乎名，遯世無悶，不見是而無悶。樂則行之，憂則違之，確乎其不可拔。潛龍也。'"

〔5〕參見《親民堂記》："人者，天地之心也。民者，對己之稱也，曰民焉，則三才之道舉矣。是故親吾之父以及人之父，而天下之父子莫不親矣。親吾之兄以及人之兄，而天下之兄弟莫不親矣。君臣也，夫婦也，朋友也，推而至于鳥獸草木也，而皆有以親之，無非求盡吾心焉，以自明其明德也。……明德親民而不止于至善，亡其則矣。夫是之謂大人之學。大人者，以天地萬物爲一體也。夫然後能以天地萬物爲一體。"（《全書》卷七）

〔6〕語本《書經·説命下》："一夫不獲，則曰時予之辜。"又見《孟子·萬章篇上》："思天下之民，匹夫匹婦有不被堯、舜之澤者，若己推而納之溝中。"（第七章）

〔7〕語本《中庸》："溥博如天，淵泉如淵，見而民莫不敬，言而民莫不信，行而民莫不説。"（第三十一章）

〔8〕語本《孟子·盡心篇上》："孟子曰：'霸者之民驩虞如也，王者之民皞皞如也。殺之而不怨，利之而不庸，民日遷善而不知爲之者。'"

（第十三章）庸：酬功之意。

〔9〕語本《中庸》："是以聲名洋溢乎中國，施及蠻貊。舟車所至，人力所通，天之所覆，地之所載，日月所照，霜露所墜，凡有血氣者莫不尊親，故曰配天。"（第三十一章）

〔10〕參見《送黄敬夫先生僉憲廣西序》："古之君子，唯知天下之情，不異于一鄉。一鄉之情，不異于一家。而家之情，不異于吾之一身。故其視家之尊卑長幼，猶之視身也。視天下之尊卑長幼，猶鄉之視家也。是以安土樂天，而無入不自得。"（《全書》卷二十九）

〔11〕參見《書林司訓卷》："逮其後世，功利之説，日浸以盛，不復知有明德親民之實，士皆巧文博詞以飾詐，相規以僞，相軋以利，外冠裳而内禽獸，而猶或自以爲從事于聖賢之學，如是而欲挽而復之三代，嗚呼！其難哉！吾爲此懼，揭知行合一之説，訂致知格物之謬，思有以正人心，息邪説，以求明先聖之學，庶幾君子聞大道之要，小人蒙至治之澤。而曉曉者皆視以爲狂惑喪心，詆笑訾怒，予亦不自知其力之不足，日擠于顛危莫之救以死而不顧也。不亦悲夫！"（《全書》卷八）

〔12〕語本《論語·八佾篇》："子曰：'事君盡禮，人以爲諂也。'"（第十八章）

〔13〕語本《論語·憲問篇》："微生畝謂孔子曰：'丘何爲是栖栖者與？無乃爲佞乎。'"（第三十四章）

〔14〕事本《論語·子張篇》："叔孫武叔毁仲尼。子貢曰：'無以爲也！仲尼不可毁也。他人之賢者，丘陵也，猶可踰也；仲尼，日月也，無得而踰焉。'"（第二十四章）

〔15〕事本《論語·八佾篇》："子入太廟，每事問。或曰：'孰曰鄹人之子知禮乎？入太廟，每事問。'"（第十五章）

〔16〕語本沈約《辯聖論》："當仲尼在世之時，世人不言爲聖人也。伐樹削跡，于七十君而不一值。或以爲東家丘，或以爲喪家犬，若不

高嘆鳳鳥,稱夢周公,樂正雅頌,各得其所,則當世安知其聖人乎?"(《沈隱侯集》卷一)

〔17〕事本《論語·微子篇》:"齊人歸女樂,季桓子受之,三日不朝,孔子行。"(第四章)

〔18〕事本《論語·述而篇》:"子曰:'天生德于予,桓魋其如予何。'"(第二十三章)

〔19〕事本《論語·憲問篇》:"子路宿于石門,晨門曰:'奚自?'子路曰:'自孔氏。'曰:'是知其不可而爲之者與?'"(第三十八章)

〔20〕事本《論語·憲問篇》:"子擊磬於衛,有荷蕢而過孔氏之門者,曰:'有心哉,擊磬乎。'既而曰:'鄙哉,硜硜乎! 莫己知也,斯己而已矣,深則厲,淺則揭。'子曰:'果哉,末之難矣。'"(第三十九章)

〔21〕事本《論語·雍也篇》:"子見南子,子路不説,夫子矢之曰:'予所否者,天厭之,天厭之!'"(第二十八章)

〔22〕事本《論語·陽貨篇》:"公山弗擾以費畔,召,子欲往。子路不説。"(第五章)

〔23〕事本《論語·子路篇》:"'衛君待子而爲政,子將奚先?'子曰:'必也正名乎!'子路曰:'有是哉? 子之迂也,奚其正。'"(第三章)

〔24〕事本《論語·微子篇》:"子曰:'鳥獸不可與同群,吾非斯人之徒與而誰與? 天下有道,丘不與易也。"(第六章)

〔25〕事本《論語·微子篇》:"子路曰:'不仕無義。長幼之節不可廢也,君臣之義,如之何其廢之? 欲潔其身而亂大倫。君子之仕也,行其義也。道之不行,已知之矣。'"(第七章)

〔26〕見注〔20〕。

〔27〕參見《書王嘉秀請益卷》:"仁者以天地萬物爲一體,莫非己也。故曰:'己欲立而立人,己欲達而達人。'古之人,所以能見人之善,若己有之,見人之不善,則惻然若己推而納諸溝中者,亦仁而已矣。"(《全書》卷八)

〔28〕見本條注〔4〕。

〔29〕語見《易經·繫辭傳上》:"與天地相似,故不違。知周萬物而道濟天下,故不過。旁行而不流,樂天知命,故不憂。安土敦乎仁,故能愛。"(第四章)

〔30〕語本《中庸》:"素富貴行乎富貴,素貧賤行乎貧賤,素夷狄行乎夷狄,素患難行乎患難,君子無入而不自得焉。"(第十四章)

〔31〕語見《中庸》:"萬物並育而不相害,道並行而不相悖。小德川流,大德敦化,此天地之所以爲大也。"(第三十章)

〔32〕"循是而充",施本、俞本作"循是以往"。

〔33〕又參見《月夜二首》之二:"舉世困醅睡,而誰偶獨醒? 疾呼未能起,瞪目相怪驚。反謂醒者狂,群起環鬭争。洙泗輟金鐸,濂洛轉微聲。誰鳴塗毒鼓,聞者皆昏冥。嗟爾欲奚爲,奔走皆營營。何當聞此鼓,開爾天聰明。"(《全書》卷二十)

〔34〕參見《歸興二首》之二:"歸去休來歸去休,千貂不换一羊裘。青山待我長爲主,白髮從他自滿頭。種果移花新事業,茂林修竹舊風流。多情最愛滄州伴,日日相呼理釣舟。"(《全書》卷二十)

〔35〕語本《論語·憲問篇》:"子曰:'不怨天,不尤人,下學而上達,知我者其天乎?'"(第三十五章)

二〔1〕

172. 得書,見近來所學之驟進,喜慰不可言。諦視數過,其間雖亦有一二未瑩徹處,却是致良知之功尚未純熟,到純熟時自無此矣。譬之驅車,既已由於康莊大道之中,或時横斜迂曲者,乃馬性未調,銜勒不齊之故,然已只在康莊大道中,決不賺入傍蹊曲徑矣。近時海内同志,到此地位者曾未多見,喜慰不可言,斯道之幸也! 賤軀舊有咳嗽畏熱之病,近入炎方,輒復大作。主上聖明洞察,責付甚重,不敢遽辭;地方軍務冗沓,皆興疾從事。今却幸已平定,已具本乞回養病,得在林下稍就清涼,或可瘳耳。人還,伏枕草草,不盡傾企。外惟濬一簡[2]幸達致之。

　　來書所詢,草草奉復一二。近歲來山中講學者,往往多說"勿忘、勿助"工夫甚難,問之,則云才著意便是助,才不著意便是忘,所以甚難。區區因問之云:"忘是忘個甚麼? 助是助個甚麼?"其人默然無對,始請問。區區因與說,我此間講學,却只說個"必有事焉",不說"勿忘、勿助"。"必有事焉"者,只是時時去"集義"。若時時去用"必有事"的工夫,而或有時間斷,此便是忘了,即須"勿忘";時時去用"必有事"的工夫,而或有時欲速求效,此便是助了,即須"勿助"。其工夫全在"必有事焉"上用;"勿忘、勿助"只就其間提撕警覺而已。若是工夫原不間斷,即不須更說"勿忘";原不欲速求效,即不須更說"勿助"[3],此其工夫何等明白簡易! 何等灑脫自在! 今却不去"必有事"上用工,而乃懸空守著一個"勿忘、勿助",此正如燒鍋煮飯,鍋內不曾漬水下米,而乃專去添柴放火,不知畢竟煮出個甚麼物來! 吾恐火候未及調停,而鍋已先破裂矣。近日一種專在"勿忘、勿助"上用工者,其病正是如此。終日懸空去做個"勿忘",又懸空去做個"勿助",渀渀蕩蕩,全無實落下手處,究竟工夫,只做得個沈空守寂,學成一個癡騃漢,才遇些子事來,即便牽滯紛擾,不復能經綸宰制[4]。此皆有志之士,而乃使之勞苦纏縛,擔閣一生,皆由學術誤人之故,甚可憫矣!

　　夫"必有事焉"只是"集義","集義"只是"致良知"。說"集義"則一時未見頭腦,說"致良知"即當下便有實地步可用工。故區區專説"致良知",隨時就事上致其良知,便是"格物";著實去致良知,便是"誠意";著實致其良知,而無一毫"意"、"必"、"固"、"我",便是"正心",著實致良知,則自無"忘"之病,無一毫意必固我,則自無"助"之病。故説"格、致、誠、正",則不必更説個"忘、助"。孟子説"忘、助",亦就告子得病處立方。告子強制其心,是"助"的病痛,故孟子專説助長之害,告子助長,亦是他以義爲外,不知就自心上"集義"、在"必有事焉"上用功,是以如此,若時時刻刻就自心上"集義",則良知之體洞然明白,自然是是非非纖毫莫遁,又焉有"不得於言,勿求於心,不得於心,勿求於氣"之弊乎?孟子"集義"、"養氣"之説,固大有功於後學,然亦是因病立方,説得大段,不若《大學》"格、致、誠、正"之功,尤極精一簡易,爲徹上徹下,萬世無弊者也。

聖賢論學,多是隨時就事,雖言若人殊,而要其工夫頭腦若合符節。緣天地之間,原只有此性,只有此理,只有此良知,只有此一件事耳。故凡就古人論學處説工夫,更不必攪和兼搭而説,自然無不脗合貫通者;才須攪和兼搭而説,即是自己工夫未明徹也。近時有謂"集義"之功,必須兼搭個"致良知"而後備者,則是"集義"之功尚未了徹也。"集義"之功尚未了徹,適足以爲"致良知"之累而已[5]矣。謂"致良知"之功必須兼搭一個"勿忘、勿助"而後明者,則是"致良知"之功尚未了徹也;"致良知"之功尚未了徹,適足以爲"勿忘、勿助"之累而已矣。若此者,皆是就文義上解釋牽附,以求混融湊泊,而不曾就自己實工夫上體驗,是以論之愈精,而去之愈遠。

文蔚之論,其於大本達道既已沛然無疑,至於"致知"、"窮理"及"忘、助"等説,時亦有攪和兼搭處,却是區區所謂康莊大道之中，或時橫斜迂曲者，到得工夫熟後，自將釋然矣。

文蔚謂"致知"之説，求之事親、從兄之間，便覺有所持循者，此段最見近來真切篤實之功。但以此自爲不妨，自有得力處，以此遂爲定説教人，却未免又有因藥發病之患，亦不可不一講也。

蓋良知只是一個天理自然明覺發見處，只是一個真誠惻怛，便是他本體。故致此良知之真誠惻怛以事親便是孝，致此良知之真誠惻怛以從兄便是弟，致此良知之真誠惻怛以事君便是忠，只是一個良知，一個真誠惻怛。若是從兄的良知不能致其真誠惻怛，即是事親的良知不能致其真誠惻怛矣；事君的良知不能致其真誠惻怛，即是從兄的良知不能致其真誠惻怛矣。故致得事君的良知，便是致却從兄的良知；致得從兄的良知，便是致却事親的良知。不是事君的良知不能致，却須又從事親的良知上去擴充將來。如此又是脱却本原，著在支節上求了。良知只是一個，隨他發見流行處，當下具足，更無去來，不須假借。然其發見流行處，却自有輕重厚薄，毫髮不容增減者，所謂"天然自有之中"[6]也。雖則輕重厚薄，毫髮不容增減，而原又只是一個。雖則只是一個，而其間輕重厚薄，又毫髮不容增減[7]。若可得增減，若須假借，即已非其真誠惻怛之本體矣。此良知之妙用，所以無方體，無窮盡，語大天下莫能載，語小天下莫能破者[8]也。

孟氏"堯、舜之道，孝弟而已"者[9]，是就人之良知發見得最真切篤厚、不容蔽昧處提省人。使人於事君、處友、仁民、愛物，與凡動静語默間，皆只是致他那一念事親、從兄真誠惻怛的良知，即自然無不是道。蓋天下之事雖千變萬化，至於不可窮詰，而但惟致此事親、從兄一念真誠惻怛之良知以應之,則更無有遺缺滲漏者,正謂其只有此一個良知故也。事親、從兄一念良知之外,更無有良知可致得者。故曰:"堯、舜之道,孝弟而已矣。"此所以爲"惟精惟一"之學,放之四海而皆準,施諸後世而無朝夕〔10〕者也。

文蔚云:"欲於事親、從兄之間,而求所謂良知之學。"就自己用工得力處如此説,亦無不可;若曰致其良知之真誠惻怛以求盡夫事親、從兄之道焉,亦無不可也。明道云:"行仁自孝、弟始。孝、弟是仁之一事,謂之行仁之本則可,謂是仁之本則不可。"〔11〕其説是矣。

"億、逆、先覺"之説,文蔚謂:"誠則旁行曲防〔12〕,皆良知之用。"甚善甚善! 間有攙搭處,則前已言之矣。惟濬之言,亦未爲不是,在文蔚須有取于惟濬之言而後盡,在惟濬又須有取於文蔚之言而後明。不然,則亦未免各有倚著之病也。舜察邇言而詢芻蕘,非是以邇言當察〔13〕,芻蕘當詢〔14〕,而後如此,乃良知之發見流行,光明圓瑩,更無罣礙遮隔處,此所以謂之大知;才有執著意必,其知便小矣。講學中自有去取分辨,然就心地上著實用工夫,却須如此方是。

"盡心"三節〔15〕,區區曾有"生知、學知、困知"之説,頗已明白,無可疑者。蓋盡心、知性、知天者,不必説存心、養性、事天,不必説夭壽不貳、修身以俟,而"存心養性"與"修身以俟"之功已在其中矣。存心、養性、事天者,雖未到得盡心、知天的地位,然已是在那裏做個求到盡心、知天的工夫,更不必説夭壽不貳、修身以俟,而"夭壽不貳、修身以俟"之功已在其中矣。譬之行路,盡心、知天者,如年力壯健之人,既能奔走往來於數千百里之間者也;存心、事天者,如童穉之年,使之學習步趨於庭除之間者也;夭壽不貳、修身以俟者,如襁抱之孩,方使之扶牆傍壁,而漸學起立移步者也。既已能奔走往來數千里之間者,則不必更使之於庭除之間而學步趨,而步趨於庭除之間,自無弗能矣;既已能步趨於庭除之間,則不必更使之扶牆傍壁而學起立移步,而起立移步自無弗能矣。然學起立移步,便是學步趨庭除之始;學步趨庭除,便是學奔走往來於數千里之基,固非有二事,但其工夫之難易則相去懸絶矣。心也,性也,天也,一也。故及其知之、成功則一,然而三者人品力量,自有階級,不可躐等而能也。

　　細觀文蔚之論,其意以恐盡心、知天者,廢却存心、修身之功,而反爲盡心、知天之病;是蓋爲聖人憂工夫之或間斷,而不知爲自己憂工夫之未真切也。吾儕用工,却須專心致志,在殀壽不貳、修身以俟上做,只此便是做盡心、知天功夫之始;正如學起立移步,便是學奔走千里之始。吾方自慮其不能起立移步,而豈遽慮其不能奔走千里,又況爲奔走千里者而慮其或遺忘於起立移步之習哉! 文蔚識見本自超絶邁往,而所論云然者,亦是未能脱去舊時解説文義之習,是爲此三段書分疏比合,以求融會貫通,而自添許多意見纏繞,反使用工不專一也。近時懸空去做勿忘、勿助者,其意見正有此病,最能耽誤人,不可不滌除耳。

　　所謂[16]"尊德性而道問學"一節,至當歸一,更無可疑。此便是文蔚曾著實用工,然後能爲此言。此本不是險僻難見的道理,人或意見不同者,還是良知尚有纖翳潛伏,若除去此纖翳,即自無不洞然矣。

　　已作書後,移卧簷間,偶遇無事,遂復答此。文蔚之學既已得其大者,此等處久當釋然自解,本不必屑屑如此分疏;但承相愛之厚,千里差人遠及,諄諄下問,而竟虛來意,又自不

170

能已於言也。然直戇煩縷已甚，恃在信愛，當不爲罪。惟濬處及謙之〔17〕、崇一處，各得轉録一通寄視之，尤承一體之好也。

右南大吉録。〔18〕

〔1〕王守仁此信寫于戊子（1528）。聶豹來信見《聶雙江集》卷八。

〔2〕見《與陳惟濬》（《全書》卷六）。

〔3〕參見《答徐成之》：“先儒所謂志道懇切，固是誠意，然急迫求之，則反爲私己，不可不察也。日用間何莫非天理流行？但此心常存而不放，則義理自熟，孟子所謂勿忘勿助，深造自得者矣。”（《全書》卷四）

〔4〕參見王畿《讀先師再報海日翁吉安起兵書序》：“師（守仁）既獻俘……一日召諸生入，講曰：‘我自用兵以來，致知格物之功，愈覺精透……致知在于格物，正是對境應感，實用力處。平時執持怠緩，無甚查考。及其軍旅酬酢，呼吸存亡，宗社安危所係，全體精神，祇從一念入微處自照自察，一些著不得防檢，一毫容不得放縱，勿助勿忘，觸機神應，是乃良知妙用，以順萬物之自然，而我無與焉。夫人心本神，本自變動周流，本能開物成務。所以蔽累之者，祇是利害毀譽兩端。世人利害不過一家得喪爾已，毀譽不過一身榮辱爾已。今之利害毀譽兩端乃是滅三族，助逆謀反，係天下安危。只如人疑我與寧王同謀，機少不密，若有一毫激作之心，此身已成虀粉，何待今日；動少不慎，若有一毫假借之心，萬事已成瓦裂，何有今日。此等苦心，只好自知。譬如真金之遇烈焰，愈鍛鍊愈發光輝。此處致得，方是真知。此處格得，方是真物，非見解意識所能及也。”（《龍溪先生全集》卷十三）

〔5〕參見《答董澐蘿石》：“若平日能集義，則浩然之氣至大至公，充塞天地，自然富貴不能淫，貧賤不能移，威武不能屈，自然能知人之言，而凡詖淫邪遁之詞，皆無所施于前矣，況肯自以爲慚乎？集義，只是致良知，心得其宜爲義，致良知，則心得其宜矣。”（《全書》卷五）

〔6〕程頤語,朱熹引用見于《大學或問》第五十六頁。

〔7〕參見《大學問》:"至善之發現,是而是焉,非而非焉,輕重厚薄,隨感隨應,變動不居,而亦莫不自有天然之中。是乃民彝物則之極,而不容少有擬議增損于其間也。"(《全書》卷二十六)

〔8〕語本《中庸》:"君子之道費而隱。……故君子語大,天下莫能載焉,語小,天下莫能破焉。"(第十二章)

〔9〕語見《孟子·告子篇下》第二章。

〔10〕語本《禮記·祭義》:"夫孝,置之而塞乎天地,溥之而橫乎四海,施諸後世而無朝夕,推而放諸東海而準,推而放諸西海而準,推而放諸南海而準,推而放諸北海而準。"(卷十四)

〔11〕語見《二程集·遺書》:"謂行仁自孝弟始,蓋孝弟是仁之一事,謂之行仁之本則可,謂之是仁之本則不可。蓋仁是性也,孝弟是用也。性中只有仁義禮智四者,幾曾有孝弟來!"(卷十八)原爲程頤語,此誤憶爲明道語。

〔12〕"旁行曲防",施本、俞本作"旁行曲行"。

〔13〕語本《中庸》:"舜其大知也與? 舜好問而好察邇言。"(第六章)

〔14〕語本《詩經·大雅·板》:"先民有言,詢于芻蕘。"(卷十七)芻蕘:采薪之人。

〔15〕語指《孟子·盡心篇上》:"孟子曰:'盡其心者,知其性也。知其性,則知天矣。存其心養其性,所以事天也。夭壽不貳,修身以俟之,所以立命也。'"(第一章)

〔16〕"所謂",施本、俞本及德安府重刊南本並作"所論"。

〔17〕鄒謙之,參見第185條注〔1〕。

〔18〕德安府重刊南大吉本無此五字。此係錢德洪所書,當置于卷末。據德安府重刊南本及胡宗憲本,此條後有《示弟立志説》。據王懋論言,原稿王守仁自志甲戌四月八日,《文集》注云乙亥作,非是。

示弟立志説

予弟守文來學,告之以立志。守文因請次第其語,使得時時觀省,且請淺近其辭,則易於通曉也,因書以與之。

夫學,莫先於立志。志之不立,猶不種其根,而徒事培擁灌溉,勞苦無成矣。世之所以因循苟且,隨俗習非,而卒歸於污下者,凡以志之弗立也。故程子曰:"有求爲聖人之志,然後可與共學。"人苟誠有求爲聖人之志,則必思聖人之所以爲聖人者安在?非以其心之純乎天理而無人欲之私歟?聖人之所以爲聖人,惟以其心之純乎天理而無人欲,則我之欲爲聖人,亦惟在於此心之純乎天理而無人欲耳。欲此心之純乎天理而無人欲,則必去人欲而存天理;務去人欲而存天理,則必求所以去人欲而存天理之方;求所以去人欲而存天理之方,則必正諸先覺,考諸古訓。而凡所謂學問之功者,然後可得而講,而亦有所不容已矣。夫所謂正諸先覺者,既以其人爲先覺而師之矣,則當專心致志,惟先覺之爲聽。言有不合,不得棄置,必從而思之;思之不得,又從而辨之,務求了釋,不敢輒生疑惑。故《記》曰:"師嚴然後道尊,道尊然後民知敬學。"苟無尊崇篤信之心,則必有輕忽慢易之意,言之而聽之不審,猶不聽也;聽之而思之不慎,猶不思也,是則雖曰師之,猶不師也。

夫所謂考諸古訓者,聖賢垂訓,莫非教人去人欲而存天理之方,若五經四書是已。吾惟欲去吾之人欲,存吾之天理,而不得其方,是以求之於此,則其展卷之際,真如飢者之於食,求飽而已;病者之於藥,求愈而已;暗者之於燈,求照而已;跛者之於杖,求行而已,曾有徒事記誦講説以資口耳之弊哉!

夫立志亦不易矣,孔子,聖人也,猶曰:"吾十有五而志於學,三十而立。"立者,志立也,雖至於不逾矩,亦志之不踰矩也,志豈可易而視哉!夫志,氣之帥也,人之命也,木之根也,水之源也。源不濬則流息,根不植則木枯,命不續則人死,志不立則氣昏。是以君子之學,無時無處而不以立志爲事。正目而視之，無他見也；傾耳而聽之，無他聞也。如貓捕鼠，如雞覆卵，精神心思，凝聚融結，而不復知有其他，然後此志常立，神氣精明，義理昭著。一有私欲，即便知覺，自然容住不得矣。故凡一毫私欲之萌，只責此志不立，即私欲便退聽。一毫客氣之動，只責此志不立，即客氣便消除。或怠心生，責此志即不怠。忽心生，責此志即不忽。懆心生，責此志即不懆。妒心生，責此志即不妒。忿心生，責此志即不忿。貪心生，責此志即不貪。傲心生，責此志即不傲。吝心生，責此志即不吝。蓋無一息而非立志責志之時，無一事而非立志責志之地。故責志之功，其於去人欲，有如烈火之燎毛，太陽一出而魍魎潛消。自古聖賢因時立教，雖若不同，其用功大指，無或少異。《書》謂“惟精惟一”，《易》謂“敬以直內，義以方外”，孔子謂“格致誠正，博文約禮”，曾子謂“忠恕”，子思謂“尊德性而道問學”，孟子謂“集義養氣，求其放心”，雖若人自爲説，有不可強同者，而求其要領歸宿，合若符契。何者？夫道一而已，道同則心同，心同則學同。其卒不同者，皆邪説也。後世大患，尤在無志。故今以立志爲説，中間字字句句，莫非立志，蓋終身問學之功，只是立得志而已。若以是説而合精一，則字字句句皆精一之功。以是説而合敬義，則字字句句皆敬義之功。其諸格致博約忠恕等説，無不脗合，但能實心體之，然後信予言之非妄也。（《全書》卷七）

訓蒙大意示教讀劉伯頌等

173. 古之教者，教以人倫，後世記誦詞章之習起，而先王之教亡。今教童子，惟當以孝、弟、忠、信、禮、義、廉、恥爲專務；其栽培涵養之方，則宜誘之歌詩以發其志意，導之習禮以肅其威儀，諷之讀書以開其知覺[1]。今人往往以歌詩、習禮爲不切時務，此皆末俗庸鄙之見，烏足以知古人立教之意哉！

　大抵童子之情，樂嬉游而憚拘檢，如草木之始萌芽，舒暢之則條達，摧撓之則衰痿；今教童子必使其趨向鼓舞，中心喜悦，則其進自不能已：譬之時雨春風，霑被卉木，莫不萌動發越，自然日長月化；若冰霜剥落，則生意蕭索，日就枯槁矣。

　故凡誘之歌詩者，非但發其志意而已，亦所以洩其跳號呼嘯於詠歌，宣其幽抑結滯於音節也；導之習禮者，非但肅其威儀而已，亦所以周旋揖讓而動蕩其血脈，拜起屈伸而固束其筋骸也；諷之讀書者，非但開其知覺而已，亦所以沈潛反復而存其心，抑揚諷誦以宣其志也；凡此皆所以順導其志意，調理其性情，潛消其鄙吝，默化其麤頑，日使之漸於禮義而不苦其難，入於中和而不知其故，是蓋先王立教之微意也。

　若近世之訓蒙穉者，日惟督以句讀課仿[2]，責其檢束而不知導之以禮，求其聰明而不知養之以善，鞭撻繩縛，若待拘囚。彼視學舍如囹獄而不肯入，視師長如寇仇而不欲見，窺避掩覆以遂其嬉游，設詐飾詭以肆其頑鄙，偷薄庸劣，日趨下流。是蓋驅之於惡而求其爲善也，何可得乎！

　凡吾所以教，其意實在於此，恐時俗不察，視以爲迂，且吾亦將去，故特叮嚀以告。爾諸教讀，其務體吾意，永以爲訓，毋輒因時俗之言，改廢其繩墨，庶成“蒙以養正”之功矣[3]，念之念之。[4]

〔1〕據《年譜》，王守仁戊寅（1518）平定南贛農民反叛後，四月班師，立社學，延師教讀，歌詩習禮，發布訓蒙大意給教讀劉伯頌等。在這裏，他看重啟發與誘導，反對“近世之訓蒙穉者，日惟以句讀課仿，

責其檢束”、“鞭撻繩縛若待拘囚”,這些教育思想是與他的哲學思想一致的。

〔2〕課仿:指考試課文記憶。

〔3〕語本《易經·蒙卦·彖辭》:“蒙以養正,聖功也。”

〔4〕王守仁的教育思想,參見《教條示龍場諸生》:“諸生相從于此,甚盛,恐無能爲助也,以四事相規,聊以答諸生之意。一曰立志,二曰勤學,三曰改過,四曰責善,其慎聽毋忽。

　　立志——志不立,天下無可成之事。雖百工技藝,未有不本于志者。今學者曠廢隳墮,玩歲愒時,而百無所成,皆由于志之未立耳。故立志而聖則聖矣,立志而賢則賢矣。志不立,如無舵之舟,無銜之馬,漂蕩奔逸,終亦何所底乎?……

　　勤學——已立志爲君子,自當從事于學。凡學之不勤,必其志之尚未篤也。從吾遊者,不以聰慧警捷爲高,而以勤確謙抑爲上。……

　　改過——夫過者,自大賢所不免。然不害其卒爲大賢者,爲其能改也。故不貴于無過,而貴于能改過。……

　　責善——責善,朋友之道,然須忠告而善道之。悉其忠愛,致其婉曲,使彼聞之而可從,繹之而可改,有所感而無所怒,乃爲善耳。若先暴白其過惡,痛毀極詆,使無所容,彼將發其愧恥憤恨之心,雖欲降以相從,而勢有所不能,是激之而使爲惡矣。……諫師之道,直不至于犯,而婉不至于隱耳。使吾而是也,因得以明其是;吾而非也,因得以去其非:蓋教學相長也。諸生責善,當自吾始。”(《全書》卷二十六)

教　　約

174. 每日清晨,諸生參揖畢,教讀以次,遍詢諸生,在家所以愛親敬長之心，得無懈忽未能真切否？温清定省之儀，得無虧缺未能實踐否？往來街衢步趨禮節，得無放蕩未能謹飭否？一應言行心術，得無欺妄非僻未能忠信篤敬否？諸童子務要各以實對，有則改之，無則加勉。教讀復隨時就事，曲加誨諭開發，然後各退就席肄業。

175. 凡歌詩，須要整容定氣，清朗其聲音，均審其節調，毋躁而急，毋蕩而囂，毋餒而懾，久則精神宣暢，心氣和平矣。每學量童生多寡，分爲四班。每日輪一班歌詩，其餘皆就席斂容肅聽，每五日，則總四班遞歌於本學。每朔望，集各學會歌於書院。

176. 凡習禮須要澄心肅慮，審其儀節，度其容止，毋忽而惰，毋沮而怍，毋徑而野，從容而不失之迂緩，脩謹而不失之拘局。久則體貌習熟，德性堅定矣。童生班次皆如歌詩，每間一日，則輪一班習禮，其餘皆就席斂容肅觀。習禮之日，免其課仿。每十日則總四班遞習於本學。每朔望，則集各學會習於書院。

177. 凡授書不在徒多，但貴精熟。量其資稟，能二百字者止可授以一百字，常使精神力量有餘，則無厭苦之患，而有自得之美。諷誦之際，務令專心一志，口誦心惟，字字句句紬繹反覆，抑揚其音節，寬虛其心意，久則義禮[1]浹洽，聰明日開矣。

〔1〕義禮，德安府南本作“義理”。

178. 每日工夫,先考德,次背書誦書,次習禮或作課仿,次復誦書、講書,次歌詩。凡習禮歌詩之類,皆所以常存童子之心,使其樂習不倦,而無暇及於邪僻。教者知此,則知所施矣。雖然,此其大略也,神而明之,則存乎其人。[1]

〔1〕語本《易經·繫辭傳上》:"極天下之賾者存乎卦,鼓天下之動者存乎辭,化而裁之存乎變,推而行之存乎通,神而明之存乎其人,默而成之,不言而信,存乎德行。"(第十二章)

　　因材施教,參見《寄希淵·二》:"人品不齊,聖賢亦因材成就。孔門之教,言人人殊,後世儒者,始有歸一之論,然而成德達材者鮮,又何居乎?"(《全書》卷四)

　　教無定法,參見《別王純甫序》:"不一,所以一之也。天之于物也,巨微修短之殊位,而生成之一也。惟技也亦然,弓冶不相爲能,而其足于用亦一也。匠斲也,陶埴也,圬墁也,其足以成室亦一也。是故立法而考之,技也,各詣其巧矣,而同足于用。因人而施之教也,各成其材矣,而同歸于善。……曰:'然則教無定法乎?昔之辯者則何嚴也?'曰:'無定矣,而以之必天下,則弓焉而冶廢,匠焉而陶圬廢。聖人不欲人人而聖之乎?然而質人人殊,故辯之嚴者,曲之致也。是故或失則隘,或失則支,或失則流矣。是故因人而施者,定法矣;同歸于善者,定法矣。因人而施,質異也;同歸于善,性同也。夫教,以復其性而已。由堯、舜以來,未之有改,而謂無定乎?'"(《全書》卷七)

傳 習 録 下

179. 正德乙亥，九川〔1〕初見先生於龍江〔2〕。先生與甘泉先生論“格物”之說。甘泉〔3〕持舊說〔4〕。先生曰：“是求之於外了。”甘泉曰：“若以格物理爲外，是自小其心也。”九川甚喜舊說之是。先生又論“盡心”一章，九川一聞却遂無疑。

後家居，復以“格物”遺質。先生答云：“但能實地用功，久當自釋〔5〕。”山間乃自録《大學》舊本讀之，覺朱子“格物”之說非是；然亦疑先生以意之所在爲物，物字未明。

己卯歸自京師，再見先生于洪都〔6〕。先生兵務倥傯，乘隙講授，首問：“近年用功何如？”

九川曰：“近年體驗得‘明明德’功夫只是‘誠意’。自‘明明德於天下’，步步推入根源，到‘誠意’上再去不得，如何以前又有‘格致’工夫？後又體驗，覺得意之誠僞，必先知覺乃可，以顏子‘有不善未嘗不知，知之未嘗復行’〔7〕爲證，豁然若無疑；却又多了‘格物’工夫。又思來吾心之靈，何有不知意之善惡？只是物欲蔽了；須格去物欲〔8〕，始能如顏子未嘗不知耳。又自疑功夫顛倒，與‘誠意’不成片段。後問希顏〔9〕。希顏曰：‘先生謂格物致知是誠意功夫，極好。’九川曰：‘如何是誠意功夫？’希顏令再思體看，九川終不悟，請問。”

先生曰：“惜哉！此可一言而悟，惟濬所舉顏子事便是了。只要知身、心、意、知、物是一件。”

九川疑曰：“物在外，如何與身、心、意、知是一件？”

先生曰：“耳、目、口、鼻、四肢，身也，非心安能視、聽、言、動？心欲視、聽、言、動，無耳、目、口、鼻、四肢，亦不能。故無心則無身，無身則無心[10]。但指其充塞處言之，謂之身；指其主宰處言之，謂之心；指心之發動處，謂之意；指意之靈明處，謂之知；指意之涉著處，謂之物，只是一件。意未有懸空的，必著事物，故欲誠意，則隨意所在某事而格之，去其人欲而歸於天理，則良知之在此事者，無蔽而得致矣！此便是誠意的功夫。”九川乃釋然破數年之疑。

又問：“甘泉近亦信用《大學》古本，謂‘格物’猶言‘造道’，又謂窮理如窮其巢穴之窮，以身至之也，故格物亦只是‘隨處體認天理’；似與先生之說漸同。”[11]

先生曰：“甘泉用功，所以轉得來。當時與說‘親民’字不須改，他亦不信，今論‘格物’亦近[12]，但不須換物字作理字，只還他一物字便是。”

後有人問九川曰：“今何不疑物字？”曰：“《中庸》曰‘不誠無物’，程子曰‘物來順應’；又如‘物各付物’[13]、‘胸中無物’之類，皆古人常用字也。”

他日，先生亦云然。[14]

〔1〕陳九川（1495—1562），字惟濬，號明水，江西臨川人，正德九年（1514）進士。任太常博士，因諫武宗南巡，被杖去職，世宗時復職任禮部郎中，主裁革浪費，被訟下獄。出獄後致仕，周流講學名山。正德十五年入虔，拜陽明爲師，即自焚其所著書。著有《明水先生集》。參見《明儒學案》卷十九。

〔2〕今江蘇南京地。

〔3〕湛甘泉（1466—1560），名若水，字元明，廣東增城人，從學于陳獻
　　章；弘治十八年（1505）進士，歷任南京禮、吏、兵三部尚書。王守
　　仁早年與湛往來甚密，思想相互影響。湛以隨處體認天理爲宗
　　旨，不完全同意王守仁的格物説。以後雙方弟子時有争辯。著有
　　《湛甘泉文集》。參見《明儒學案》卷三十七。

〔4〕“舊説”指朱熹向外窮理的格物説。

〔5〕此信已佚。

〔6〕今江西南昌。

〔7〕語見《易經・繫辭傳下》：“子曰：‘顔氏之子，其殆庶幾乎？有不善
　　未嘗不知，知之未嘗復行也。’”（第五章）

〔8〕參見《答天宇書・二》：“扞去外物之説（指司馬光之説），亦未爲甚
　　害。然止扞禦于其外，則亦未有拔去病根之意，非所謂克己求仁
　　之功矣。”（《全書》卷四）

〔9〕情況不明，或曰即蔡希淵。

〔10〕參見《大學問》：“何謂身？心之形體運用之謂也。何謂心？身之
　　　靈明主宰之謂也。”

〔11〕見湛若水《答陽明》：“格者，至也，即格於文祖、有苗格之格。物者，
　　　天理也，即言有物、舜明于庶物之物，即道也。格即造詣之義，格
　　　物者，即造道也。知行並進，學問思辨行，皆所以造道也。故讀書
　　　親師友酬應，隨時隨處，皆求體認天理而涵養之，無非造道之功。
　　　誠正修工夫，皆于格物上用，家國天下皆即此擴充，無兩段工夫，
　　　此即所謂止至善。嘗謂止至善，則明德親民皆了者，此也。如是
　　　方可講知至。孟子深造以道，即格物之謂也。自得之，即知至之
　　　謂也。居安資深逢源，即修齊治平之謂也。”（《湛甘泉文集》卷七）

〔12〕參見《答甘泉》：“然吾兄既不屑屑于僕，而僕亦不以汲汲于兄者，
　　　正以志向既同，如兩人同適京都，雖所由之途，間有迂直，知其異
　　　日之歸終同耳。向在龍江舟次，亦嘗進其《大學》舊本及格物諸

説，兄時未以爲然，而僕亦遂置不復强聒者，知兄不久自當釋然
于此也。乃今果獲所願，喜躍何可言，崑崙之源，有時而伏流，終
必達於海也。"(《全書》卷四)

　　又參見《寄鄒謙之》："隨處體認天理之説，大約未嘗不是，衹
要根究下落，即未免捕風捉影，縱令鞭辟向裏，亦與聖門致良知
之功，尚隔一塵。若復失之毫釐，便有千里之謬矣，四方同志之至
此者，但以此意提掇之，無不即有省發，只是著實能透徹者，甚亦
不易得也。"(《全書》卷六)

　　又參見《與毛古庵憲副》："凡鄙人所謂致良知之説，與今之所
謂體認天理之説，本亦無大相遠，但微有直截迂曲之差耳。譬之
種植，致良知者，是培其根本之生意，而達之枝葉者也；體認天理
者，是茂其枝葉之生意，而求以復之根本者也。然培其根本之生
意，固自有以達之枝葉矣。欲茂其枝葉之生意，亦安能捨根本而
別有生意可以茂之枝葉之間者乎?"(《全書》卷六)

〔13〕語本程頤所説："蓋人萬物皆備，遇事時各因其心之所重者，更互
　　而出，才見得這事重，便有這事出，若能物各付物，便自不出來
　　也。"(《二程集·遺書》卷十八)

〔14〕閩本有錢德洪續刻《傳習録序》載在此卷首，録于下:
　　　古人立教，皆爲未悟者設法，故其言簡易明白，人人可以與
　　知而與能。而究極所止，雖聖人，終身用之有所未盡。蓋其見道
　　明徹，先知進學之難易，故其爲教也循循善誘，使人悦其近而不
　　覺其入，喜其易而各極所趨。夫人之良知一也，而領悟不能以皆
　　齊，有言下即能了悟者矣；有良知雖明，不能無間，必有待于修治
　　之功者矣；有修治之功百倍于人，而後其知始徹者矣。善教者不
　　語以其所悟，而惟視其所入，如大匠之作室然，規矩雖一而因
　　物曲成，故中材上下皆可與入道。若不顧其所安，而概欲强之以
　　其所未及教者，曰:'斯道之妙也如是。'學者亦曰:'斯道之妙也
　　如是。'彼以言授，此以言接，融釋于聲聞，懸解于測億，而遂謂道

固如是矣，寧不幾于狂且惑乎！吾師陽明先生，平時論學未嘗立一言，惟揭《大學》宗旨，以指示人心。謂《大學》之教自帝堯明德睦族以降，至孔門而復明。其爲道也，由一身以至家、國、天下，由初學以至聖人，徹上徹下，通物通我，無不具足。此性命之真幾，聖學之規矩也。然規矩陳矣，而運用之妙則由乎人，故及門之士，各得所趨，而莫知其所由入。吾師既没，不肖如洪，領悟未徹，又不肯加百倍之功。同志歸散四方，各以所得引接來學，而四方學者漸覺頭緒太多。執規矩者，滯于形器，而無言外之得；語妙悟者，又超于規矩之外，而不切事理之實，願學者病焉。年來同志亟圖爲會，互相劘切，各極所詣，漸有合異同歸之機。始思師門立教，良工苦心，蓋其見道明徹之後，能不以其所悟示人，而爲未悟者設法。故其高不至于凌虛，卑不至于執有，而人人善入。此師門之宗旨所以未易與繹也。洪在吳時，爲先師裒刻《文録》，《傳習録》所載下卷，皆先師書也。既以次入《文録》書類矣，乃摘録中問答語，仍書南大吉所録，以補下卷，復采陳惟濬諸同志所録，得二卷焉，附爲《續録》，以合成書。適遭内艱，不克終事。去年秋會同志于南畿，吉陽何子遷、初泉劉子起宗，相與商訂舊學，謂師門之教，使學者趨專歸一，莫善于《傳習録》。于是劉子歸寧國，謀諸涇尹丘時庸，相與捐俸刻諸水西精舍，使學者各得所入，庶不疑其所行云。時嘉靖甲寅夏六月，門人錢德洪序。

180. 九川問："近年因厭泛濫之學，每要静坐，求屏息念慮，非惟不能，愈覺擾擾，如何？"先生曰："念如何可息？只是要正。"

曰："當自有無念時否？"

先生曰："實無無念時。"

曰："如此却如何言静？"

曰："静未嘗不動，動未嘗不静。戒謹恐懼即是念，何分動靜？”

曰：“周子何以言‘定之以中正仁義而主靜’？”

曰：“無欲故靜，是‘靜亦定，動亦定’的定字，主其本體也。戒懼之念，是活潑潑地，此是天機不息處，所謂‘維天之命，於穆不已[1]’。一息便是死，非本體之念，即是私念。”[2]

〔1〕語本《詩經·周頌·維天之命》：“維天之命，於穆不已，於乎不顯，文王之德之純。”天命：天道。於穆：深貌。不已：無窮。

〔2〕參見《象山文集序》：“至宋周、程二子，始復追尋孔、顏之宗，而有無極而太極，定之以仁義中正而主靜之説，動亦定，靜亦定，無內外，無將迎之論；庶幾精一之旨矣。”（《全書》卷七）

181. 又問：“用功收心時，有聲色在前，如常聞見，恐不是專一。”

曰：“如何欲不聞見？除是槁木死灰，耳聾目盲則可，只是雖聞見而不流去便是。”曰：“昔有人靜坐，其子隔壁讀書，不知其勤惰。程子稱其甚敬[1]。何如？”

曰：“伊川恐亦是譏他。”[2]

〔1〕語本《二程集·遺書》：“許渤與其子隔一窗而寢，乃不聞其子讀書與不讀書，先生謂：‘此人持敬如此。’（曷嘗有如此聖人）”（卷三）
參見朱熹《答陳正己》：“許渤爲人，不可知其詳……隔窗事者，非必有寄寂之意而欲其不聞也。況此條之下，一本注云‘曷嘗有如此聖人’，則是先生蓋亦未之許也。”（《朱子大全》卷五十四）

〔2〕參見歐陽南野《論學書》：“先師（王守仁）謂致知存乎心悟，若認知識爲良知，正是粗看了，未見所謂不學不慮，不係于人者，然非情無以見性，非知識意念，則亦無以見良知。”（《明儒學案·江右學案二》）按王守仁此處雖分別良知與知識，但並未將二者對立。與第166條（《答歐陽崇一書》）可以參照。

182. 又問："静坐用功，頗覺此心收斂；遇事又斷了，旋起個念頭去事上省察；事過又尋舊功，還覺有内外，打不作一片。"

先生曰："此'格物'之説未透。心何嘗有内外？即如惟濬今在此講論，又豈有一心在内照管？這聽講説時專敬，即是那静坐時心，功夫一貫，何須更起念頭？人須在事上磨鍊，做功夫乃有益；若只好静，遇事便亂，終無長進。那静時功夫亦差似收斂，而實放溺也。"

後在洪都，復與于中[1]、國裳[2]論内外之説，渠皆云物自有内外，但要内外並著功夫，不可有間耳。以質先生。

曰："功夫不離本體，本體原無内外，只爲後來做功夫的分了内外，失其本體了。如今正要講明功夫不要有内外，乃是本體功夫。"[3]

是日俱有省。

〔1〕情況不詳。

〔2〕舒芬（1484—1527），字國裳，號梓溪，江西進賢人，正德十二年（1517）進士第一，授翰林修撰，以諫武宗南巡，杖後貶謫福建。世宗時召復故職，不久因大禮議案下獄，釋歸後不久卒，著有《舒國裳先生集》。參見《明儒學案》卷五十三。

〔3〕參見《答魏師説》："若見得透徹，即體面事勢中，莫非良知之妙用。除却體面事勢之外，亦別無良知矣。豈得又爲體面所局，事勢所格？即已動于私意，非復良知之本然矣。今時同志中，雖皆知得良知無所不在，一涉酬應，便又將人情物理與良知看作兩事，此誠不可以不察也。"（《全書》卷六）

183. 又問："陸子之學何如？"

先生曰："濂溪、明道之後，還是象山，只是粗些。"[1]

九川曰："看他論學，篇篇説出骨髓，句句似鍼膏肓，却不見他粗。"

先生曰："然他心上用過功夫，與揣摹依仿、求之文義自不同，但細看有粗處。用功久，當見之。"

〔1〕參見《與席元山》："象山之學，簡易直截，孟子之後一人。其學問思辨，致知格物之説，雖亦未免沿襲之累，然其大本大原，斷非餘子所及也。"（《全書》卷五）

又參見《答友人問》："致知格物，自來儒者皆相沿如此説，故象山遂相沿得來，不復致疑耳。然此畢竟亦是象山見得未精一處，不可掩也。"（《全書》卷六）

又參見《象山文集序》："有象山陸氏，雖其純粹和平，若不逮于二子（指周、程二子），而簡易直截，真有以接孟子之傳。其議論開闔，時有異者，乃其氣質意見之殊，而要其學之必求諸心，則一而已。故吾嘗斷以陸氏之學，孟氏之學也。而世之議者，以其嘗與晦翁之有同異，而遂詆以爲禪。"（《全書》卷七）

184. 庚辰往虔州〔1〕再見先生。

問："近來功夫雖若稍知頭腦，然難尋個穩當快樂處。"

先生曰："爾却去心上尋個天理，此正所謂理障〔2〕。此間有個訣竅。"

曰："請問如何？"

曰："只是致知。"

曰："如何致？"

曰："爾那一點良知，是爾自家底準則，爾意念著處，他是便知是，非便知非，更瞞他一些不得。爾只不要欺他，實實落落依著他做去，善便存，惡便去。他這裏何等穩當快樂！此便是'格物'的真訣，'致知'的實功〔3〕。若不靠著這些真機，如何去格物？我亦近年體貼出來如此分明，初猶疑只依他恐有不足，精細看，無些小欠闕。”

〔1〕虔州：今江西贛縣。

〔2〕語本《圓覺經》：“善男子，一切衆生，由本貪欲，發揮無明，顯出五性，差別不等，依二種障，而現深淺。云何二障？一者理障，礙正知見；二者事障，續諸生死。”（《大正新修大藏經》第十七卷）

〔3〕參見《答魏師説》：“所云任情任意，認作良知，及作意爲之，不依本來良知，而自謂良知者，既已察識其病矣。意與良知，當分別明白。凡應物起念處，皆謂之意。意則有是有非，能知得意之是與非者，則謂之良知，依得良知即無有不是矣。所疑拘于體面，格于事勢等患，皆是致良知之心未能誠切專一。若能誠切專一，自無此也。”（《全書》卷六）

185. 在虔與于中、謙之〔1〕同侍。

先生曰：“人胸中各有個聖人，只自信不及，都自埋倒了。”因顧于中曰：“爾胸中原是聖人。”〔2〕于中起，不敢當。

先生曰：“此是爾自家有的，如何要推？”

于中又曰：“不敢。”

先生曰：“衆人皆有之，況在于中，却何故謙起來？謙亦不得。”于中乃笑受。

又論：“良知在人，隨你如何，不能泯滅，雖盜賊，亦自知不當爲盜，唤他做賊，他還忸怩。”

于中曰：“只是物欲遮蔽；良心在内，自不會失，如雲自蔽日，日何嘗失了。”

先生曰：“于中如此聰明，他人見不及此。”

〔1〕鄒謙之（1491—1562），名守益，號東廓，江西安福人。正德六年

(1511)會試第一,廷試第三,授翰林編修。正德十四年往贛州見王
守仁,求表父墓,殊無意于學,守仁日夕講學,鄒忽有省,遂稱弟
子。值宸濠反,助王平亂。嘉靖時,因大禮議下獄,謫判廣德州(即
元之廣德路;明改爲州,今安徽廣德、郎溪兩縣地是),建復初書
院,延王艮等講學。嘉靖六年任南京吏部郎中,首次刻《陽明先生
文録》于廣德州。歷任至南京國子祭酒,晚年里居講學,從游者
衆,黄宗羲稱"陽明之歿,不失其傳者,不得不以先生爲宗子也"。
參見《鄒東廓先生文集》及《明儒學案》卷十六。

〔2〕參見《詠良知四首示諸生》之一:"個個人心有仲尼,自將聞見苦遮
迷。而今指與真頭面,只是良知更莫疑。"(《全書》卷二十)

　　又參見《書魏師孟卷》:"心之良知是謂聖,聖人之學,惟是致
此良知而已。"(《全書》卷八)

186. 先生曰:"這些子看得透徹,隨他千言萬語,是非誠
僞,到前便明,合得的便是,合不得的便非,如佛家説'心
印'〔1〕相似,真是個試金石、指南針〔2〕。"

〔1〕語見《祖庭事苑・八》:"達磨西來,不立文字,單傳心印,直指人心,
見性成佛。"(《續藏經》第一輯第二編,第十八套,第一册)
〔2〕參見《寄鄒謙之・四》:"所幸良知在我,操得其要,譬猶舟之得舵,
雖驚風巨浪,顛沛不無,尚猶得免于傾覆者也。"(《全書》卷六)

　　又參見《詠良知四首示諸生》之三:"人人自有定盤針,萬化根
源總在心。却笑從前顛倒見,枝枝葉葉外頭尋。"(《全書》卷二十)

187. 先生曰:"人若知這良知訣竅,隨他多少邪思枉念,
這裏一覺,都自消融;真個是靈丹一粒,點鐵成金〔1〕。"

〔1〕又參見《碧巖録》:"點鐵成金,點金成鐵,忽擒忽縱,是衲僧拄杖
子。"(卷九)

又參見《與黃宗賢·五》："吾人爲學,當從心髓入微處用力,自然篤實光輝。雖私欲之萌,真是洪爐點雪,天下之大本立矣。若就標末妝綴比擬,凡平日所謂學問思辨者,適足以爲長傲遂非之資;自以爲進于高明光大,而不知陷于狠戾險嫉,亦誠可哀也已。"(《全書》卷四)

188. 崇一曰:"先生'致知'之旨發盡精蘊,看來這裏再去不得。"

先生曰:"何言之易也! 再用功半年看如何? 又用功一年看如何? 功夫愈久,愈覺不同,此難口説。"[1]

[1] 參見《寄希淵·三》:"學問之道無他,求其放心而已,蓋一言而足。至其功夫節目,則愈講而愈無窮者。"(《全書》卷四)

189. 先生問九川:"於'致知'之説體驗如何?"

九川曰:"自覺不同。往時操持常不得個恰好處,此乃是恰好處。"

先生曰:"可知是體來與聽講不同。我初與講時,知爾只是忽易,未有滋味。只這個要妙再體到深處,日見不同,是無窮盡的。"又曰:"此'致知'二字,真是個千古聖傳之秘,見到這裏,'百世以俟聖人而不惑'。"[1]

[1] 參見《書魏師孟卷》:"此良知所以爲聖愚之同具,而人皆可以爲堯、舜者,以此也。是故良知之外無學矣。自孔、孟既没,此學失傳幾千百年。賴天之靈,偶復有見,誠千古之一快,百世以俟聖人而不惑者也。"(《全書》卷八)

又參見《與楊仕鳴》:"區區所論致知二字,乃是孔門正法眼藏,于此見得真的,直是建諸天地而不悖,質諸鬼神而無疑,考諸三王而不謬,百世以俟聖人而不惑。知此者方謂之知道,得此者方謂之有德。異此而學，即謂之異端；離此而説，即謂之邪説；迷此而行，即謂之冥行。雖千魔萬怪，眩瞀變幻于前，自當觸之而碎，迎之而解，如太陽一出，而鬼魅魍魎自無所逃其形矣。尚何疑慮之有，而何異同之足惑乎。”（《全書》卷五）

190. 九川問曰：“伊川説到體用一原、顯微無間處，門人已説是泄天機[1]，先生‘致知’之説，莫亦泄天機太甚否？”

先生曰：“聖人已指以示人，只爲後人撥匿，我發明耳，何故説泄？ 此是人人自有的，覺來甚不打緊一般。然與不用實功人説，亦甚輕忽可惜，彼此無益；與實用功而不得其要者提撕之，甚沛然得力。”[2]

〔1〕語見《二程集·外書》：“和靖嘗以《易傳序》請問曰：‘至微者理也，至著者象也，體用一原，顯微無間，莫太泄露天機否？’伊川曰：‘如此分明説破，猶自人不解悟。’”（第十二）

〔2〕參見《寄薛尚謙》：“致知二字，是千古聖學之祕，向在虔時終日論此，同志中尚多有未徹。近于古本序中改數語，頗發此意，然見者往往亦不能察。今寄一紙，幸熟味，此是孔門正法眼藏，從前儒者多不曾悟到，故其説卒入于支離。”（《全書》卷五）

191. 又曰：“知來本無知，覺來本無覺，然不知則遂淪埋。”[1]

〔1〕“然不知則遂淪埋”，意指如果我們不知道“知來本無知，覺來本無覺”，即不知道知與覺的無限性，“功夫愈久，愈覺不同”，則“致知”的思想仍舊被淹没，並没有被我們真正理解。參見《答人問良知二首》：“良知即是獨知時，此知之外更無知。誰人不有良知在？ 知得良知却是誰。”（《全書》卷二十）

192. 先生曰:"大凡朋友,須箴規指摘處少,誘掖獎勸意多,方是。"後又戒九川云:"與朋友論學,須委曲謙下,'寬以居之'。"[1]

[1] 參見《書中天閣勉諸生》:"大抵朋友之交,以相下爲益,或議論未合,要在從容涵育,相感以誠,不得動氣求勝,長傲遂非。務在默而成之,不言而信。其或矜己之長,攻人之短,粗心浮氣,矯以沽名,計以爲直,挾勝心而行憤嫉,以圮族敗群爲志,則雖日講時習于此,亦無益矣。"(《全書》卷八)

"寬以居之",語本《易經·乾卦·文言》:"君子學以聚之,問以辨之,寬以居之,仁以行之。"

193. 九川臥病虔州。

先生云:"病物亦難格,覺得如何?"

對曰:"功夫甚難。"

先生曰:"常快活便是功夫。"[1]

[1] 參見《與王純甫》:"嘗以爲君子素其位而行,不願乎其外。素富貴行乎富貴,素貧賤行乎貧賤,素患難行乎患難,故無入而不自得。後之君子,亦當素其位而學,不願乎其外。素富貴學處乎富貴,素貧賤患難學處乎貧賤患難,則亦可以無入而不自得。向嘗爲純甫言之,純甫深以爲然,不審邇來用力却如何耳?"(《全書》卷四)

194. 九川問:"自省念慮,或涉邪妄,或預料理天下事,思到極處,井井[1]有味,便繾綣[2]難屏,覺得早則易,覺遲則難,用力克治,愈覺扞格[3],惟稍遷念他事,則隨兩忘。如此廓清,亦似無害。"

先生曰:"何須如此,只要在良知上着功夫。"

九川曰："正謂那一時不知。"

先生曰："我這裏自有功夫,何緣得他來? 只爲爾功夫斷了,便蔽其知。既斷了,則繼續舊功便是,何必如此?"

九川曰："直是難鏖,雖知丢他不去。"

先生曰："須是勇;用功久,自有勇。故曰'是集義所生者',勝得容易,便是大賢[4]。"

〔1〕井井:津津。佐藤一齋據《荀子》楊倞注釋爲"有條理也"。似不切。

〔2〕繾綣:牢固相著。

〔3〕扞格:抵捂不相入。

〔4〕"大賢",張本作"大勇";參見《與黃宗賢》:"人在仕途,比之退處山林時,其工夫之難十倍,非得良友時時警發砥礪,則其平日之所志向,鮮有不潛移默奪,弛然日就于頹靡者。近與誠甫言,在京師相與者少,二君必須預先相約定,彼此但見微有動氣處,即須提起致良知話頭,互相規切。凡人言語正到快意時,便截然能忍默得;意氣正到發揚時,便翕然能收斂得,憤怒嗜欲正到沸騰時,便廓然能消化得,此非天下之大勇者不能也。然見得良知親切時,其工夫又自不難。緣此數病,良知之所本無,只因良知昏昧蔽塞而後有。若良知一提醒時,即如白日一出,而魍魎自消矣。《中庸》謂'知恥近乎勇',所謂知恥,只是恥其不能致得自己良知耳。"(《全書》卷六)

又參見《與黃宗賢·一》:"子路之勇,而夫子未許其仁者,好勇而無所取裁,所勇未必皆出天理之公也。事君而不避其難,仁者不過如是,然而不知食輒之禄爲非義,則勇非其所宜,勇不得爲仁矣。然勇爲仁之資,正吾儕之所尚欠也。"(《全書》卷四)

195. 九川問:"此功夫却於心上體驗明白,只解書不通。"

先生曰："只要解心。心明白，書自然融會。若心上不通，只要書上文義通，却自生意見。"[1]

[1] 參見《與王純甫·三》："後世之學，瑣屑支離，正所謂采摘汲引，其間亦寧無小補？然終非積本求原之學，句句是，字字合，然而終不可入堯、舜之道也。"（《全書》卷四）

又參見《與楊仕鳴·三》："前者是備録區區之語，或未盡區區之心。此册乃直述仕鳴所得，反不失區區之見，可見學貴乎自得也。古人謂得意忘言，學苟自得，何以言爲乎？"（《全書》卷五）

196. 有一屬官因久聽講先生之學，曰："此學甚好，只是簿書訟獄繁難，不得爲學。"

先生聞之，曰："我何嘗教爾離了簿書訟獄，懸空去講學？爾既有官司之事，便從官司的事上爲學，纔是真格物。如問一詞訟，不可因其應對無狀，起個怒心；不可因他言語圓轉，生個喜心；不可惡其囑托，加意治之；不可因其請求，屈意從之；不可因自己事務煩冗，隨意苟且斷之；不可因旁人譖毀羅織[1]，隨人意思處之；這許多意思皆私，只爾自知，須精細省察克治，惟恐此心有一毫偏倚，枉人是非，這便是格物致知。簿書訟獄之間，無非實學[2]。若離了事物爲學，却是着空。"[3]

[1]《唐書·酷吏傳》："姚崇曰：'當時以告訐爲功，天下號曰羅織。'"

[2] 朱熹《中庸章句》引程頤語："其書始言一理，中散爲萬事，末復合爲一理。放之則彌六合，卷之則退藏于密，其味無窮。皆實學也。"

又參見《與王純甫》："天下事雖萬變，吾所以應之，不出乎喜怒哀樂四者，此爲學之要，而爲政亦在其中矣。"（《全書》卷四）

[3] 參見《與王公弼》："書中所云斯道廣大，無處欠缺，動靜窮達，無往

非學，自到任以來，錢穀獄訟，事上接下，皆不敢放過。但反觀于獨，猶未是夭壽不二根基，毀譽得喪之間未能脱然。足知用功之密。只此自知之明，便是良知，致此良知以求自慊，便是致知矣。”（《全書》卷五）

197. 虔州將歸，有詩別先生云：“良知何事繫多聞，妙合當時已種根，好惡從之爲聖學，將迎無處是乾元。”

先生曰：“若未來講此學，不知説‘好惡從之’從個甚麼。”[1]

敷英[2]在座曰：“誠然。嘗讀先生《大學古本序》[3]，不知所説何事；及來聽講許時，乃稍知大意。”

[1] 參見《詠良知四首示諸生》之四：“無聲無臭獨知時，此是乾坤萬有基，抛却自家無盡藏，沿門持鉢效貧兒。”（《全書》卷二十）

[2] 情況不詳。

[3] 見《全書》卷七，此爲嘉靖二年修改本新序。此處當指正德十三年初刻本舊序，舊序見羅欽順《困知記三續》二十章。

198. 于中、國裳輩同侍食。

先生曰：“凡飲食只是要養我身，食了要消化；若徒蓄積在肚裏，便成痞了，如何長得肌膚？後世學者博聞多識，留滯胸中，皆傷食之病也。”[1]

[1] 參見《與黃宗賢·三》：“滁陽之行，相從者亦二三子，兼復山水清遠，勝事閑曠，誠有足樂者。故人不忘久要，果能乘興一來耶？得應元忠書，誠如其言，亦大可喜。牽制文義，自宋儒已然，不獨今時學者，遂求脱然洗滌，恐亦甚難，但得漸能疑辨，當亦終有覺悟矣。”（《全書》卷四）

199. 先生曰：“聖人亦是‘學知’，衆人亦是‘生知’。”[1]

問曰：“何如？”

曰：“這良知人人皆有，聖人只是保全無些障蔽，兢兢業業[2]，亹亹[3]翼翼[4]，自然不息，便也是學，只是生的分數多，所以謂之‘生知、安行’，衆人自孩提之童，莫不完具此知，只是障蔽多，然本體之知自難泯息，雖問學克治，也只憑他，只是學的分數多，所以謂之‘學知、利行’。”[5]

[1] 參見《答季明德》：“謂至其極而矩之不踰，亦不過自此志之不已所積。而不踰之上，亦必有學可進。聖人豈絶然與人異哉！”又云：“善者，聖之體也，害此善者，人欲而已。人欲，吾之所本無，去其本無之人欲，則善在我而聖體全。聖無有餘，我無不足，此以知聖人之必可學也。然非有求爲聖人之志，則亦不能以有成。”（《全書》卷六）

[2] 語見《書經·皋陶謨》：“無教佚欲有邦，兢兢業業，一日二日萬幾，無曠庶官，天工人其代之。”

[3] 語見《詩經·大雅·文王》：“亹亹文王，令聞不已。”亹亹：強勉貌。

[4] 語見《詩經·大雅·文王》：“世之不顯，厥猶翼翼。”翼翼：勉敬貌。

[5] 此章後，俞、陳、朱本均有“門人陳九川録”六字。

200. 黃以方[1]問：“先生格致之説，隨時格物以致其知，則知是一節之知，非全體之知也，何以到得‘溥博如天，淵泉如淵’[2]地位？”

先生曰：“人心是天、淵。心之本體無所不該，原是一個天，只爲私欲障礙，則天之本體失了；心之理無窮盡，原是一個淵，只爲私欲窒塞，則淵之本體失了。如今念念致良知，將此障礙窒塞一齊去盡，則本體已復，便是天、淵了。”乃指天以示之曰：“比如面前見天，是昭昭之天，四外見天，也只是昭昭之天。只爲許多房子牆壁遮蔽，便不見天之全體，若撤去房子牆壁，總是一個天矣。不可道眼前天是昭昭之天，外面[3]又不是昭昭之天也。於此便見一節之知即全體之知，全體之知即一節之知，總是一個本體。[4]”

〔1〕黄直，字以方，其他情況不詳。

〔2〕語本《中庸》：“溥博如天，淵泉如淵。見而民莫不敬，言而民莫不信，行而民莫不説。”（三十一章）

〔3〕閭東本，“外面”下有“天”字。

〔4〕參見《書王一爲卷》：“曰：‘致知之訓，千聖不傳之祕也。一爲既領之矣，敢請益。’予曰：‘千丈之木，起于膚寸之萌芽。子謂膚寸之外無所益歟，則何以至于千丈？子謂膚寸之外有所益歟？則膚寸之外，子將何以益之？’一爲躍然起拜曰：‘聞教矣。’”（《全書》卷八）

  又參見《氣候圖序》：“由是因人事以達于天道，因一月之候，以觀夫世運會元，以探萬物之幽賾，而窮天地之始終，皆于是乎始。”（《全書》卷二十二）

  又參見王龍溪《撫州擬峴臺會語》：“蓋象山之學，得力處全在積累，因誦‘涓流積至滄溟水，拳石崇成太華岑’。先師（王守仁）曰：‘此只説得象山自家所見，須知涓流即是滄海，拳石即是泰山，此是最上一機，所謂無翼而飛，無足而至，不由積累而成者也。’”（《王龍溪全集》卷一）

  又參見尤西川《擬學小記》：“許函谷與陽明在同年中最厚，別久再會，函谷舉舊學相證，陽明不言，但微笑曰：‘吾輩此時，只説自家話，還翻那舊本子作甚？人常言聖人憂天下，憂後世，故生許多假意，懸空料想，無病呻吟，君子思不出位，只是照管眼下，即天下後世一齊皆在。’”（《明儒學案·北方王門學案》）

201. 先生曰：“聖賢非無功業氣節，但其循著這天理，則

便是道,不可以事功氣節名矣。"〔1〕

〔1〕 參見《自得齋説》:"道,吾性也。性,吾生也,而何事于外求。世之
學者,業辭章,習訓詁,工技藝,探賾而索隱,弊精極力,勤苦終身,
非無所謂深造之者。然亦辭章而已耳,訓詁而已耳,技藝而已耳,
非所以深造于道也,則亦外物而已耳,寧有所謂自得逢原者哉。"
(《全書》卷七)

　　又參見《與黃誠甫》:"仁人者,正其誼不謀其利,明其道不計其
功,一有謀計之心,則雖正誼明道,亦功利耳。"(《全書》卷四)

　　202. "'發憤忘食'是聖人之志如此,真無有已時。'樂以
忘憂,'〔1〕是聖人之道如此,真無有戚時。恐不必云得不
得也。"

〔1〕 語見《論語‧述而篇》:"葉公問孔子于子路,子路不對。子曰:'女
奚不曰:其爲人也,發憤忘食,樂以忘憂,不知老之將至云爾。'"
(第十八章)朱熹注曰:"未得,則發憤而忘食;已得,則樂之而
忘憂。"

　　參見《惜陰説》:"天道之運,無一息之或停。吾心良知之運,亦
無一息之或停。良知即天道,謂之'亦',則猶二之矣。知良知之
運,無一息之或停者,則知惜陰矣。知惜陰者,則知致其良知矣。
子在川上曰:'逝者如斯夫,不舍晝夜。'此其所以學如不及,至于
發憤忘食也。"(《全書》卷七)

　　203. 先生曰:"我輩致知,只是各隨分限所及。今日良知
見在如此,只隨今日所知擴充到底,明日良知又有開悟,便從
明日所知擴充到底,如此方是精一功夫。與人論學,亦須隨
人分限所及。如樹有這些萌芽,只把這些水去灌溉,萌芽再
長,便又加水,自拱把以至合抱,灌溉之功皆是隨其分限所

及。若些小萌芽,有一桶水在,盡要傾上,便浸壞他了。"[1]

[1] 參見《寄李道夫》:"學絶道喪,俗之陷溺,如人在大海波濤中,且須
援之登岸,然後可授之衣而與之食。若以衣食投之波濤中,是適
重其溺,彼將不以爲德,而反以爲尤矣。故凡居今之時,且須隨機
導引,因事啟沃,寬心平氣以薰陶之,俟其感發興起,而後開之以
其説,是故爲力易而收效溥。不然,將有扞格不勝之患,而且爲君
子愛人之累。"(《全書》卷四)

204. 問"知行合一"。

先生曰:"此須識我立言宗旨。今人學問,只因知、行分
作兩件,故有一念發動,雖是不善,然却未曾行,便不去禁止。
我今説個'知行合一',正要人曉得一念發動處,便即是行了;
發動處有不善,就將這不善的念克倒了,須要徹根徹底不使
那一念不善潛伏在胸中;此是我立言宗旨。"[1]

[1] 參見《答周衝書五通》之四:"知行合一之説,專爲近世學者分知行
爲兩事,必欲先用知之功而後行,遂致終身不行,故不得已而爲
此補偏救弊之言。學者不能著體履,而又牽制纏繞于言語之間,
愈失而愈遠矣。行之明覺精察處即是知,知之真切篤實處即是
行。足下但以此語細思之,當自見。"(《中國哲學》第一輯)

又參見《與陸元静·二》:"孟子云:'是非之心,知也。'是非之
心人皆有之,即所謂良知也,孰無是良知乎?但不能致之耳。《易》
謂'知至至之',知至者,知也;至之者,致知也,此知行之所以一也。
近世格物致知之説,只一知字尚未有下落,若致知工夫,全不曾道
著矣,此知行之所以二也。"(《全書》卷五)

205. "聖人無所不知,只是知個天理;無所不能,只是能
個天理。聖人本體明白,故事事知個天理所在,便去盡個天

理;不是本體明後,却於天下事物都便知得,便做得來也。天下事物,如名物度數、草木鳥獸之類,不勝其煩,聖人須[1]是本體明了,亦何緣能盡知得? 但不必知的,聖人自不消求知,其所當知的,聖人自能問人;如'子入太廟,每事問'[2]之類。先儒謂'雖知亦問,敬謹之至'[3];此説不可通。聖人於禮樂名物,不必盡知。然他知得一個天理,便自有許多節文度數出來。不知能問,亦即是天理節文所在。[4]"

〔1〕閭東本,"須"作"雖"。

〔2〕語本《論語・八佾篇》:"子入太廟,每事問。或曰:'孰謂鄹人之子知禮乎? 入太廟,每事問。'子聞之曰:'是禮也。'"(第十五章)

〔3〕朱熹《論語集注・八佾篇》引尹焞曰:"禮者,敬而已矣。雖知亦問,謹之至也,其爲敬,莫大于此。"(第十五章)

〔4〕參見《與馬子莘》:"良知即是天理。體認者,實有諸己之謂耳,非後世之想像講説者之爲也……良知之外更無知,致知之外更無學。外良知以求知者,邪妄之知矣;外致知以爲學者,異端之學矣。"(《全書》卷六)

又參見《次謙之韻》:"珍重江船冒暑行,一宵心話更分明。須從根本求生死,莫向支流辨濁清。久奈世儒橫臆説,競搜物理外人情。良知底用安排得? 此物由來自渾成。"(《全書》卷二十)

206. 問:"先生嘗謂善、惡只是一物[1]。善、惡兩端,如冰、炭相反,如何謂只一物?"

先生曰:"至善者,心之本體。本體上才過當些子,便是惡了;不是有一個善,却又有一個惡來相對也。故善、惡只是一物。"

直因聞先生之説,則知程子所謂"善固性也,惡亦不可不謂之性"[2]。又曰:"善、惡皆天理。謂之惡者,本非惡,但於本性上過與不及之間耳。"〔3〕其説皆無可疑。

〔1〕 見第 101 條。

〔2〕 語見《二程集·遺書》:"人生氣稟,理有善惡,然不是性中元有此兩
　　 物相對而生也。有自幼而善,有自幼而惡,是氣稟有然也。善固
　　 性也,然惡亦不可不謂之性也。"(卷一)

〔3〕 語本《二程集·遺書》:"天下善惡皆天理,謂之惡者非本惡,但過或
　　 不及便如此,如楊、墨之類。"(卷二,上)

　　207. 先生嘗謂:"人但得好善如好好色,惡惡如惡惡臭,
便是聖人。"〔1〕直初時聞之,覺甚易,後體驗得來,此個功夫著
實是難。如一念雖知好善、惡惡,然不知不覺又夾雜去了;才
有夾雜,便不是好善如好好色,惡惡如惡惡臭的心。善能實
實的好,是無念不善矣,惡能實實的惡,是無念及惡矣,如何
不是聖人?故聖人之學,只是一誠而已〔2〕。

〔1〕 參見第 5 條。

〔2〕 參見《與朱守忠》:"道之不明,皆由吾輩明之于口而不明之于身,是
　　 以徒騰煩舌,未能不言而信。要在立誠而已。向日謙虛之説,其
　　 病端亦起于不誠。便能如好好色,如惡惡臭,亦安有不謙不虛時
　　 邪?"(《全書》卷五)

　　208. 問:"《修道説》〔1〕言'率性之謂道',屬聖人分上事;
'修道之謂教',屬賢人分上事。"

　　先生曰:"衆人亦率性也,但率性在聖人分上較多,故'率
性之謂道'屬聖人事;聖人亦修道也,但修道在賢人分上多,
故'修道之謂教'屬賢人事。"又曰:"《中庸》一書,大抵皆是説
修道的事。故後面凡説君子,説顏淵,説子路,皆是能修道

的；説小人，説賢知、愚不肖，説庶民，皆是不能修道的；其他言舜、文、周公、仲尼至誠至聖之類，則又聖人之自能修道者也。”〔2〕

〔1〕《修道説》：“率性之謂道，誠者也；修道之謂教，誠之者也。故曰：‘自誠明，謂之性；自明誠，謂之教。’《中庸》爲誠之者而作，修道之事也。道也者，性也，不可須臾離也。而過焉，不及焉，離也。是故君子有修道之功，戒慎乎其所不睹，恐懼乎其所不聞。微之顯，誠之不可掩也，修道之功，若是其無間，誠之也夫。夫然後喜怒哀樂之未發謂之中，發而皆中節謂之和，道修而性復矣。致中和，則大本立而達道行，知天地之化育矣，非至誠盡性，其孰能與于此哉！是修道之極功也。而世之言修道者離矣，故特著其説。”（《全書》卷七）

〔2〕參見《徐昌國墓誌》：“守仁曰：‘謂吾爲有祕，道固無形也。謂吾謂子非，子未吾是也，雖然，試言之。夫去有以超無，無將奚超矣？外器以融道，道器爲偶矣。而固未嘗超乎？而固未嘗融乎？夫盈虛消息，皆命也。纖巨内外，皆性也。隱微寂感，皆心也。存心盡性，順夫命而已矣，而奚所趨舍于其間乎？’昌國首肯，良久曰：‘沖舉有諸？’守仁曰：‘盡鳶之性者，可以沖于天矣；盡魚之性者，可以泳于川矣。’曰：‘然則有之。’曰：‘盡人之性者，可以知化育矣。’”（《全書》卷二十五）

209. 問：“儒者到三更時分，掃蕩胸中思慮，空空静静，與釋氏之静只一般，兩下〔1〕皆不用，此時何所分別？”

先生曰：“動、静只是一個。那三更時分空空静静的，只是存天理，即是如今應事接物的心；如今應事接物的心，亦是循此天理，便是那三更時分空空静静的心。故動、静只是一個，分别不得。知得動、静合一，釋氏毫釐差處亦自莫揜矣。"[2]

[1] 兩下，指儒、釋。

[2] 參見《答黃宗賢、應原忠》："向時未見得向裏面意思，此工夫自無可講處，今已見此一層，却恐好易惡難，便流入禪、釋去也。昨論儒、釋之異，明道所謂'敬以直內則有之，義以方外則未'，畢竟連敬以直內亦不是者，已説到八九分矣。"（《全書》卷四）

又參見《與王純甫·二》："純甫平日徒知存心之説，而未嘗實加克治之功，故未能動静合一，而遇事輒有紛擾之患，今乃能推究若此，必以漸悟往日之墮空虚矣。"（《全書》卷四）

210. 門人在座，有動止甚矜持者。

先生曰："人若矜持太過，終是有弊。"

曰："矜持太過，如何有弊？"

曰："人只有許多精神，若專在容貌上用功，則於中心照管不及者多矣。"

有太直率者。

先生曰："如今講此學，却外面全不檢束，又分心與事爲二矣。"[1]

[1] 參見《書石川卷》："議論好勝，亦是今時學者大病，今學者於道，如管中窺天，少有所見，即自足自是，傲然居之不疑。與人言論，不待其辭之終，而已先懷輕忽非笑之意，訕訕之聲音顏色，拒人於千里之外，不知有道者從傍視之，方爲之竦息汗顏，若無所容，而彼悍然不顧，略無省覺，斯亦可哀也已。"（《全書》卷八）

211. 門人作文送友行，問先生曰："作文字不免費思，作了後又一二日常記在懷。"

曰：“文字思索亦無害；但作了常記在懷，則爲文所累，心中有一物矣，此則未可也。”又作詩送人。先生看詩畢，謂曰：“凡作文字要隨我分限所及，若説得太過了，亦非修辭立誠[1]矣。”

〔1〕語見《易經·乾卦·文言》：“君子進德修業。忠信，所以進德也。修辭立其誠，所以居業也。知至至之，可與幾也。知終終之，可與存義也。”

　　參見《與楊仕鳴》：“詩文之習，儒者雖亦不廢，孔子所謂有德者必有言也。若著意安排組織，未有不起於勝心者。先輩號爲有志斯道，而亦復如是，亦只是習心未除耳。仕鳴既知致知之説，此等處自當一勘而破，瞞他些子不得也。”（《全書》卷五）

212. “文公‘格物’之説，只是少頭腦，如所謂‘察之於念慮之微’，此一句不該與‘求之文字之中，驗之於事爲之著，索之講論之際’[1]混作一例看，是無輕重也。”[2]

〔1〕語本朱熹《大學或問》：“昔者聖人蓋有憂之，是以于其始教，爲之小學，而使之習于誠敬，則所以收其放心，養其德性者，已無所不用其至矣。及其進乎大學，則又使之即夫事物之中，因其所知之理，推而究之，以各致乎其極，則吾之知識，亦得以周遍精切而無不盡也。若其用力之方，則或考之事爲之著，或察之念慮之微，或求之文字之中，或索之講論之際，使于身心性情之德，人倫日用之常，以至天地鬼神之變，鳥獸草木之宜，自其一物之中，莫不有以見其所當然而不容已，與其所以然而不可易者。”（第五八—五九頁）

〔2〕參見《與黃勉之》：“君子學以爲己，成己成物，雖本一事，而先後之序，有不容紊。孟子云：‘學問之道無他，求其放心而已矣。’誦習經史，本亦學問之事，不可廢者，而忘本逐末，明道尚有玩物喪志之戒，若立言垂訓，尤非學者所宜汲汲矣。”（《全書》卷五）

213. 問“有所忿懥”一條[1]。

先生曰：“忿懥幾件[2]，人心怎能無得，只是不可‘有’耳。凡人忿懥，著了一分意思便怒得過當，非廓然大公之體了。故有所忿懥，便不得其正也。如今於凡忿懥等件，只是個物來順應，不要著一分意思，便心體廓然大公，得其本體之正了。且如出外見人相鬬，其不是的，我心亦怒；然雖怒，却此心廓然，不曾動些子氣。如今怒人，亦得如此，方纔是正。”[3]

〔1〕指《大學》：“所謂修身在正其心者，身有所忿懥，則不得其正，有所恐懼，則不得其正，有所好樂，則不得其正，有所憂患，則不得其正。”（第七章）

〔2〕幾件：指忿懥、恐懼、好樂、憂患。

〔3〕參見黃宗羲《劉晴川學案》：“每舉陽明遺事以淑門人，言陽明轉人輕快，一友與人訟，來問是非。陽明曰：‘待汝數日後，心平氣和，當爲汝說。’後數日，其人曰：‘弟子此時心平氣和，願賜教。’陽明曰：‘既是心平氣和了，又教什麼？’”（《明儒學案》卷十九《江右學案四》）

214. “先生嘗言：‘佛氏不著相，其實著了相；吾儒著相，其實不著相。’請問。”

曰：“佛怕父子累，却逃了父子；怕君臣累，却逃了君臣；怕夫婦累，却逃了夫婦，都是爲個君臣、父子、夫婦著了相，便須逃避。如吾儒有個父子，還他以仁[1]；有個君臣，還他以義；有個夫婦，還他以別，何曾著父子、君臣、夫婦的相？”[2]

〔1〕佐藤一齋說：“仁，疑當作‘親’。”（《傳習録欄外書》第一九四頁）。
按：五教指父子有親，君臣有義，夫婦有別等，故“親”較“仁”字爲切。

"遣"字參見《景德傳燈錄》："問生死到來如何排遣？師展手曰：
'還我生死來。'"（卷十九）

〔2〕參見《萬松書院記》："古聖賢之學，明倫而已。堯、舜之相授受曰：
'人心惟危，道心惟微，惟精惟一，允執厥中。'斯明倫之學矣。道心
也者，率性之謂也，人心則僞矣。不雜于人僞，率是道心而發之于
用也。以言其情，則爲喜怒哀樂。以言其事，則爲中節之和，爲三
千三百經曲之禮。以言其倫，則爲父子之親，君臣之義，夫婦之
別，長幼之序，朋友之信，而三才之道盡此矣……是故明倫之外無
學矣。外此而學者，謂之異端，非此而論者，謂之邪説，假此而行
者，謂之伯術，飾此而言者，謂之文辭，背此而馳者，謂之功利之
徒，亂世之政。"（《全書》卷七）

以下門人黄修易録

215. 黄勉叔〔1〕問："心無惡念時，此心空空蕩蕩的，不知
亦須存個善念否？"

先生曰："既去惡念，便是善念，便復心之本體矣。譬如
日光被雲來遮蔽，雲去，光已復矣〔2〕。若惡念既去，又要存個
善念，即是日光之中添燃一燈。"〔3〕

〔1〕黄勉叔，名修易，其他未詳。

〔2〕參見《書汪進之太極巖二首》之一："始信心非明鏡臺，須知明鏡亦
塵埃，人人有個圓圈在，莫向蒲團坐死灰。"（《全書》卷二十）

〔3〕參見《答南元善·二》："近來一二同志，與人講學，乃有規礪太刻，
遂相憤戾而去者，大抵皆不免于以善服人之病耳。"（《全書》卷六）

216. 問："近來用功，亦頗覺妄念不生，但腔子裏爲黑窣
窣的〔1〕，不知如何打得光明？"

先生曰："初下手用功，如何腔子裏便得光明？譬如奔流

205

濁水,纔貯在缸裏,初然雖定,也只是昏濁的,須俟澄定既久,自然渣滓盡去,復得清來。汝只要在良知上用功,良知存久,黑窣窣自能光明矣,今便要責效,却是助長,不成工夫。"〔2〕

〔1〕語本《鎮州臨濟慧照禪師語錄》:"山僧往日未有見處時,黑漫漫地,光陰不可空過,腹熱心忙,奔波訪道,後還得力,始到今日。"(《大正大藏》第四十七卷)

〔2〕參見《答劉內重》:"程子云:'所見所期,不可不遠且大,然而爲之亦須量力有漸。志大心勞,力小任重,恐終敗事。'夫學者既立有必爲聖人之志,只消就自己良知明覺處朴實頭致了去,自然循循日有所至,原無許多門面摺數也。外面是非毀譽,亦好資之以爲警切砥礪之地,却不得以此稍動其心,便將流于心勞日拙而不自知矣。"(《全書》卷五)

217. 先生曰:"吾教人'致良知'在'格物'上用功,却是有根本的學問,日長進一日,愈久愈覺精明。世儒教人事事物物上去尋討,却是無根本的學問;方其壯時,雖暫能外面修飾,不見有過,老則精神衰邁,終須放倒;譬如無根之樹,移栽水邊,雖暫時鮮好,終久要憔悴。"〔1〕

〔1〕參見《書王天宇卷》:"君子之學以誠身;格物致知者,立誠之功也。譬之植焉,誠,其根也;格致,其培壅而灌溉之者也。後之言格致者,或異于是矣。不以植根,而徒培壅焉,灌溉焉,敝精勞力,而不知其終何所成矣。是故聞日博而心日外,識益廣而偽益增,涉獵考究之愈詳,而所以緣飾其奸者愈深以甚。"(《全書》卷八)

218. 問"志於道"一章〔1〕。
先生曰:"只'志道'一句,便含下面數句功夫,自住不得。譬如做此屋,'志於道'是念念要去擇地鳩材,經營成個區宅;

'據德'却是經畫已成,有可據矣;'依仁'却是常常住在區宅內,更不離去;'游藝'却是加些畫采,美此區宅。藝者,義也,理之所宜者也,如誦詩、讀書、彈琴、習射之類,皆所以調習此心,使之熟於道也。苟不'志道'而'游藝',却如無狀小子,不先去置造區宅,只管要去買畫掛做門面,不知將掛在何處?"〔2〕

〔1〕 語見《論語‧述而篇》:"子曰:'志于道,據于德,依于仁,游于藝。'"(第六章)

〔2〕 參見《書玄默卷》:"玄默志于道矣,而猶有詩文之好,何耶? 弈,小技也,不專心致志,則不得,況君子之求道,而可分情于他好乎? 孔子曰:'辭達而已矣。'蓋世之爲辭章者,莫不以是藉其口,亦獨不曰有德者必有言,有言者不必有德乎? 德猶根也,言猶枝葉也,根之不植,而徒以枝葉爲者,吾未見其能生也。予別玄默久,友朋得玄默所爲詩者,見其詞藻日益以進,其在玄默,固所爲根盛而枝葉茂者耶?"(《全書》卷八)

又參見王龍溪《與莫廷韓》:"陽明先師嘗戲言曰:'富人用金作酒器,嫌其太質,以五采點飾之,人但稱其爲采妝器皿而亡其金體之貴,右軍之謂也。'"(《王龍溪全集》卷十二)

219. 問:"讀書所以調攝此心,不可缺的。但讀之之時,一種科目〔1〕意思牽引而來,不知何以免此?"

先生曰:"只要良知真切,雖做舉業,不爲心累,總〔2〕有累,亦易覺克之而已。且如讀書時,良知知得強記之心不是,即克去之;有欲速之心不是,即克去之;有誇多鬭靡之心不是,即克去之。如此亦只是終日與聖賢印對,是個純乎天理之心。任他讀書,亦只是調攝此心而已,何累之有?"

曰:"雖蒙開示,奈資質庸下,實難免累。竊聞窮通有命,上智之人,恐不屑此。不肖爲聲利牽纏,甘心爲此,徒自苦耳。欲屛棄之，又制于親，不能舍去，奈何？”

先生曰：“此事歸辭於親者多矣；其實只是無志。志立得時，良知千事萬爲只是一事，讀書作文安能累人，人自累於得失耳！”[3]因嘆曰：“此學不明，不知此處擔閣[4]了幾多英雄漢！”[5]

〔1〕科目：科舉考試。

〔2〕張本“總”作“縱”。

〔3〕參見《寄聞人邦英邦正》：“家貧親老，豈可不求祿仕？求祿仕而不工舉業，却是不盡人事而徒責天命，無是理矣。但能是立志堅定，隨事盡道，不以得失動念，則雖勉習舉業，亦自無妨聖賢之學。若是原無求爲聖賢之志，雖不舉業，日談道德，亦只成就得務外好高之病而已。此昔人所以有“不患妨功、惟患奪志”之説也。夫謂之奪志，則已有志可奪；若尚未有可奪之志，却又不可以不深思疑省而早圖之。每念賢弟資質之美，未嘗不切拳拳。夫美質難得而易壞，至道難聞而易失，盛年難遇而易過，習俗難革而易流。昆玉勉之。”（《全書》卷四）

〔4〕擔閣：延誤。

〔5〕此條之後，間東本多二條如下：

（1）先生曰：“良知猶主人翁，私欲猶豪奴悍婢。主人翁沉疴在牀，奴婢便敢擅作威福，家不可以言齊矣。若主人翁服藥治病，漸漸痊可，略知檢束，奴婢亦自漸聽指揮。及沉疴脱體，起來擺布，誰敢有不受約束者哉！良知昏迷，衆欲亂行；良知精明，衆欲消化，亦猶是也。”

（2）先生曰：“合著本體的是工夫；做得工夫的，方識本體。”

220. 問：“‘生之謂性’，告子亦説得是，孟子如何非之？”

先生曰：“固是性，但告子認得一邊去了，不曉得頭腦；若曉得頭腦，如此説亦是。孟子亦曰：‘形色，天性也。’[1]這也是指氣説。"又曰:"凡人信口説,任意行,皆説此是依我心性出來,此是所謂生之謂性;然却要有過差。若曉得頭腦,依吾良知上説出來,行將去,便自是停當。然良知亦只是這口説,這身行,豈能外得氣,別有個去行去説。故曰:'論性不論氣,不備;論氣不論性,不明。'[2]氣亦性也,性亦氣也,但須認得頭腦是當。"[3]

〔1〕語見《孟子·盡心篇上》:"孟子曰:'形色,天性也;惟聖人然後可以踐形。'(第三十八章)

〔2〕語見《二程集·遺書》卷六。

〔3〕王守仁稱述王鼈的性善説,實亦反映王本人的見解,故可參看。其言見于《太傅王文恪公傳》:"其論性善云:欲知性之善乎,盍反而内觀乎?寂然不動之中,而有至虛至靈者存焉,湛兮其非有也,窅兮其非無也,不墮于中邊,不雜于聲臭。當是時也,善且未形,而惡有所謂惡者哉!惡有所謂善惡混者哉!惡有所謂三品者哉!性,其猶鑑乎!鑑者,善應而不留,物來則應,物去則空,鑑何有焉!性,惟虛也,惟靈也,惡安從生?其生于蔽乎!氣質者,性之所寓也,亦性之所由蔽也。氣質異而性隨之,譬之珠焉,墜于澄淵則明,墜于濁水則昏,墜于污穢則穢。澄淵,上智也;濁水,凡庶也;污穢,下愚也。天地間腷塞充滿皆氣也,氣之靈皆性也。人得氣以生,而靈隨之。譬之月在天,物各隨其分而受之。江湖淮海,此月也;池沼,此月也;溝渠,此月也;坑塹,亦此月也,豈必物物而授之。心者,月之魄也;性者,月之光也;情者,光之發于物者也。"(《全書》卷二十五)

221. 又曰:"諸君功夫,最不可'助長'。上智絕少,學者無超入聖人之理,一起一伏,一進一退,自是功夫節次,不可以我前日用得功夫了,今却不濟,便要矯强做出一個没破綻的模樣,這便是‘助長’,連前些子功夫都壞了。此非小過。譬如行路的人遭一蹶跌,起來便走,不要欺人做那不曾跌倒的樣子出來。諸君只要常常懷個‘遯世無悶,不見是而無悶’[1]之心,依此良知忍耐做去,不管人非笑,不管人毀謗,不管人榮辱,任他功夫有進有退,我只是這致良知的主宰不息,久久,自然有得力處,一切外事亦自能不動。”[2] 又曰:“人若著實用功,隨人毀謗,隨人欺慢,處處得益,處處是進德之資;若不用功,只是魔也,終被累倒。”[3]

[1] 語見《易經‧乾卦‧文言》:“不易乎世,不成乎名,遯世無悶,不見是而無悶,樂則行之,憂則違之,確乎其不可拔,潛龍也。”

[2] 參見《與陳惟濬》:“只是致良知三字,尤簡易明白,有實下手處,更無走失。近時同志,亦已無不知有致良知之說,然能于此實用工者絕少,皆緣見得良知未真,又將致字看太易了,是以多未有得力處。雖比往時支離之說稍有頭緒,然亦只是五十步百步之間耳。”(《全書》卷六)

[3] 參見《答友人》:“君子之學,務求在己而已。毀譽榮辱之來,非獨不以動其心,且資之以爲切磋砥礪之地,故君子無入而不自得,正以其無入而非學也。若夫聞譽而喜,聞毀而戚,則將惶惶于外,惟日之不足矣,其何以爲君子?”(《全書》卷六)

222. 先生一日出游禹穴[1],顧田間禾曰:“能幾何時,又如此長了!”

范兆期[2]在傍曰:“此只是有根。學問能自植根,亦不患無長。”

先生曰:“人孰無根?良知即是天植靈根,自生生不息;但著了私累,把此根戕賊蔽塞,不得發生耳。”[3]

〔1〕會稽山小峰之一,在今浙江紹興縣。

〔2〕情況不詳。

〔3〕此條與第217條思想相似。又參見《贈郭善甫歸省序》:"陽明子曰:'君子之于學也,猶農夫之于田也,既善其嘉種矣,又深耕易耨,去其螟莠,時其灌溉,早作而夜思,皇皇惟嘉種之是憂也,而後可望于有秋。"(《全書》卷七)

223. 一友常易動氣責人。

先生警之曰:"學須反己。若徒責人,只見得人不是,不見自己非。若能反己,方見自己有許多未盡處,奚暇責人?舜能化得象的傲,其機括只是不見象的不是。若舜只要正他的姦惡,就見得象的不是矣;象是傲人,必不肯相下,如何感化得他?"

是友感悔。

曰:"你今後只不要去論人之是非,凡當責辯人時,就把做一件大己私克去,方可。"〔1〕

〔1〕佐藤一齋根據閭東本所附《遺言錄》説:"《遺言錄》有一條,與此章互發,錄如左:先生曰:'朋友相處,常見自家不是,方能求人之不是。若只覺自家爲是,便懷輕忽之心,漫然不顧,不知病痛蓄之漸長,害不可言。善者固吾師,不善者亦吾師。且如見人多言,吾便自省亦多言否? 見人好高,吾便自省亦好高否? 這便是相觀而善,處處得益。'"(《傳習錄欄外書》第一九八頁)

224. 先生曰:"凡朋友問難,縱有淺近粗疏,或露才揚己,皆是病發。當因其病而藥之可也,不可便懷鄙薄之心,非君子與人爲善〔1〕之心矣。"〔2〕

〔1〕語本《孟子·公孫丑篇上》:"大舜有大焉,善與人同,舍己從人,樂取于人以爲善。自耕稼陶漁以至爲帝,無非取于人者。取諸人以爲善,是與人爲善者也,故君子莫大乎與人爲善。"(第八章)

〔2〕參見《答儲柴墟》:"僕常以爲世有周、程諸君子,則吾固得而執弟子之役,乃大幸矣。其次有周、程之高弟焉,吾猶得而私淑也。不幸世又無是人。有志之士,悵悵其將焉求乎? 然則何能無憂也。憂之而不以責之己,責之己而不以求輔于人,求輔于人而待之不以誠,終亦必無所成而已耳。凡僕于今之後進,非敢以師道自處也,將求其聰明特達者與之講明,因以自輔也。彼自以後進求正于我,雖不師事我,固有先後輩之道焉。"(《全書》卷二十一)

225. 問:"《易》,朱子主卜筮〔1〕,程《傳》主理〔2〕,何如?"

先生曰:"卜筮是理,理亦是卜筮。天下之理孰有大于卜筮者乎? 只爲後世將卜筮專主在占卦上看了,所以看得卜筮似小藝。不知今之師友問答,博學、審問、慎思、明辨、篤行之類,皆是卜筮。卜筮者,不過求決狐疑,神明吾心而已。《易》是問諸天。人有疑,自信不及,故以《易》問天。謂人心尚有所涉,惟天不容僞耳。"〔3〕

〔1〕朱熹説,《易》本爲卜筮而作。(《朱子語類》卷六十六)

〔2〕程頤《易傳序》:"吉凶消長之理,進退存亡之道,備于辭。推辭考卦,可以知變,象與占在其中矣。"(《二程集·文集》卷八)

〔3〕王守仁以"卜筮是理",反對迷信邪術治病:"病者宜求醫藥,不得聽信邪術,專事巫禱。"(《全書》卷十六《告諭》)反對符咒求雨:"未聞有所謂書符咒水而可以得雨者也,……又況如今之方士之流,曾不少殊于市井醫頑,而欲望之以揮斥雷電、呼吸風雨之事,豈不難哉!"(《全書》卷二十一《答佟太守求雨》)

226. 黃勉之[1]問:"'無適也,無莫也,義之與比[2]',事事要如此否?"

先生曰:"固是事事要如此,須是識得個頭腦乃可,義即是良知,曉得良知是個頭腦,方無執著。且如受人餽送,也有今日當受的,他日不當受的;也有今日不當受的,他日當受的[3]。你若執著了今日當受的,便一切受去;執著了今日不當受的,便一切不受去,便是'適、莫',便不是良知的本體。如何喚得做義?"[4]

〔1〕黃勉之(1490—1540),名省曾,號五岳。蘇州人,舉孝廉,母老未仕,從學陽明于越城,著有《會稽問道錄》,參見《明儒學案》卷二十五。

〔2〕語見《論語·里仁篇》:"子曰:'君子之于天下也,無適也,無莫也,義之與比。'"(第十章)

〔3〕語本《孟子·公孫丑篇下》:"陳臻問曰:'前日於齊,王餽兼金一百而不受;於宋,餽七十鎰而受。……前日之不受是,則今日之受非也;今日之受是,則前日之不受非也。夫子必居一於此矣。'孟子曰:'皆是也。'"(第三章)

〔4〕參見《別梁日孚序》:"予曰:'其然哉?子以聖人之道爲有方體乎?爲可拘之以時,限之以地乎?世未有既醒之人而復赴湯火、蹈荆棘者。子務醒其心,毋徒湯火荆棘之爲懼。'日孚良久曰:'焯近之矣。聖人之道,求之于心,故不滯于事;出之以理,故不泥于物;根之以性,故不拘以時;動之以神,故不限以地。苟知此矣,焉往而非學也。'……予莞爾而笑曰:'近之矣!近之矣!'"(《全書》卷七)

以下門人黃省曾錄[1]

227. 問:"'思無邪'一言,如何便蓋得三百篇之義?"[2]

先生曰：“豈特三百篇，六經只此一言便可該貫。以至窮古今天下聖賢的話，‘思無邪’一言也可該貫。此外更有何説？此是一了百當的功夫。”〔3〕

〔1〕以下各條中，第238、294條大概爲錢德洪所録。

〔2〕語本《論語·爲政篇》：“子曰：‘詩三百，一言以蔽之，曰思無邪。’”（第二章）

〔3〕參見《稽山書院尊經閣記》：“是常道也，以言其陰陽消息之行焉，則謂之《易》；以言其紀綱政事之施焉，則謂之《書》；以言其歌詠性情之發焉，則謂之《詩》；以言其條理節文之著焉，則謂之《禮》；以言其欣喜和平之生焉，則謂之《樂》；以言其誠僞邪正之辨焉，則謂之《春秋》。是陰陽消息之行也，以至于誠僞邪正之辨也，一也。皆所謂心也，性也，命也。通人物，達四海，塞天地，亘古今，無有乎弗具，無有乎弗同，無有乎或變者也，夫是之謂‘六經’。”（《全書》卷七）

又參見《應天府重修儒學記》：“士之學也，以學爲聖賢。聖賢之學，心學也。道德以爲之地，忠信以爲之基，仁以爲宅，義以爲路，禮以爲門，廉恥以爲垣牆，六經以爲户牖，四子以爲階梯。求之于心而無假于雕飾也，其功不亦簡乎？措之于行而無所不該也，其用不亦大乎？三代之學皆此矣。”（《全書》卷二十三）

228. 問道心、人心。

先生曰：“‘率性之謂道’便是道心，但著些人的意思在，便是人心。道心本是無聲無臭，故曰‘微’；依著人心行去，便有許多不安穩處，故曰‘危’。”〔1〕

〔1〕參見《重修山陰縣學記》：“夫聖人之學，心學也，學以求盡其心而已。堯、舜、禹之相授受曰：‘人心惟危，道心惟微，惟精惟一，允執厥中。’道心者，率性之謂，而未雜于人，無聲無臭，至微而顯，誠之源也。人心則雜于人而危矣，僞之端矣。見孺子之入井而惻隱

率性之道也。從而內交于其父母焉,要譽于鄉黨焉,則人心矣。飢而食,渴而飲,率性之道也,從而極滋味之美焉,恣口腹之饕焉,則人心矣。"(《全書》卷七)

229. 問:"'中人以下,不可以語上[1]',愚的人與之語上尚且不進,況不與之語,可乎?"

先生曰:"不是聖人終不與語,聖人的心憂不得人人都做聖人,只是人的資質不同,施教不可躐等,中人以下的人,便與他說性、說命,他也不省得,也須謾謾[2]琢磨他起來。"[3]

〔1〕語本《論語・雍也篇》:"子曰:'中人以上,可以語上也;中人以下,不可以語上也。'"(第二十一章)

〔2〕謾謾,俞本作"慢慢"。

〔3〕王守仁因材施教思想,可參見第293條。他對聾啞人楊茂施教,是一個著名的例證:"你口不能言是非,你耳不能聽是非,你心還能知是非否?"(茂以字答曰:"知是非。")"如此,你口雖不如人,你耳雖不如人,你心還與人一般。"(茂時首肯拱謝)"大凡人只是此心,此心若能存天理,是個聖賢的心;口雖不能言,耳雖不能聽,也是個不能言不能聽的聖賢。心若不存天理,是個禽獸的心;口雖能言,耳雖能聽,也只是個能言能聽的禽獸。"(茂時扣胸指天)"……你口不能言是非,省了多少閑是非;你耳不能聽是非,省了多少閑是非。凡說是非,便生是非、生煩惱;聽是非,便添是非、添煩惱。你口不能說,耳不能聽,省了多少閑是非,省了多少閑煩惱,你比別人到快活自在了許多。"(茂時扣胸指天蹯地)"我如今教你,但終日行你的心,不消口裏說;但終日聽你的心,不消耳裏聽。"(茂時頓首再拜而已)(《全書》卷二十四《諭泰和楊茂》)並參見第235條注。編按:據《全書》卷二十四所載,二人問答,皆以書寫為之。)

230. 一友問:"讀書不記得,如何?"

先生曰:"只要曉得,如何要記得? 要曉得已是落第二義了,只要明得自家本體。若徒要記得,便不曉得;若徒要曉得,便明不得自家的本體。"[1]

[1] 參見王龍溪《三錫篇贈宮保梅林胡公》:"先師(王守仁)有云:'學貴有序,先須理會大略,然後精微可得而盡。如孔明讀書,先觀大旨,未爲無見,不然,反易溺于瑣碎,非善學者也。'"(《王龍溪全集》卷十三)

又參見《與唐虞佐侍御》:"夫謂學於古訓者,非謂其通於文辭,講説於口耳之間,義襲而取諸其外也。獲也者,得之於心之謂,非外鑠也。必如古訓,而學其所學焉,誠諸其身,所謂默而成之,不言而信,乃爲有得也。"(《全書》卷五)

231. 問:"'逝者如斯'[1],是説自家心性活潑潑地否?"

先生曰:"然。須要時時用致良知的功夫,方才活潑潑地,方才與他川水一般;若須臾間斷,便與天地不相似。此是學問極至處,聖人也只如此。"[2]

[1] 語本《論語‧子罕篇》:"子在川上曰:'逝者如斯夫,不舍晝夜。'"(第十六章)

[2] 參見《與黃宗賢‧六》:"吾輩通患,正如池面浮萍,隨開隨蔽,未論江海,但在活水,浮萍即不能蔽。何者,活水有源,池水無源。有源者由己,無源者從物。故凡不息者有源,作輟者皆無源故耳。"(《全書》卷四)

232. 問"志士仁人"章。[1]

先生曰:"只爲世上人都把生身命子看得來太重,不問當死不當死,定要宛轉委曲保全,以此把天理却丟去了,忍心害理,何者不爲？若違了天理,便與禽獸無異,便偷生在世上百千年,也不過做了千百年的禽獸。學者要於此等處看得明白；比干、龍逢〔2〕,只爲他看得分明,所以能成就得他的仁。"〔3〕

〔1〕語指《論語・衛靈公篇》："子曰：'志士仁人,無求生以害仁,有殺身以成仁。'"(第八章)

〔2〕比干,殷人,因諫紂而死；龍逢,即關龍逢,夏人,因諫桀而死：皆古之忠臣。

〔3〕參見《答毛憲副》："凡禍福利害之説,某亦嘗講之。君子以忠信爲利,禮義爲福。苟忠信禮義之不存,雖禄之萬鍾,爵以侯王之貴,君子猶謂之禍與害；如其忠信禮義之所在,雖剖心碎首,君子利而行之,自以爲福也,況于游離竄逐之微乎？"(《全書》卷二十一)

233. 問："叔孫武叔毁仲尼〔1〕,大聖人如何猶不免於毁謗？"

先生曰："毁謗自外來的,雖聖人如何免得？人只貴於自修,若自己實實落落是個聖賢,縱然人都毁他,也説他不著；却若浮雲揜日,如何損得日的光明。若自己是個象恭〔2〕色莊〔3〕、不堅不介的,縱没一個人説他,他的惡慝終須一日發露,所以孟子説：'有求全之毁,有不虞之譽〔4〕。'毁譽在外的,安能避得？只要自修何如爾。"〔5〕

〔1〕語本《論語・子張篇》："叔孫武叔毁仲尼。子貢曰：'無以爲也,仲尼不可毁也。他人之賢者,丘陵也,猶可踰也；仲尼,日月也,無得而踰焉。人雖欲自絶,其何傷于日月乎？多見其不知量也。'"(第二十四章)

〔2〕象恭：貌恭而心不然。

〔3〕色莊：表面莊重而實不然。

〔4〕《孟子·離婁篇上》第二十一章。

〔5〕參見《與陸元靜·二》："四方英傑,以講學異同之故,議論方興,吾儕可勝辯乎? 惟當反求諸己。苟其言而是歟,吾斯尚有所未信歟? 則當務求其是,不得輒是己而非人也。使其言而非歟,吾斯既已自信歟,則當益致其踐履之實,以務求于自謙,所謂默而成之,不言而信者也。然則今日之多口,孰非吾儕動心忍性,砥礪切磋之地乎?"(《全書》卷五)

又參見《答友人》:"往年駕在留都,左右交讒某于武廟,當時禍且不測,僚屬咸危懼,謂群疑若此,宜圖所以自解者,某曰:'君子不求天下之信己也,自信而已,吾方求以自信之不暇,而暇求人之信己乎?'"(《全書》卷六)

又參見《尤西川紀聞》:近齋説:"陽明在南都時,有私怨陽明者,誣奏極其醜詆,始見頗怒。旋自省曰:'此不得放過。'掩卷自反,俟其心平氣和,再展看,又怒,又掩卷自反。久之,真如飄風浮靄,略無芥蒂。自後雖有大毀謗、大利害,皆不爲動。嘗告學者曰:'君子之學,務求在己而已。毀譽榮辱之來,非惟不以動其心,且資之以爲切磋砥礪之地,故君子無入而不自得,正以無入而非學也。'"(《明儒學案》卷二十五《南中學案一》)

234. 劉君亮〔1〕要在山中靜坐。

先生曰:"汝若以厭外物之心去求之靜,是反養成一個驕惰之氣了;汝若不厭外物,復於靜處涵養,却好。"〔2〕

〔1〕劉君亮,字元道。王守仁有《與劉元道》一信(見《全書》卷五)。非《明儒學案》的郡丞劉君亮(名邦采)。

〔2〕參見《與劉元道》:"來喻欲入坐窮山,絶世故,屏思慮,養吾靈明,必自驗至于通晝夜而不息,然後以無情應世故。且云:'于靜求之,似爲徑直,但勿流于空寂而已。'觀此足見任道之剛毅,立志之不凡。且前後所論,皆不爲無見者矣,可喜可喜。夫良醫之治病,隨

其疾之虛實強弱寒熱内外,而斟酌加減調理補泄之,要在去病而已,初無一定之方,不問證候之如何而必使人人服之也。君子養心之學,亦何以異于是。"(《全書》卷五)

235. 王汝中[1]、省曾侍坐。

先生握扇命曰:"你們用扇。"

省曾起對曰:"不敢。"

先生曰:"聖人之學不是這等綑縛苦楚的,不是妝做道學的模樣。"

汝中曰:"觀仲尼與曾點言志一章略見。"

先生曰:"然。以此章觀之,聖人何等寬洪包含氣象。且爲師者問志於群弟子,三子皆整頓以對,至於曾點,飄飄然不看那三子在眼,自去鼓起瑟來,何等狂態;及至言志,又不對師之問目,都是狂言。設在伊川,或斥罵起來了,聖人乃復稱許他,何等氣象!聖人教人,不是個束縛他通做一般,只如狂者便從狂處成就他,狷者便從狷處成就他,人之才氣如何同得。"[2]

〔1〕王汝中(1498—1583),名畿,號龍溪,浙江山陰人,弱冠舉于鄉,嘉靖癸未下第。魏藥湖曾記載他鄉居時"每見方巾中衣往來講學者,竊罵之。居與陽明鄰,不見也。先生多方誘之。一日,先生與同門投壺雅歌,龍溪過而見之,曰:'腐儒亦爲是耶?'先生答曰:'吾等爲學,未嘗撺板,汝自不知耳。'龍溪于是稍相暱就,已而有味乎其言,遂北面陽明"(《明儒學案》卷十九《江右學案四》)。丙戌試期,遂不欲往,陽明促其就試,中是年會試,時當國者不悦學,不廷試而歸,助陽明接引弟子。壬辰,始廷對,授南京職方主事,遷至武選郎中,亦因學術思想被藉故落職,在各地講學四十餘年以卒。

〔2〕參見王龍溪《書休寧會約》："昔吾陽明先師講學山中時,一人資性警敏,與之語,易于領略,因其請引以入見,先師漫然視之,屢問而多不答,吾惑焉。一人平時作事過常,不顧人非毁,見惡于鄉黨,因其悔請,亦引以入見。先師與之語,竟日忘倦,若有意于斯人者,吾惑焉,間以請問,先師曰:'某也資雖警捷,世情機心不肯放捨,使不聞學,猶有敗露悔改之時,若又使之有聞,見解愈多,趨避愈巧,覆藏愈密,一切圓融智慮,適足增其包藏而益其機變,爲惡將不可復悛矣。某也作事,能不顧人非毁,原是有力量之人,特其狂心偶熾,一時銷歇不下,所患不能悔耳,今既知悔而來,得其轉頭,移此力量爲善,何事不辦? 予所以與其進也。'後二人皆如所料。乃知先師教法,如秦越人視疾,洞見五臟,真神醫也。"(《王龍溪全集》卷二)

236. 先生語陸元静曰:"元静少年亦要解'五經',志亦好博〔1〕。但聖人教人,只怕人不簡易,他説的皆是簡易之規;以今人好博之心觀之,却似聖人教人差了。"〔2〕

〔1〕參見《稽山書院尊經閣記》:"而世之學者,不知求'六經'之實于吾心,而徒考索于影響之間,牽制于文義之末,硜硜然以爲是'六經'矣,是猶富家之子孫,不務守視享用其産業庫藏之實積,日遺忘散失,至于窶人匄夫,而猶囂囂然指其記籍曰:'斯吾産業庫藏之積也,何以異于是。'嗚呼! '六經'之學,其不明于世,非一朝一夕之故矣。尚功利,崇邪説,是謂亂經。習訓詁,傳記誦,没溺于淺聞小見,以塗天下之耳目,是謂侮經。侈淫辭,競詭辯,飾姦心盜行,逐世壟斷,而猶自以爲通經,是謂賊經。若是者,是並其所謂記籍者而割裂棄毁之矣,寧復知所以爲尊經也乎。"(《全書》卷七)

〔2〕參見《寄安福諸同志》:"凡工夫只是要簡易真切。愈真切,愈簡易;愈簡易,愈真切。"(《全書》卷六)

237. 先生曰："孔子無不知而作[1]，顏子有不善未嘗不知[2]，此是聖學真血脉路。"[3]

〔1〕語本《論語·述而篇》："子曰：'蓋有不知而作之者，我無是也。'"（第二十七章）

〔2〕語本《易經·繫辭下》："子曰：'顏氏之子，其殆庶幾乎？有不善未嘗不知，知之未嘗復行也。'"（第五章）

〔3〕參見《寄諸弟》："本心之明，皎如白日，無有有過而不自知者，但患不能改耳。一念改過，當時即得本心。人孰無過，改之爲貴。蘧伯玉大賢也，惟曰'欲寡其過而未能'。成湯、孔子，大聖也，亦惟曰：'改過不吝，可以無大過。'人皆曰：'人非堯、舜，安能無過。'此亦相沿之説，未足以知堯、舜之心。若堯、舜之心而自以爲無過，即非所以爲聖人矣。"（《全書》卷四）

238. 何廷仁、黃正之、李侯璧、汝中、德洪侍坐。

先生顧而言曰："汝輩學問不得長進，只是未立志。"

侯璧起而對曰："珙亦願立志。"

先生曰："難説不立，未是必爲聖人之志耳。"

對曰："願立必爲聖人之志。"

先生曰："你真有聖人之志，良知上更無不盡，良知上留得些子別念掛帶，便非必爲聖人之志矣。"[1]

洪初聞時心若未服，聽説到，不覺悚汗。

〔1〕參見《示弟立志説》："夫道一而已，道同則心同，心同則學同，其卒不同者，皆邪説也。後世大患，尤在無志，故今以立志爲説，中間字字句句，莫非立志，蓋終身問學之功，只是立得志而已。若以是説而合精一，則字字句句皆精一之功，以是説而合敬義，則字字句句皆敬義之功。其諸格致博約忠恕等説，無不脗合，但能實心體之，然後信予言之非妄也。"（《全書》卷七）

239. 先生曰:"良知是造化的精靈。這些精靈,生天生地,成鬼成帝[1],皆從此出,真是與物無對[2]。人若復得他完完全全,無少虧欠,自不覺手舞足蹈,不知天地間更有何樂可代。"[3]

[1] 語出《莊子・大宗師篇》:"夫道有情有信,無爲無形,可傳而不可受,可得而不可見,自本自根,未有天地,自古以固存。神鬼神帝,生天生地。"

[2] 語本程顥所説:"此道與物無對,大不足以名之,天地之用皆我之用。"(《二程集・遺書》卷二上)

[3] 參見《答舒國用》:"君子之戒慎恐懼,惟恐其昭明靈覺者或有所昏昧放逸,流于非僻邪妄,而失其本體之正耳。戒慎恐懼之功,無時或間,則天理常存,而其昭明靈覺之本體,無所虧蔽,無所牽擾,無所恐懼憂患,無所好樂忿懥,無所意必固我,無所歉餒愧怍,和融瑩徹,充塞流行,動容周旋而中禮,從心所欲而不踰,斯乃所謂真灑落矣。"(《全書》卷五)

240. 一友静坐有見,馳問先生。

答曰:"吾昔居滁[1]時,見諸生多務知解口耳異同,無益於得,姑教之静坐。一時窺見光景[2],頗收近效;久之漸有喜静厭動,流入枯槁之病,或務爲玄解妙覺,動人聽聞。故邇來只說'致良知'。良知明白,隨你去静處體悟也好,隨你去事上磨鍊也好,良知本體原是無動無静的。此便是學問頭腦。我這個話頭,自滁州到今,亦較過幾番,只是'致良知'三字無病。醫經折肱[3],方能察人病理。"[4]

[1] 王守仁于正德八年至滁州督馬政,從游學者甚多。滁州:今安徽滁縣。

[2] 參見《年譜・三十九歲》:"兹來乃與諸生静坐僧寺,使自悟性體,顧

恍恍若有可即者。"光景：指性體。

〔3〕語本《左傳》："三折肱知爲良醫。"(定公十三年)

〔4〕參見《與王純甫·三》："學以明善誠身，只兀兀守此昏昧雜擾之心，却是坐禪入定，非所謂必有事焉者矣，聖門寧有是哉！但其毫釐之差，千里之謬，非實地用功，則亦不易辨別。"(《全書》卷四)

　　又參見《與辰中諸生》："刊落聲華，務于切己處著實用力。前在寺中所云靜坐事，非欲坐禪入定，蓋因吾輩平日爲事物紛拏，未知爲己，欲以此補小學'收放心'一段功夫耳。明道云：'才學便須知有著力處，既學便須知得力處。'諸友宜于此處著力，方有進步，異時始有得力處也。學要鞭辟近裏著己。"(《全書》卷四)

　　241. 一友問："功夫欲得此知時時接續，一切應感處反覺照管不及，若去事上周旋，又覺不見了。如何則可？"

　　先生曰："此只認良知未真，尚有内外之間，我這裏功夫不由人急心，認得良知頭腦是當，去樸實用功，自會透徹。到此便是内外兩忘〔1〕，又何心事不合一？"〔2〕

〔1〕語本程顥《答橫渠張子厚先生書》："與其非外而是内，不若内外之兩忘也。兩忘則澄然無事矣。無事則定，定則明，明則尚何應物之爲累哉！"(《二程集·文集》卷二)

〔2〕參見《答舒國用》："程子常言：'人言無心，只可言無私心，不可言無心。'戒慎不睹，恐懼不聞，是心不可無也。有所恐懼，有所憂患，是私心，不可有也。堯、舜之兢兢業業，文王之小心翼翼，皆敬畏之謂也。皆出乎心體之自然也。出乎心體，非有所爲而爲之者，自然之謂也。敬畏之功，無間于動靜，是所謂敬以直内，義以方外也。敬義立而天道達，則不疑其所行矣。"(《全書》卷五)

　　242. 又曰："功夫不是透得這個真機，如何得他充實光輝? 若能透得時, 不由你聰明知解接得來, 須胸中渣滓渾化, 不使有毫髮沾帶始得。"[1]

[1] 參見《山中示諸生五首·一》:"路絕春山久廢尋, 野人扶病強登臨。同遊山侶須乘興, 共探花源莫厭深。鳴鳥遊絲俱自得, 閑雲流水亦何心? 從前却恨牽文句, 展轉支離嘆陸沉。"(《全書》卷二十)

243. 先生曰:"'天命之謂性', 命即是性;'率性之謂道', 性即是道;'修道之謂教', 道即是教。"

問:"如何道即是教?"

曰:"道即是良知, 良知原是完完全全, 是的還他是, 非的還他非, 是非只依著他, 更無有不是處, 這良知還[1]是你的明師。"[2]

[1] 閭東本,"還"作"便"。

[2] 參見王龍溪《讀先師再報海日翁吉安起兵書序》:"夫宸濠逆謀已成, 內外協應。虐焰之熾, 熏灼上下, 人皆謂其大事已定, 無復敢攖其鋒者。師之回舟吉安倡議起兵也, 人皆以爲愚, 或疑其詐。時鄒謙之在軍中, 見人情洶洶, 入請于師(王守仁), 師正色曰:'此義無所逃于天地之間, 使天下盡從寧王, 我一人決亦如此做。人人有個良知, 豈無一人相應而起者, 若夫成敗利鈍, 非所計也。'"(《王龍溪先生全集》卷十三)按王守仁應付宸濠造反, 理即按當時標準, 以良知爲明師, 是的還他是, 非的還他非, 而不計成敗利鈍。

244. 問:"'不睹不聞'是說本體, '戒慎恐懼'是說功夫否?"

先生曰:"此處須信得本體原是不睹不聞的, 亦原是戒慎恐懼的, 戒慎恐懼不曾在不睹不聞上加得些子。見得真時,

224

便謂戒慎恐懼是本體,不睹不聞是功夫亦得。"〔1〕

〔1〕參見王龍溪《沖元會紀》:"先師嘗謂人曰:'戒慎恐懼是本體,不睹不聞是工夫,戒慎恐懼若非本體,于本體上便生障礙。不睹不聞若非工夫,于一切處盡成支離。蓋工夫不離本體,本體即是工夫,非有二也。'"(《王龍溪先生全集》卷一)

又參見楊復所《證學編》:"陽明曰:'不睹不聞是本體,戒慎恐懼是工夫;戒慎恐懼是本體,不睹不聞是工夫。'陽明之下此轉語者,蓋見本體、工夫,原是強名,求其合一,且不可得,而安得有二也。"(《明儒學案》卷三十四《泰州學案三》)

245. 問"通乎畫夜之道而知〔1〕"。

先生曰:"良知原是知畫知夜的。"

又問:"人睡熟時,良知亦不知了。"

曰:"不知何以一叫便應?"

曰:"良知常知,如何有睡熟時?"

曰:"嚮晦宴息〔2〕,此亦造化常理。夜來天地混沌,形色俱泯,人亦耳目無所睹聞,衆竅俱翕,此即良知收斂凝一時。天地既開,庶物露生,人亦耳目有所睹聞,衆竅俱闢,此即良知妙用發生時。可見人心與天地一體,故上下與天地同流〔3〕。今人不會宴息,夜來不是昏睡,即是妄思〔4〕魘寐。"

曰:"睡時功夫如何用?"

先生曰:"知畫即知夜矣。日間良知是順應無滯的,夜間良知即是收斂凝一的,有夢即先兆。"〔5〕

〔1〕語本《易經·繫辭上》:"範圍天地之化而不過,曲成萬物而不遺,通乎畫夜之道而知,故神無方而易無體。"(第四章)

〔2〕語本《易經·隨卦·象》：“澤中有雷，隨，君子以嚮晦入宴息。”嚮晦，入夜。

〔3〕語本《孟子·盡心篇上》：“夫君子所過者化，所存者神，上下與天地同流，豈曰小補之哉！”（第十三章）

〔4〕“妄思”，俞本作“妄想”。

〔5〕參見《寄鄒謙之·二》：“後世心學不講，人失其情，難乎與之言禮。然良知之在人心，則萬古如一日，苟順吾心之良知以致之，則所謂不知足而爲屨，我知其不爲蕢矣。”（《全書》卷六）

246. 又曰：“良知在夜氣[1]發的方是本體，以其無物欲之雜也。學者要使事物紛擾之時，常如夜氣一般，就是‘通乎晝夜之道而知’。”[2]

〔1〕語本《孟子·告子篇上》：“梏之反覆，則其夜氣不足以存，夜氣不足以存，則其違禽獸不遠矣。人見其禽獸也，而以爲未嘗有才焉者，是豈人之情也哉？故苟得其養，無物不長，苟失其養，無物不消。”（第八章）

〔2〕參見《夜氣說》：“夜氣之息，由于旦晝所養，苟梏亡之反復，則亦不足以存矣。今夫師友之相聚于茲也，切磋于道義，而砥礪乎德業，漸而入焉，反而愧焉，雖有非僻之萌，其所滋也，亦已罕矣。迨其離群索居，情可得肆，而莫之警也。欲可得縱，而莫之泥也。物交引焉，志交喪焉，雖有理義之萌，其所滋也亦罕矣。故曰：‘苟得其養，無物不長；苟失其養，無物不消。’”（《全書》卷七）

247. 先生曰：“僊家説到虛，聖人豈能虛上加得一毫實？佛氏説到無，聖人豈能無上加得一毫有？但僊家説虛從養生上來，佛氏説無從出離生死苦海上來，却於本體上加却這些子意思在，便不是他虛無的本色了，便于本體有障礙。聖人只是還他良知的本色,更不著些子意在。良知之虛便是天之太虛[1],良知之無便是太虛之無形,日、月、風、雷、山、川、民、物,凡有貌象形色,皆在太虛無形中發用流行,未嘗作得天的障礙。聖人只是順其良知之發用,天地萬物俱在我良知的發用流行中,何嘗又有一物超於良知之外能作得障礙?"[2]

〔1〕語本張載《正蒙·太和篇》:"由太虛,有天之名。"(《張子全書》卷二)

〔2〕參見《答南元善》:"夫惟有道之士,真有以見其良知之昭明靈覺,圓融洞徹,廓然與太虛而同體。太虛之中,何物不有? 而無一物能爲太虛之障礙。……其于富貴、貧賤、得喪、愛憎之相值,若飄風浮靄之往來變化于太虛,而太虛之體,固常廓然其無礙也。"(《全書》卷六)

248. 或問:"釋氏亦務養心,然要之不可以治天下,何也?"

先生曰:"吾儒養心未嘗離却事物,只順其天則自然,就是功夫。釋氏却要盡絶事物,把心看作幻相[1],漸入虛寂去了,與世間若無些子交涉,所以不可治天下。"[2]

〔1〕參見《頓悟入道要門論》:"夫法雖無種性,應物俱現,心幻也,一切俱幻,若有一法不是幻者,幻即有定;心空也,一切皆空,若有一法不空,空義不立。迷時人逐法,悟時法由人。"(《續藏經》第一輯第二編,第十五套,第五册)

〔2〕參見《重修山陰縣學記》:"夫禪之學,與聖人之學,皆求盡其心也,亦相去毫釐耳。聖人之求盡其心也,以天地萬物爲一體也。吾之父子親矣,而天下有未親者焉,吾心未盡也。吾之君臣義矣,而天下有未義者焉,吾心未盡也。吾之夫婦別矣,長幼序矣,朋友信矣,而天下有未別、未序、未信者焉,吾心未盡也。吾之一家飽暖逸樂

矣,而天下有未飽暖逸樂者焉,其能以親乎? 義乎? 別、序、信乎? 吾心未盡也。故于是有紀綱政事之設焉,有禮樂教化之施焉,凡裁成輔相、成己成物,而求盡吾心焉耳。心盡而家以齊,國以治,天下以平。故聖人之學,不出乎盡心。禪之學,非不以心爲説,然其意以爲是達道也者,固吾之心也,吾惟不昧吾心于其中則亦已矣,而亦豈必屑屑于其外,其外有未當也,則亦豈必屑屑于其中。斯亦其所謂盡心者矣,而不知已陷于自私自利之偏。是以外人倫,遺事物,以之獨善或能之,而要之不可以治家國天下。蓋聖人之學,無人己,無内外,一天地萬物以爲心;而禪之學起于自私自利,而未免于内外之分,斯其所以爲異也。今之爲心性之學者,而果外人倫遺事物,則誠所謂禪矣。使其未嘗外人倫遺事物,而專以存心養性爲事,則固聖門精一之學也,而可謂之禪乎哉! 世之學者,承沿其舉業詞章之習,以荒穢戕伐其心,既與聖人盡心之學相背而馳,日騖日遠,莫知其所抵極矣。有以心性之説而招之來歸者,則顧駭以爲禪,而反讎視之,不亦大可哀乎!"(《全書》卷七)

249. 或問"異端"[1]。

先生曰:"與愚夫、愚婦同的,是謂同德[2];與愚夫、愚婦異的,是謂異端。"[3]

[1] 語本《論語·爲政篇》:"子曰:'攻乎異端,斯害也已。'"(第十六章)

[2] 語出《莊子·馬蹄篇》:"彼民有常性,織而衣,耕而食,是謂同德。"(卷四)

又參見《孟子·離婁篇下》:"儲子曰:'王使人瞷夫子,果有以異于人乎?'孟子曰:'何以異于人哉? 堯、舜與人同耳。'"(第三十二章)

[3] 參見《遠俗亭記》:"君子之行也,不遠于微近纖曲,而盛德存焉,廣業著焉。是故誦其詩,讀其書,求古聖賢之心,以蓄其德而達諸用,則不遠于舉業辭章,而可以得古人之學,是遠俗也矣。……苟

其心之凡鄙猥瑣，而徒閒散疏放之是託，以爲遠俗，其如遠俗何
哉！昔人有言：'事之無害于義者，從俗可也。'君子豈輕于絶俗哉！
然必曰無害于義，則其從之也爲不苟矣。是故苟同于俗以爲通
者，固非君子之行，必遠于俗以求異者，尤非君子之心。"（《全書》卷
二十三）

250. 先生曰："孟子不動心與告子不動心，所異只在毫釐
間。告子只在不動心上著功，孟子便直從此心原不動處分
曉。心之本體原是不動的；只爲所行有不合義，便動了。孟
子不論心之動與不動，只是'集義'，所行無不是義，此心自然
無可動處，若告子只要此心不動，便是把捉此心，將他生生不
息之根反阻撓了，此非徒無益，而又害之。孟子'集義'工夫，
自是養得充滿，並無餒歉，自是縱橫自在，活潑潑地，此便是
浩然之氣。"[1]

[1] 參見《與王晉溪司馬》："今天下知謀才辯之士，其所思慮謀猷，亦無
以大相遠者，然多蔽而不知，或雖知而不能用，或雖用而不相
決，……如神醫之用藥，寒暑虛實，惟意所投，而莫不有以曲中其
機，此非有明睿之資，正大之學，剛直之氣，其孰能與于此？若此
者，豈惟後世之難能，雖古之名世大臣，蓋亦未之多聞也。……自
其識事以來，見世之名公巨卿，負盛望于當代者，其所論列，在尋
常亦有可觀。至于當大疑，臨大利害，得喪毀譽，眩瞀于前，力不能
正，即依違兩可，撝覆文飾，以幸無事，求其卓然之見，浩然之氣，沛
然之詞，如明公之片言者，無有矣。在其平時，明公雖已自有以異
于人，人固猶若無以大異者，必至于是，而後見其相去之甚遠也。
守仁恥爲佞詞以諛人，若明公者，古之所謂社稷大臣，負王佐之
才，臨大節而不可奪者，非明公其誰歟！"（《全書》卷二十七）

251. 又曰:"孟子[1]病源,從性無善無不善上見來。性無善無不善,雖如此説,亦無大差,但告子執定看了,便有個無善無不善的性在內,有善有惡又在物感上看,便有個物在外,却做兩邊看了,便會差。無善無不善,性原是如此。悟得及時,只此一句便盡了,更無有內外之間。告子見一個性在內,見一個物在外,便見他於性有未透徹處。"

〔1〕閭東本、德安府南本等,"孟子"作"告子"。

252. 朱本思[1]問:"人有[2]虛靈,方有良知,若草、木、瓦、石之類,亦有良知否?"

先生曰:"人的良知,就是草、木、瓦、石的良知;若草、木、瓦、石無人的良知,不可以爲草、木、瓦、石矣。豈惟草、木、瓦、石爲然,天、地無人的良知,亦不可爲天、地矣。蓋天、地、萬物與人原是一體,其發竅之最精處,是人心一點靈明,風、雨、露、雷、日、月、星、辰,禽、獸、草、木、山、川、土、石,與人原只一體。故五穀、禽獸之類皆可以養人,藥石之類皆可以療疾,只爲同此一氣,故能相通耳。"[3]

〔1〕朱本思,名得之,號近齋,直隸靖江(今屬江蘇)人。嘗爲江西新城丞。著有《參元三語》等,參見《明儒學案》卷二十五。

〔2〕張本"人有"作"人心"。

〔3〕參見《大學問》:"大人之能以天地萬物爲一體也,非意之也,其心之仁本若是,其與天地萬物而爲一也。豈惟大人,雖小人之心亦莫不然,彼顧自小之耳。是故見孺子之入井,而必有怵惕惻隱之心焉,是其仁之與孺子而爲一體也。孺子猶同類者也,見鳥獸之哀鳴觳觫,而必有不忍之心焉,是其仁之與鳥獸而爲一體也。鳥獸猶有知覺者也,見草木之摧折而必有憫恤之心焉,是其仁之與草

木而爲一體也。草木猶有生意者也,見瓦石之毀壞而必有顧惜之心焉,是其仁之與瓦石而爲一體也。是其一體之仁也,雖小人之心亦必有之,是乃根于天命之性,而自然靈昭不昧者也,是故謂之明德。"(《全書》卷二十六)

253. 先生游南鎮[1]。

一友指巖中花樹問曰:"天下無心外之物;如此花樹在深山中自開自落,於我心亦何相關?"

先生曰:"你未看此花時,此花與汝心同歸於寂[2];你來看此花時,則此花顏色一時明白起來。便知此花不在你的心外。"

〔1〕今浙江會稽山。

〔2〕此"寂"字非寂滅之"寂",而係"寂然不動"之寂。此處言"此花與汝心同歸于寂",下一"同"字,則與柏克萊所謂"存在即被知覺"之意義顯然不同。與第255條相參照,二者的區別更爲顯然。

254. 問:"大人與物同體,如何《大學》又說個厚薄?"[1]

先生曰:"惟是道理自有厚薄,比如身是一體,把手足捍頭目,豈是偏要薄手足? 其道理合如此。禽獸與草木同是愛的,把草木去養禽獸,又忍得;人與禽獸同是愛的,宰禽獸以養親與供祭祀、燕賓客,心又忍得;至親與路人同是愛的,如簞食豆羹[2],得則生,不得則死,不能兩全,寧救至親,不救路人,心又忍得;這是道理合該如此。及至吾身與至親,更不得分別彼此厚薄。蓋以仁民愛物皆從此出,此處可忍,更無所不忍矣。《大學》所謂厚薄,是良知上自然的條理,不可踰越,此便謂之義;順這個條理,便謂之禮;知此條理,便謂之智;終

始是這條理，便謂之信。”〔3〕

〔1〕語本《大學》：“自天子以至于庶人，壹是皆以修身爲本。其本亂而末治者否矣。其所厚者薄，而其所薄者厚，未之有也。”（第一章）

〔2〕語本《孟子·告子篇上》：“一簞食，一豆羹，得之則生，弗得則死，嘑爾而與之，行道之人弗受；蹴爾而與之，乞人不屑也；萬鍾則不辨禮義而受之，萬鍾於我何加焉。”（第十章）

〔3〕參見《禮記纂言序》：“故仁也者，禮之體也；義也者，禮之宜也；知也者，禮之通也。經禮三百，曲禮三千，無一而非仁也，無一而非性也。天敍天秩，聖人何心焉？ 蓋無一而非命也。故克己復禮，則謂之仁；窮理，則盡性以至于命；盡性，則動容周旋中禮矣。”（《全書》卷七）

255. 又曰：“目無體，以萬物之色爲體；耳無體，以萬物之聲爲體；鼻無體，以萬物之臭爲體；口無體，以萬物之味爲體；心無體，以天地萬物感應之是非爲體。”〔1〕

〔1〕王守仁曾稱下一段言語可以與此段語録參照：“雖然，君子之道，用之則行，舍之則藏。用之而不行者，往而不返者也。舍之而不藏者，溺而不止者也。公之用也，既有以行之；其舍之也，有弗能藏者乎？ 吾未見夫有其用而無其體者也。終之言者，盡于道矣，不可以有加矣。”（《全書》卷二十二《送毛憲副致仕歸桐江書院序》）

256. 問“夭壽不貳”〔1〕。

先生曰：“學問功夫，於一切聲利、嗜好俱能脱落殆盡，尚有一種生死念頭毫髮掛帶，便於全體有未融釋處。人於生死念頭，本從生身命根上帶來，故不易去。若於此處見得破，透得過，此心全體方是流行無礙，方是盡性至命之學。”〔2〕

〔1〕語指《孟子·盡心篇上》:"孟子曰:'盡其心者,知其性也。知其性,則知天矣。存其心,養其性,所以事天也。夭壽不貳,修身以俟之,所以立命也。"(第一章)

〔2〕陳龍正曰:"向説夭壽不貳,屬困知勉行(見第 134 條),此又言盡性至命,仍與朱子符,與己説歧矣。"(《陽明要書》)佐藤一齋釋曰:"陳氏之言,似是而非,文成嘗曰:'豎説横説,工夫一般。'則固未必拘拘乎同異。且此説亦未嘗與前説相歧。此學,皆盡性至命之學。困知,困知此也;勉行,勉行此也。至其成功,則與聖人無異,但今方著功,故謂之學耳。"(《傳習録欄外書》第二一七頁)

257. 一友問:"欲於静坐時將好名、好色、好貨等根,逐一搜尋,掃除廓清,恐是剜肉做瘡否?"

先生正色曰:"這是我醫人的方子,真是去得人病根,更有大本事人,過了十數年,亦還用得著[1]。你如不用,且放起,不要作壞我的方子!"

是友愧謝。

少間,曰:"此量非你事,必吾門稍知意思者爲此説以誤汝。"[2]

在坐者皆悚然。

〔1〕佐藤一齋説:"此工夫與《中庸》戒懼、《大學》格致同,戒懼期中和位育,格致期治國平天下,所謂'更有大本事也',故閱十數年,亦宜用此工夫,不獨在初頭入手時事。"(《傳習録欄外書》第二一八頁)

〔2〕指陸元静引犬上堂之喻,見第 159 條。

258. 一友問"功夫不切"。

先生曰:"學問功夫,我已曾一句道盡,如何今日轉説轉遠,都不著根!"

對曰:"致良知蓋聞教矣,然亦須講明。"

先生曰:"既知致良知,又何可講明? 良知本是明白,實落用功便是,不肯用功,只在語言上轉説轉糊塗。"

曰:"正求講明致之之功。"

先生曰:"此亦須你自家求,我亦無別法可道。昔有禪師,人來問法,只把塵尾提起。一日,其徒將塵尾藏過,試他如何設法。禪師尋塵尾不見,又只空手提起[1]。我這個良知就是設法的塵尾,捨了這個,有何可提得?"

少間,又一友請問功夫切要。

先生旁顧曰:"我塵尾安在?"

一時在坐者皆躍然。

〔1〕參見《無題》:"巖頭有石人,爲我下嶙峋。腳踏破履五十兩,身披舊衲四十斤。任重致遠香象力,餐霜坐雪金剛身。夜寒雙虎與溫足,雨後禿龍來伴宿。手握頑磚鏡未光,舌底流泉梅未熟。夜來拾得遇寒山,翠竹黃花共好看。同來問我安心法,還解將心與汝安。"(《全書》卷二十)

又參見《別易仲》:"辰州劉易仲從予滁陽,一日,問:'道可言乎?'予曰:'啞子吃苦瓜,與你説不得,爾要知我苦,還須你自吃。'易仲省然有悟。久之辭歸。別以詩:'迢遞滁山春,子行亦何遠。縈然良苦心,惝恍不遑飯。至道不外得,一悟失群闇。……末學久仳離,頹波竟誰挽!'"(《全書》卷二十)

259. 或問"至誠前知"[1]。

先生曰:"誠是實理,只是一個良知。實理之妙用流行就是神,其萌動處就是幾。誠神幾,曰聖人[2]。聖人不貴前知;禍福之來,雖聖人有所不免,聖人只是知幾,遇變而通耳。良知無前後,只知得見在的幾,便是一了百了。若有個前知的心,就是私心,就有趨避利害的意。邵子必於前知[3],終是利害心未盡處。"[4]

[1] 語本《中庸》:"至誠之道,可以前知。國家將興,必有禎祥,國家將亡,必有妖孽,見乎蓍龜,動乎四體。禍福將至,善,必先知之;不善,必先知之,故至誠如神。"(第二十四章)

[2] 語本周敦頤《通書》:"寂然不動者,誠也;感而遂通者,神也。動而未形,有無之間者,幾也。誠精故明,神應故妙,幾微故幽。誠神幾,曰聖人。"(第四章)

[3] 邵雍主象數,以爲人能前知。

[4] 參見《南岡説》:"夫天地之道,誠焉而已耳。聖人之學,誠焉而已耳。誠故不息,故久故徵,故悠遠,故博厚。是故天惟誠也故常清,地惟誠也故常寧,日月惟誠也故常明。今夫南崗,亦拳石之積耳,而其廣大悠久,至與天地而無疆焉,非誠而能若是乎?"(《全書》卷二十四)

260. 先生曰:"無知無不知,本體原是如此。譬如日未嘗有心照物,而自無物不照。無照無不照,原是日的本體。良知本無知,今却要有知,本無不知,今却疑有不知,只是信不及耳。"[1]

[1] 參見徐波石《波石語録》:"陽明先生曰:'致良知者,此知即一,此知本神,知之不昧,是曰致矣。'"(《明儒學案》卷三十二《泰州學案一》)

又參見李見羅《知本同參》:"子張問行,夫子告之以言忠信,行篤敬,雖蠻貊,其可行矣,又必曰:'立則見其參于前也,在輿則見其倚于衡也。'無言無行,忠信篤敬亦何有。此正所謂默而識之的消息也,止于至善之脈絡也。學問有這一步,纔入微,纔知本,纔上達天德。陽明先生見山中一老叟,自云做言忠信、行篤敬工

夫三十九年。此其人亦可尚矣,只此默識一步,未之知耳。"(《明儒學案》卷三十一《止修學案》)

261. 先生曰:"'惟天下至聖,爲能聰明睿知[1]',舊看何等玄妙! 今看來,原是人人自有的。耳原是聰、目原是明、心思原是睿知,聖人只是一能之爾,能處正是良知。衆人不能,只是個不致知,何等明白簡易。"[2]

〔1〕語本《中庸》:"惟天下至聖,爲能聰明睿知,足以有臨也;寬裕温柔,足以有容也;發强剛毅,足以有執也;齋莊中正,足以有敬也;文理密察,足以有别也。"(第三十一章)

〔2〕參見《寄鄒謙之》:"後世人心陷溺,禍亂相尋,皆由此學不明之故。只將此學字頭腦處指掇得透徹,使人洞然知得是自己生身立命之原,不假外求,如木之有根,暢茂條達,自有所不容已,則所謂悦樂不愠者,皆不待言而喻。"(《全書》卷六)

262. 問:"孔子所謂遠慮[1],周公夜以繼日[2],與將迎不同何如?"

先生曰:"遠慮不是茫茫蕩蕩去思慮,只是要存這天理。天理在人心,亙古亙今,無有終始。天理即是良知,千思萬慮,只是要致良知。良知愈思愈精明,若不精思,漫然隨事應去,良知便粗了。若只著在事上茫茫蕩蕩去思,教[3]做遠慮,便不免有毁譽得喪,人欲攙入其中,就是將迎了。周公終夜以思,只是'戒慎不睹,恐懼不聞'的功夫;見得時,其氣象與將迎自别[4]。"

〔1〕語本《論語・衛靈公篇》:"子曰:'人無遠慮,必有近憂。'"(第十一章)朱熹注引蘇氏説:"故慮不在千里之外,則患在几席之下矣。"這

是就事上説。王守仁此處解説,則就心上論。

〔2〕語本《孟子・離婁篇下》:"周公思兼三王,以施四事;其有不合者,仰而思之,夜以繼日;幸而得之,坐以待旦。"(第二十章)

〔3〕"教做",閭東本、陳本作"叫做"。

〔4〕參見《尤西川紀聞》二:"近齋曰:'昔侍先師,一友自言覺工夫不濟,無奈人欲間斷天理何?'師(王守仁)曰:'若如汝言,工夫盡好了,如何説不濟。我只怕你是天理間斷人欲耳!'其友茫然。"(《明儒學案》卷二十五《南中王門學案一》)

263. 問:"'一日克己復禮,天下歸仁'〔1〕,朱子作效驗説,如何?"

先生曰:"聖賢只是爲己之學〔2〕,重功夫不重效驗。仁者以萬物爲體〔3〕,不能一體,只是己私未忘。全得仁體,則天下皆歸於吾仁,就是'八荒皆在我闥'意〔4〕;天下皆與其仁,亦在其中,如'在邦無怨,在家無怨'〔5〕,亦只是自家不怨,如'不怨天,不尤人'〔6〕之意;然家邦無怨於我,亦在其中,但所重不在此。"〔7〕

〔1〕朱注云:"言一日克己復禮,則天下之人,皆與其仁,極言其效之甚速而至大也。"(《論語集注・顏淵篇》第一章)

〔2〕語本《論語・憲問篇》:"子曰:'古之學者爲己,今之學者爲人。'"(第二十四章)

〔3〕張本,"爲體"作"爲一體"。

〔4〕語出吕與叔《克己銘》,見《宋元學案》卷三十一。

〔5〕語本《論語・顏淵篇》:"仲弓問仁。子曰:'出門如見大賓,使民如承大祭,己所不欲,勿施于人,在邦無怨,在家無怨。'"(第二章)

〔6〕語本《論語・憲問篇》:"子曰:'不怨天,不尤人,下學而上達,知我者其天乎?'"(第三十七章)

〔7〕參見《寄正憲男手墨二卷》:"吾生平講學,只是致良知三字。仁,人心也,良知之誠愛惻怛處便是仁。無誠愛惻怛之心,亦無良知可致矣,汝于此處宜加猛省。"(《全書》卷二十六)

264. 問:"孟子'巧力、聖智'之説,朱子云:'三子力有餘而巧不足。'〔1〕何如?"

先生曰:"三子固有力亦有巧,巧、力實非兩事,巧亦只在用力處,力而不巧,亦是徒力。三子譬如射,一能步箭,一能馬箭,一能遠箭,他射得到俱謂之力,中處俱可謂之巧;但步不能馬,馬不能遠,各有所長,便是才力分限有不同處;孔子則三者皆長。然孔子之和只到得柳下惠而極,清只到得伯夷而極,任只到得伊尹而極,何曾加得些子?若謂'三子力有餘而巧不足',則其力反過孔子了。'巧力'只是發明'聖、知'之義,若識得'聖、知'本體是何物,便自了然。"〔2〕

〔1〕語本《孟子·萬章篇下》:孟子曰:"伯夷,聖之清者也;伊尹,聖之任者也;柳下惠,聖之和者也;孔子,聖之時者也。孔子之謂集大成。集大成也者,金聲而玉振之也。金聲也者,始條理也;玉振之也者,終條理也。始條理者,智之事也;終條理者,聖之事也。智,譬則巧也;聖,譬則力也。由射于百步之外也,其至,爾力也;其中,非爾力也。"(第一章)朱注云:"此復以射之巧力,發明聖智二字之義,見孔子巧力俱全而聖智兼備。三子則力有餘而巧不足,是以一節雖至于聖,而智不足以及乎時中也。"(《孟子集注·萬章篇下》第一章注)

〔2〕參見《寄薛尚謙》:"數年切磋,只得立志辨義利。若于此未有得力處,却是平日所講盡成虚語,平日所見皆非實得,不可以不猛省也!經一蹶者長一智,今日之失,未必不爲後日之得,但已落第二義。須從第一義上著力,一真一切真,若這些子既是,更無討不是

238

處矣。"(《全書》卷四)

265. 先生曰:"'先天而天弗違',天即良知也。'後天而奉天時'[1],良知即天也。"[2]

〔1〕語本《易經・乾卦・文言》:"夫大人者,與天地合其德,與日月合其明,與四時合其序,與鬼神合其吉凶。先天而天弗違,後天而奉天時,天且弗違,而況于人乎,況于鬼神乎?"

〔2〕黄宗羲曰:"先生言致良知以格物,便是先天而天弗違;先生言格物以致其良知,便是後天而奉天時。"(《明儒學案》卷十《姚江學案》)

266. "良知只是個是非之心。是非只是個好惡。只好惡,就盡了是非。只是非,就盡了萬事萬變。"

又曰:"是非兩字是個大規矩,巧處則存乎其人。"[1]

〔1〕參見《寄鄒謙之・三》:"世儒尚有致疑于此(指良知),謂未足以盡道者,只是未嘗實見得耳。近有鄉大夫謂某講學者云:'除却良知,還有什麼説得?'某答云:'除却良知,還有什麼説得!'不審邇來謙之于此兩字,見得比舊又如何矣?無因一面扣之,以快傾渴。"(《全書》卷六)

267. "聖人之知,如青天之日;賢人如浮雲天日;愚人如陰霾天日。雖有昏明不同,其能辨黑白則一。雖昏黑夜裏,亦影影見得黑白,就是日之餘光未盡處。困學功夫,亦只從這點明處精察去耳。"[1]

〔1〕參見《答黄宗賢、應原忠》:"聖人之心,纖翳自無所容,自不消磨刮。若常人之心,如斑垢駁雜之鏡,須痛加刮磨一番,盡去其駁蝕,然後纖塵即見,才拂便去,亦自不消費力,到此已是識得仁體矣。若

駁雜未去，其間固自有一點明處，塵埃之落，固亦見得，亦才拂便
去。至于堆積于駁蝕之上，終弗之能見也，此學利困勉之所由異，
幸弗以爲煩難而疑之也。"(《全書》卷四)

268. 問："知譬日，欲譬雲，雲雖能蔽日，亦是天之一氣合
有的，欲亦莫非人心，合有否？"先生曰："喜、怒、哀、懼、愛、
惡、欲[1]，謂之七情，七者俱是人心合有的，但要認得良知明
白。比如日光，亦不可指著方所，一隙通明，皆是日光所在；
雖雲霧四塞，太虛中色象可辨，亦是日光不滅處，不可以雲能
蔽日，教天不要生雲。七情順其自然之流行，皆是良知之用，
不可分別善惡，但不可有所著。七情有著，俱謂之欲，俱爲良
知之蔽，然纔有著時，良知亦自會覺，覺即蔽去，復其體矣。
此處能勘得破，方是簡易透徹功夫。"[2]

〔1〕語本《禮記·禮運》："所謂人情，喜怒哀懼愛惡欲，七者弗學而能。"
　　（卷七）
〔2〕參見《白説字貞夫説》："道一而已，孰精粗焉而以次爲？君子之德，
　　不出乎性情，而其至塞乎天地。故説也者，情也；貞也者，性也。説
　　以正，情之性也；貞以説，性之命也。性情之謂和，性命之謂中。致
　　其性情之德，而三極之道備矣，而又何二乎？"(《全書》卷二十四)並
　　參見第 156 條。

269. 問："聖人生知、安行，是自然的，如何有甚功夫？"
　　先生曰："知、行二字，即是功夫，但有淺深難易之殊耳。
良知原是精精明明的，如欲孝親，生知、安行的只是依此良知
實落盡孝而已，學知、利行者只是時時省覺，務要依此良知盡
孝而已；至於困知、勉行者，蔽錮已深，雖要依此良知去孝，又
爲私欲所阻，是以不能，必須加人一己百、人十己千之功，方

能依此良知以盡其孝。聖人雖是生知、安行,然其心不敢自是,肯做困知、勉行的功夫。困知、勉行的却要思量做生知、安行的事,怎生成得?"〔1〕

〔1〕參見《年譜·五十六歲》:"諸生彭簪……等偕舊游三百餘,迎入螺川驛中,先生立談不倦曰:'堯、舜生知安行的聖人,猶兢兢業業用困勉的工夫;吾儕以困勉的資質,而悠悠蕩蕩,坐享生知安行的成功,豈不誤己誤人。'"(《全書》卷三十四)

270. 問:"樂是心之本體,不知遇大故,於哀哭時,此樂還在否?"

先生曰:"須是大哭一番了方樂,不哭便不樂矣;雖哭,此心安處即是樂也。本體未嘗有動。"〔1〕

〔1〕參見《與許臺仲書·二》:"吾子纍然憂服之中,顧勞垂念至勤,賢郎以書幣遠及,其何以當?其何以當!道不可須臾而離,故學不須臾而間。居喪亦學也,而喪者以荒迷自居,言不能無荒迷爾,學則不至于荒迷,故曰'喪事不敢不勉'。寧戚之説,爲流俗忘本者言也。喜怒哀樂,發皆中節之謂和,哀亦有和焉,發于至誠,而無所乖戾之謂也。"(《全書》卷二十七)

又參見王龍溪《天柱山房會語》:"子充曰:'陽明夫子居喪,有時客未至慟哭,有時客至不哭。陽和終以不哭爲疑,敢請。'先生曰:'凶事無詔,哀哭貴于由衷,不以客至不至爲加減也。'"(《王龍溪先生全集》卷五)

271. 問:"良知一而已,文王作《彖》,周公繫《爻》,孔子贊《易》,何以各自看理不同?"

先生曰:"聖人何能拘得死格?大要出於良知同,便各爲説何害?且如一園竹,只要同此枝節,便是大同;若拘定枝枝節節都要高下大小一樣，便非造化妙手矣。汝輩只要去培養良知；良知同，更不妨有異處。汝輩若不肯用功，連笋也不曾抽得，何處去論枝節？"[1]

[1] 參見《示弟立志説》："自古聖賢，因時立教，雖若不同，其用功大指，無或少異。《書》謂'惟精惟一'，《易》謂'敬以直内，義以方外'。孔子謂'格致誠正，博文約禮'，曾子謂'忠恕'，子思謂'尊德性而道問學'，孟子謂'集義養氣，求其放心'，雖若人自爲説，有不可強同者，而求其要領歸宿，合若約契，何者？ 夫道，一而已。"（《全書》卷七）

272. 鄉人有父子訟獄，請訴於先生，侍者欲阻之，先生聽之。言不終辭，其父子相抱慟哭而去。[1]

柴鳴治[2]入問曰："先生何言，致伊感悔之速？"

先生曰："我言舜是世間大不孝的子，瞽瞍是世間大慈的父。"

鳴治愕然。請問。

先生曰："舜常自以爲大不孝，所以能孝；瞽瞍常自以爲大慈，所以不能慈。瞽瞍只記得舜是我提孩長的，今何不曾豫悦我？ 不知自心已爲後妻所移了，尚謂自家能慈，所以愈不能慈。舜只思父提孩我時如何愛我，今日不愛，只是我不能盡孝。日思所以不能盡孝處，所以愈能孝。及至瞽瞍底豫時[3]，又不過復得此心原慈的本體，所以後世稱舜是個古今大孝的子，瞽瞍亦做成個慈父。"[4]

[1]《年譜·三十九歲》云："先生三月至廬陵，爲政不事威刑，惟以開導人心爲本……獄牒盈庭，不即斷射，稽國初舊制，慎選里正三老，坐申明亭，使之委曲勸諭，民胥悔勝氣囂訟，至有涕泣而歸者，由是囹圄日清。"此事即當時'至有涕泣而歸者'之一例。'言不終辭'

指先生之言。

〔2〕情況不詳。

〔3〕事本《孟子·離婁篇上》:"舜盡事親之道而瞽瞍底豫,瞽瞍底豫而天下化,瞽瞍底豫而天下之爲父子者定,此之謂大孝。"(第二十八章)底豫:阮元《校勘記》云:"案音義'之爾'切,是用'厎'。"厎,致也;豫,樂也。

〔4〕參見《象祠記》:"意象之死,其在干羽既格之後乎?不然,古之鷙桀者豈少哉?而象之祠獨延于世,吾于是益有以見舜德之至,入人之深,而流澤之遠且久也。象之不仁,蓋其始焉爾,又烏知其終之不見化于舜也。《書》不云乎:'克諧以孝,烝烝乂,不格奸,瞽瞍亦允若。'則已化而爲慈父。象猶不弟,不可以爲諧。進治于善,則不至于惡。不抵于奸,則必入于善,信乎,象蓋已化于舜矣。孟子曰:'天子使吏治其國,象不得以有爲也。'斯盡舜愛象之深而慮之詳,所以扶持輔導之者之周也。不然,周公之聖,而管、蔡不免焉。斯可以見象之既化于舜,故能任賢使能而安于其位,澤加於其民,既死而人懷之也。諸侯之卿命于天子,蓋周官之制,其殆仿于舜之封象歟?吾于是益有以信人性之善,天下無不可化之人也。"(《全書》卷二十三)

273. 先生曰:"孔子有鄙夫來問[1],未嘗先有知識以應之,其心只空空而已;但叩他自知的是非兩端,與之一剖決,鄙夫之心便已了然。鄙夫自知的是非,便是他本來天則,雖聖人聰明,如何可與增減得一毫?他只不能自信,夫子與之一剖決,便已竭盡無餘了。若夫子與鄙夫言時,留得些子知識在,便是不能竭他的良知,道體即有二了。"[2]

〔1〕語本《論語·子罕篇》:"子曰:'吾有知乎哉?無知也。有鄙夫問于我,空空如也,我叩其兩端而竭焉。'"(《第八章》)

〔2〕參見《別張常甫序》:"古之君子,惟有所不知也,而後能知之。後之君子,惟無所不知,是以容有不知也。夫道有本而學有要,是非之辯精矣,義利之間微矣,斯吾未之能信焉。曷亦姑無以爲知之也,而姑疑之,而姑思之乎?"(《全書》卷七)

274. 先生曰:"'烝烝乂不格姦'〔1〕,本注説象已進進於義,不至大爲姦惡。舜徵庸〔2〕後,象猶日以殺舜爲事,何大姦惡如之!舜只是自進於乂,以乂薰烝〔3〕,不去正他姦惡。凡文過揜慝,此是惡人常態,若要指摘他是非,反去激他惡性。舜初時致得象要殺己,亦是要象好的心太急,此就是舜之過處。經過來,乃知功夫只在自己,不去責人,所以致得'克諧'〔4〕,此是舜動心忍性,增益不能處。古人言語,俱是自家經歷過來,所以説得親切。遺之後世,曲當人情;若非自家經過,如何得他許多苦心處?"〔5〕

〔1〕語本《書經·堯典》:四岳言舜"父頑、母嚚、象傲,克諧以孝,烝烝乂,不格姦"。蔡沈注云:"諧,和。烝,進也。言舜不幸遭此,而能和以孝,使之進進以善自治,而不至于大爲姦惡也。"王守仁不同意此注所言象進進以善,而以烝爲薰烝,指舜而言。

〔2〕徵庸:召用。

〔3〕閭東本,"以乂薰烝"作"以乂去薰烝也"。

〔4〕指經文"克諧以孝"。

〔5〕陳龍正曰:"舜亦過而後改乎?與堯、舜已上善無盡,均屬創語。"(《陽明要書》)

275. 先生曰:"古樂不作久矣;今之戲子,尚與古樂意思相近。"

未達,請問。

先生曰:"《韶》之九成[1],便是舜的一本戲子;《武》之九變,便是武王的一本戲子。聖人一生實事,俱播在樂中,所以有德者聞之,便知他盡善盡美與盡美未盡善處[2]。若後世作樂,只是做些詞調,於民俗風化絶無關涉,何以化民善俗?今要民俗反樸還淳,取今之戲子,將妖淫詞調俱去了,只取忠臣、孝子故事,使愚俗百姓人人易曉,無意中感激他良知起來,却於風化有益。然後古樂漸次可復矣。"

曰:"洪要求元聲不可得,恐於古樂亦難復。"

先生曰:"你說元聲在何處求?"

對曰:"古人制管候氣[3],恐是求元聲之法。"

先生曰:"若要去葭灰黍粒中求元聲,却如水底撈月,如何可得?元聲只在你心上求。"

曰:"心如何求?"

先生曰:"古人爲治,先養得人心和平,然後作樂。比如在此歌詩,你的心氣和平,聽者自然悦懌興起,只此便是元聲之始。《書》云'詩言志',志便是樂的本;'歌永言',歌便是作樂的本;'聲依永,律和聲',律只要和聲,和聲便是制律的本。何嘗求之於外?"

曰:"古人制候氣法,是意何取?"

先生曰:"古人具中和之體以作樂,我的中和原與天地之氣相應,候天地之氣,協鳳凰之音,不過去驗我的氣果和否,此是成律已後事,非必待此以成律也。今要候灰管,先須定至日,然至日子時,恐又不準,又何處取得準來?"

[1] 語本《書經·益稷》:"簫韶九成,鳳凰來儀。"九成即《周禮》大司樂的九變。

[2] 語本《論語·八佾篇》:"子謂《韶》:'盡美矣,又盡善也。'謂《武》:

'盡美矣,未盡善也。'"(第二十五章)

〔3〕以管候氣之法,係制十二音調管,每一管與十二個半音程相應。其
中塞以葭灰,將其一端暴露埋于密室土中。如某管中葭灰在相應
的一月的適當時間飛出,這就表明氣對適當氣象的感應(候氣),
因而可以確定該管的聲調是正確的。例如葭灰在冬至子時飛出,
那麼基調接近 F 調的音度(黄鐘之管)就是正確的。

276. 先生曰:"學問也要點化,但不如自家解化〔1〕者,自
一了百當,不然,亦點化許多不得。"〔2〕

〔1〕點化:指師友勸導而化。解化:指良知自知。

〔2〕參見《答人問良知二首》之二:"知得良知却是誰? 自家痛癢自家
知。若將痛癢從人問,痛癢何須更問爲。"(《全書》卷二十)

參見黄宗羲《南瑞泉學案》:"先生故文成分房所取士也,觀摩
之久,因悟人心自有聖賢,奚必他求。一日質于文成曰:'大吉臨
政多過,先生何無一言?'文成曰:'何過?'先生歷數其事。文成
曰:'吾言之矣。'先生曰:'無之。'文成曰:'然則何以知之?'曰:
'良知自知之。'文成曰:'良知獨非我言乎?'先生笑謝而去。居數
日,數過加密,謂文成曰:'與其有過而悔,不若先言之,使其不至
于過也。'文成曰:'人言不如自悔之真。'又笑謝而去。居數日,謂
文成曰:'身過可免,心過奈何?'文成曰:'昔鏡未開,可以藏垢。
今鏡明矣,一塵之落,自難住腳,此正入聖之機也,勉之。'先生謝
别而去。"(《明儒學案》卷二十九《北方王門學案》)

277. "孔子氣魄極大,凡帝王事業,無不一一理會,也只
從那心上來,譬如大樹有多少枝葉,也只是根本上用得培養
功夫,故自然能如此,非是從枝葉上用功做得根本也〔1〕。學
者學孔子,不在心上用功,汲汲然去學那氣魄,却倒做了。"〔2〕

〔1〕參見《答王虎谷》:"程子云:'知之而至,則循理爲樂,不循理爲不樂。'自有不能已者,循理爲樂者也,非真能知性者,未易及此。知性則知仁矣。仁,人心也。心體本自弘毅,不弘者,蔽之也;不毅者,累之也。故燭理明,則私欲自不能蔽累。私欲不能蔽累,則自無不弘毅矣,弘非有所擴而大之也,毅非有所作而強之也,蓋本分之内,不加毫末焉。曾子弘毅之説,爲學者言,故曰不可以不弘毅。此曾子窮理之本,真見仁體,而後有是言。學者徒知不可不弘毅,不知窮理,而惟擴而大之以爲弘,作而強之以爲毅,是亦出于一時意氣之私,其去仁道尚遠也。"(《全書》卷四)

〔2〕王守仁言孔子欲行道于天下,道不行,退修六籍。朱熹學孔子,"却倒做了",早歲便要繼往開來,著許多書,晚年方悔悟。(參見第100條)。

278. "人有過,多於過上用功,就是補甑〔1〕,其流必歸於文過〔2〕。"

〔1〕語本《後漢書》:東漢孟敏荷甑墮地,不顧去,曰:"已破矣,視之何益。"甑:陶器炊飯者。

〔2〕參見《悔齋説》:"悔者,善之端也,誠之復也。君子悔以遷於善,小人悔以不敢肆其惡,惟聖人而後能無悔,無不善也,無不誠也。然君子之過,悔而弗改焉,又從而文焉,過將日入于惡。小人之惡,悔而益深巧焉,益憤譓焉,則惡極而不可解矣。故悔者,善惡之分也,誠僞之關也,吉凶之機也,君子不可以頻悔,小人則幸其悔而或不甚焉耳。"(《全書》卷二十四)

279. "今人於喫飯時,雖無一事在前,其心常役役不寧,只緣此心忙慣了,所以收攝不住。"〔1〕

〔1〕參見《謹齋説》:"君子之學,心學也。心,性也;性,天也。聖人之

心,純乎天理,故無事于學,下是則心有不存,而汨其性、喪其天矣,故必學以存其心。學以存其心者,何求哉? 求諸其心而已矣。求諸其心何爲哉? 謹守其心而已矣。博學也,審問也,慎思也,明辨也,篤行也,皆謹守其心之功也。謹守其心者,無聲之中而常若聞焉,無形之中,而常若睹焉。故傾耳而聽之,惟恐其或謬也,注目而視之,惟恐其或逸也。是故至微而顯,至隱而見,善惡之萌,而纖毫莫遁,由其能謹也。謹則存,存則明,明則其察之也精,其存之也一。"(《全書》卷七)

280. "琴、瑟、簡編,學者不可無,蓋有業以居之[1],心就不放。"[2]

[1] 語本《易經·乾卦·文言》:"修辭立其誠,所以居業也。"

[2] 參見《與陸元静》:"使在我果無功利之心,雖錢穀兵甲,搬柴運水,何往而非實學? 何事而非天理? 況子史詩文之類乎? 使在我尚存功利之心,則雖日談道德仁義,亦只是功利之事,況子史詩文之類乎? 一切屏絶之説,是猶泥于舊習,平日用功,未有得力處,故云爾。"(《全集》卷四)

281. 先生嘆曰:"世間知學的人,只有這些病痛打不破,就不是善與人同。"[1]

崇一曰:"這病痛只是個好高不能忘己爾。"

[1] 參見《文山別集序》:"當顛沛之心,而不忘乎與人爲善者,節之裕也。致自盡之心,而欲人同歸于善者,忠之推也。不以蘄知爲嫌,而行其教人之誠者,仁之篤也。"(《全書》卷二十二)

282. 問:"良知原是中和的,如何却有過、不及?"
先生曰:"知得過、不及處,就是中和。"[1]

〔1〕參見王龍溪《滁陽會語》:"先師(王守仁)自謂:'良知二字,自吾從萬死一生中體悟出來,多少積累在,但恐學者見太容易,不肯實致其良知,反把黃金作頑鐵用耳。'先師在留都時,見有人傳謗書,見之不覺心動,移時始忘,因謂終是名根消煞未盡,譬之濁水澄清,終有濁在。余嘗請問平藩事。先師云:'在當時只合如此做,覺來尚有微動于氣所在。使今日處之,更自不同。'"(《王龍溪先生全集》卷二)

283. "'所惡於上'是良知,'毋以使下'即是致知。"〔1〕

〔1〕語本《大學》:"所惡于上,毋以使下,所惡于下,毋以事上……此之謂絜矩之道。"(第十章)

又參見《與黃宗賢》:"夫加諸我者,我所不欲也。無加諸人,我所欲也,出乎其心之所欲,皆自然而然,非有所強;勿施諸人,則勉而後能。此仁、恕之別也。然恕,求仁之方,正吾儕之所有事也。"(《全書》卷四)

284. 先生曰:"蘇秦、張儀之智,也是聖人之資。後世事業文章,許多豪傑名家〔1〕,只是學得儀、秦故智。儀、秦學術,善揣摸人情,無一些不中人肯綮〔2〕,故其說不能窮。儀、秦亦是窺見得良知妙用處,但用之於不善爾。"

〔1〕參見王龍溪《曾舜徵別言》:"弘正間,京師倡爲詞章之學。李、何擅其宗,陽明先師結爲詩社,更相倡和,風動一時,鍊意繪辭,寖登述作之壇,幾入其髓。既而翻然悔之,以有限之精神,弊于無益之空談,何異隋珠彈雀,其昧于輕重亦甚矣。縱欲立言爲不朽之業,等而上之,更當有自立處。大丈夫出世一番,豈應泯泯若是而已乎?社中人相與惜之:'陽明子業幾有成,中道棄去,可謂志之無恆也。'先師聞而笑曰:'諸君自以爲有志矣,使學如韓、柳,不過爲文

人,辭如李、杜,不過爲詩人,果有志于心性之學,以顏、閔爲期,當與共事,圖爲第一等德業。譬諸日月終古常見而景象常新,就論立言,亦須一一從圓明竅中流出,蓋天蓋地,始是大丈夫所爲,傍人門户,比量揣擬,皆小技也。'"(《王龍溪先生全集》卷十六)

〔2〕語本《莊子·養生主篇》:"因其固然,技經肯綮之未嘗,而況大軱乎。"肯綮:骨肉相著結處。

285. 或問"未發、已發"。

先生曰:"只緣後儒將未發、已發分説了,只得劈頭説個無未發、已發,使人自思得之。若説有個已發、未發,聽者依舊落在後儒見解。若真見得無未發、已發,説個有未發、已發原不妨,原有個未發、已發在。"〔1〕

問曰:"未發未嘗不和,已發未嘗不中。譬如鐘聲未扣,不可謂無,既扣不可謂有,畢竟有個扣與不扣,何如?"

先生曰:"未扣時原是驚天動地,既扣時也只是寂天寞地。"

〔1〕參見《答汪石潭内翰》:"夫喜怒哀樂,情也,既曰不可謂未發矣。喜怒哀樂之未發,則是指其本體而言,性也。斯言自子思,非程子而始有。執事既不以爲然,則當自子思《中庸》始矣。喜怒哀樂之與思與知覺,皆心之所發,心統性情。性,心體也;情,心用也。程子云:'心一也,有指體而言者,寂然不動是也。有指用而言者,感而遂通是也。'斯言既無以加矣,執事姑求之體用之説:夫體用一源也,知體之所以爲用,則知用之所以爲體者矣。雖然,體微而難知也,用顯而易見也,執事之云,不亦宜乎。"(《全書》卷四)

又參見《答陸元静書》:"未發在已發之中,而已發之中,未嘗別有未發者在;已發在未發之中,而未發之中,未嘗別有已發者存,是未嘗無動静,而不可以動静分者也。"(《傳習録》中)

286. 問：“古人論性，各有異同，何者乃爲定論？”

先生曰：“性無定體，論亦無定體[1]。有自本體上説者，有自發用上説者，有自源頭上説者，有自流弊處説者。總而言之，只是一個性，但所見有淺深爾。若執定一邊，便不是了。性之本體，原是無善、無惡的。發用上也原是可以爲善、可以爲不善的。其流弊也原是一定善、一定惡的[2]。譬如眼，有喜時的眼，有怒時的眼，直視就是看的眼，微視就是覷的眼。總而言之，只是這個眼。若見得怒時眼，就説未嘗有喜的眼；見得看時眼，就説未嘗有覷的眼，皆是執定，就知是錯。孟子説性，直從源頭上説來，亦是説個大概如此。荀子性惡之説，是從流弊上説來，也未可盡説他不是，只是見得未精耳。衆人則失了心之本體。”

問：“孟子從源頭上説性，要人用功在源頭上明徹；荀子從流弊説性，功夫只在末流上救正，便費力了。”

先生曰：“然。”

[1] 參見《與王純甫·二》：“夫心主于身，性具于心，善原于性，孟子之言性善是也。善即吾之性，無形體可指，無方所可定，夫豈自爲一物可從何處得來者乎？”（《全書》卷四）

[2] 佐藤一齋説：“此句義不可解，疑必有誤脱。似當作：‘其源頭也，原是一定善的；其流弊也，原是一定惡的。’”（《傳習録欄外書》第二二五頁）

287. 先生曰：“用功到精處，愈著不得言語，説理愈難。若著意在精微上，全體功夫反蔽泥了。”[1]

[1] 參見《與顧惟賢》：“凡言意所不能達，多假于譬喻，以意逆志，是爲得之；若必拘文泥象，則雖聖人之言，且亦不能無病，況于吾儕學

有未至！詞意之間,本已不能無弊者,何足異乎！今時學者大患,不能立懇切之志,故鄙意專以責志立誠爲重。"(《全書》卷二十七)

288. "楊慈湖〔1〕不爲無見,又著在無聲無臭上見了。"〔2〕

〔1〕楊簡(1141—1225),宋慈谿人,字敬仲。乾道進士,歷官國子博士、祕書郎、寶謨閣學士等,有賢名。卒諡文元,學者稱慈湖先生。著有《甲乙稿》、《楊氏易傳》、《五誥解》、《器明詩傳》、《冠記》、《昏記》等書。

又參見《與顧惟賢》:"承寄《慈湖文集》,客冗未能遍觀。來喻欲摘其尤粹者再圖翻刻,甚喜。但古人言論自各有見,語脈牽連,互有發越,今欲就其中以己意删節之,似亦甚有不易,莫若盡存,以俟具眼者自加分別。所云超捷,良如高見,今亦當但論其言之是與不是,不當逆觀者之致疑,反使吾心昭明洞達之見有所揜覆而不盡也。"(《全書》卷二十七)

〔2〕參見王龍溪《慈湖精舍會語》:"先師(王守仁)謂慈湖已悟無聲無臭之旨,未能忘見。象山謂'予不說一,敬仲常説一',此便是一障。"(《王龍溪先生全集》卷五)

289. "人一日間,古今世界都經過一番,只是人不見耳。夜氣清明時,無視無聽,無思無作,淡然平懷,就是羲皇世界。平旦時,神清氣朗,雍雍穆穆,就是堯、舜世界。日中以前,禮儀交會,氣象秩然,就是三代〔1〕世界。日中以後,神氣漸昏,往來雜擾,就是春秋、戰國世界。漸漸昏夜,萬物寢息,景象寂寥,就是人消物盡世界。學者信得良知過,不爲氣所亂,便常做個羲皇已上人。"〔2〕

〔1〕三代:夏(前2183—前1752),商(前1752—前1112),周(前1111—前770)。

〔2〕王守仁此處言羲皇世界爲"無視無聽,無思無作",堯、舜世界爲"神

清氣朗,雍雍穆穆",這都是"信得良知過"的結果。參見王龍溪
《藏密軒記》:"我陽明先師,超然玄悟,會于天地鬼神之奧,首倡良
知之説以覺天下,千聖不傳之緒賴以復續。良知知是知非而實無
是無非。知是知非者,心之神明,無是無非者,退藏之密也。人知
神之神,不知不神之爲神,無知之知是爲真知,罔覺之修是爲真
修,文王所以不識不知而順帝則也。"(《王龍溪先生全集》卷十七)

290. 薛尚謙、鄒謙之、馬子莘、王汝止[1]侍坐,因嘆先生
自征寧藩已來[2],天下謗議益衆,請各言其故。有言先生功
業勢位日隆,天下忌之者日衆;有言先生之學日明,故爲宋儒
争是非者亦日博;有言先生自南都以後,同志信從者日衆,而
四方排阻者日益力。

先生曰:"諸君之言,信皆有之,但吾一段自知處,諸君俱
未道及耳。"

諸友請問。

先生曰:"我在南都[3]已前,尚有些子鄉愿的意思在;我
今信得這良知真是真非,信手行去,便不著些覆藏;我今纔做
得個狂者的胸次,使天下之人都説我行不掩言也罷。"[4]

尚謙出曰:"信得此過,方是聖人的真血脈。"[5]

[1] 王汝止(1483—1540),名艮,號心齋,泰州人,父爲竈丁,七歲受書
鄉塾,家貧不能竟學。二十五歲,過孔子廟,以聖人可學而至,歸
取《孝經》、《論語》、《大學》自學,以經證悟,以悟證經,發明自得,不
泥傳注。嘗按《禮經》制古禮服服之,曰:"言堯之言,行堯之行,而
不服堯之服,可乎?"聞王守仁巡撫江西,講良知之學,以古服往
見,守仁迎之門外。始入,艮據上座,辯難久之,稍心折,移其座于
側,論畢,乃嘆曰:"簡易直截,艮不及也。"下拜自稱弟子。退而思
之,悔曰:"吾輕易矣。"明日入見,且告之悔。守仁曰:"善哉!子之

不輕信從也。"艮復上坐,辯難久之,始大服,遂稱弟子如初。守仁謂門人曰:"向者吾擒宸濠,一無所動,今却爲斯人動矣。"後王艮至京都,冠服言動,不與人同,人以怪魁目之,時守仁之學,謗議蠭起,移書責之。艮還會稽,及門三日不見。守仁送客出門,艮長跪道旁,守仁不顧而入,艮隨至庭下,厲聲曰:"仲尼不爲已甚。"守仁方揖之起。守仁弟子遍天下,率皆有爵位,艮以布衣抗其間,聲名出諸弟子上,時與王畿合稱"二王",著有《王心齋集》。參見《明儒學案》卷三十二。

〔2〕寧王宸濠爲明武宗之叔祖,1519 年 6 月自南昌起兵謀亂,王守仁時巡南贛,未奉武宗命即舉兵破平之,此次談話在 1523 年(《年譜》,五十二歲)。

〔3〕王守仁自 1514 年至 1516 年在南京任職。

〔4〕參見《與胡伯忠》:"君子與小人居,決無苟同之理,不幸勢窮理極,而爲彼所中傷,則安之而已。處之未盡于道,或過于疾惡,或傷于憤激,無益于事,而致彼之怨恨讎毒,則皆君子之過也。昔人有言,事之無害于義者,從俗可也。君子豈輕于從俗,獨不以異俗爲心耳。與惡人居,如以朝衣朝冠坐于塗炭者,伯夷之清也。雖袒裼裸裎于我側,彼焉能浼我哉!柳下惠之和也。君子以變化氣質爲學,則惠之和,似亦執事之所宜從者。……正人難得,正學難明,流俗難變,直道難容,臨筆惘然,如有所失。"(《全書》卷四)

又參見王龍溪《水西精舍會語》:"先師(王守仁)自云:'吾居夷以前,稱之者十九。鴻臚以前,稱之者十之五,議者十之五。鴻臚以後,議者十之九矣。學愈真切,則人愈見其有過。前之稱者,乃其包藏掩飾,人故不得而見也。'"(《王龍溪先生全集》卷三)

〔5〕此條之後,有《問鄉原》一條,《年譜》載之,可與此條相互發明,其文如下:

(薛尚謙、鄒謙之、馬子莘、王汝止侍坐),請問鄉原、狂者之辨。曰:"鄉原以忠信廉潔見取于君子,以同流合污無忤于小人,故非之無舉，刺之無刺。然究其心，乃知忠信廉潔，所以媚君子也，同流合污，所以媚小人也，其心已破壞矣，故不可與入堯、舜之道。狂者志存古人，一切紛囂俗染，舉不足以累其心，真有鳳凰翔于千仞之意。一克念，即聖人矣。惟不克念，故闊略事情，而行常不掩。惟行不掩，故心尚未壞而庶可與裁。”曰：“鄉愿何以斷其媚世？”曰：“自其譏狂狷知之。狂狷不與俗諧，而謂‘生斯世也，爲斯世也，善斯可矣’。此鄉愿志也，故其所爲，皆色取不疑，所以謂之似。三代以下，士之取盛名于時者，不過得鄉愿之似而已。究其忠信廉潔，或未免致疑于妻子也。雖欲純乎鄉愿，亦未易得，而況聖人之道乎！”曰：“狂狷爲孔子所思，然至于傳道，終不及琴張輩，而傳曾子，豈曾子乃狂狷之流乎？”先生曰：“不然。琴張輩，狂者之禀也，雖有所得，終止于狂。曾子，中行之禀也，故能悟入聖人之道。”（《全書》卷三十四）

又參見《與黃宗賢書》：“近與尚謙、子莘、誠甫講《孟子》鄉愿狂狷一章，頗覺有所省發。”（《全書》卷五）

291. 先生鍛鍊人處，一言之下感人最深。一日，王汝止出遊歸。

先生問曰：“遊何見？”

對曰：“見滿街人都是聖人。”

先生曰：“你看滿街人是聖人，滿街人到看你是聖人在。”

又一日，董蘿石[1]出遊而歸。

見先生曰：“今日見一異事。”

先生曰：“何異？”

對曰：“見滿街人都是聖人。”

先生曰：“此亦常事耳，何足爲異。”

蓋汝止圭角未融，蘿石恍見有悟，故問同答異，皆反其言而進之。

洪與黄正之、張叔謙[2]、汝中丙戌[3]會試歸，爲先生道塗中講學，有信有不信。

先生曰：“你們拿一個聖人去與人講學，人見聖人來都怕走了，如何講得行！須做得個愚夫愚婦，方可與人講學。”

洪又言今日要見人品高下最易。

先生曰：“何以見之？”

對曰：“先生譬如泰山在前，有不知仰者，須是無目人。”

先生曰：“泰山不如平地大，平地有何可見？”

先生一言蒯裁，剖破終年爲外好高之病[4]，在座者莫不悚懼。

〔1〕董蘿石(1457—1533)，名澐，字復宗，海鹽（今屬浙江）人，以詩名，未曾舉功名。年六十八，聞守仁良知説，師事之，守仁以澐年老不可，澐再三委質焉，自號從吾道人。參見《明儒學案》卷十四。

〔2〕張叔謙，名元沖，號浮峰，越之山陰（浙江紹興）人，嘉靖十七年(1538)進士。歷任至右副都御史，巡撫江西，以敢諫稱。參見《明儒學案》卷十四。

〔3〕丙戌：嘉靖五年(1526)，王守仁五十五歲。

〔4〕參見《答劉内重》：“聖人之行，初不遠于人情……大抵奇特斬絶之行，多後世希高慕大者之所喜，聖賢不以是爲貴也。故索隱行怪，則後世有述焉，依乎中庸，固有遯世不見知者矣。”(《全書》卷五)

292. 癸未春，鄒謙之來越問學，居數日，先生送別於浮峰[1]。是夕與希淵諸友移舟宿延壽寺。秉燭夜坐，先生慨悵不已。

曰：“江濤煙柳，故人倏在百里外矣！”

一友問曰：“先生何念謙之之深也？”

先生曰：“曾子所謂‘以能問於不能，以多問於寡，有若無，實若虛，犯而不校[2]’，若謙之者，良近之矣。”[3]

〔1〕癸未：嘉靖二年（1523）。浮峰，越中山名。

〔2〕語見《論語·泰伯篇》第五章。

〔3〕參見《書石川卷》：“某之于道，雖亦略有所見，未敢盡以爲是也。其于後儒之説，雖亦時有異同，未敢盡以爲非也。朋友之來相問者，皆相愛者也，何敢以不盡吾所見。正期體之於心，務期真有所見。其孰是孰非，而身發明之，庶有益于斯道也。若徒入耳出口，互相標立門户，以爲能學，則非某之初心，其所以見罪之者至矣。”（《全書》卷八）

293. 丁亥年九月，先生起復[1]征思、田[2]，將命行時，德洪與汝中論學。

汝中舉先生教言曰：“無善無惡是心之體，有善有惡是意之動，知善知惡是良知，爲善去惡是格物。”

德洪曰：“此意如何？”

汝中曰：“此恐未是究竟話頭；若説心體是無善、無惡，意亦是無善、無惡的意，知亦是無善、無惡的知，物是[3]無善、無惡的物矣。若説意有善、惡，畢竟心體還有善、惡在。”

德洪曰：“心體是‘天命之性’，原是無善、無惡的；但人有習心，意念上見有善惡在，格、致、誠、正、修，此正是復那性體功夫。若原無善惡，功夫亦不消説矣。”

是夕侍坐天泉橋，各舉請正。

先生曰：“我今將行，正要你們來講破此意。二君之見，正好相資爲用，不可各執一邊。我這裏接人，原有此二種，利根之人，直從本原上悟入，人心本體原是明瑩無滯的，原是個

未發之中；利根之人一悟本體即是功夫，人己内外一齊俱透
了。其次不免有習心在，本體受蔽，故且教在意念上實落爲
善、去惡，功夫熟後，渣滓去得盡時，本體亦明盡了。汝中之
見，是我這裏接利根人的；德洪之見，是我這裏爲其次立法
的。二君相取爲用，則中人上下皆可引入於道，若各執一邊，
眼前便有失人，便於道體各有未盡。”

　　既而曰：“已後與朋友講學，切不可失了我的宗旨。無善
無惡是心之體，有善有惡是意之動，知善知惡的[4]是良知，爲
善去惡是格物[5]。只依我這話頭隨人指點，自没病痛，此原
是徹上徹下功夫。利根之人，世亦難遇，本體功夫一悟盡透，
此顔子、明道所不敢承當，豈可輕易望人。人有習心，不教他
在良知上實用爲善、去惡功夫，只去懸空想個本體，一切事爲
俱不著實，不過養成一個虚寂，此個病痛不是小小，不可不早
説破。”

　　是日，德洪、汝中俱有省。

〔1〕丁亥：嘉靖六年(1527)。起復：有喪，服滿而起用。
〔2〕思田：廣西思恩府及田州。
〔3〕施、俞、張三本，“物是”作“物亦是”。
〔4〕施、俞二本，“知善知惡的”作“知善知惡”。
〔5〕王守仁在此提出四句教。此後有關四句教的提出及其意義，在王
　　守仁的弟子中發生争論，一直延續到明末。現將部分重要資料抄
　　録如下，以供參考：
　　　（1）王龍溪《天泉證道紀》：“陽明夫子之學，以良知爲宗，每與
　　門人論學，提四句爲教法——‘無善無惡心之體，有善有惡意之
　　動，知善知惡是良知，爲善去惡是格物。’學者循此用功，各有所
　　得。緒山錢子謂此是師門教人定本，一毫不可更易。先生謂夫子
　　立教隨時，謂之權法，未可執定。體用顯微，只是一機，心意知物，

只是一事。若悟得心是無善無惡之心,意即是無善無惡之意,知即是無善無惡之知,物即是無善無惡之物。蓋無心之心則藏密,無意之意則應圓,無知之知則體寂,無物之物則用神。天命之性,粹然至善。神感神應,其機自不容已,無善可名,惡固本無,善亦不可得而有也,是謂無善無惡,若有善有惡,則意動于物,非自性之流行,著于有矣。自性流行者,動而無動,著于有者,動而動也。意是心之所發,若是有善有惡之意,則知與物一齊皆有,心底盡時亦不可謂之無矣。緒山子謂若是是壞師門教法,非善學也。先生謂學須自證自悟,不從人腳跟轉,若執著師門權法以爲定本,未免滯于言詮,亦非善學也。時夫子將有兩廣之行。錢子謂曰:'吾二人所見不同,何以同人? 盍相與就正夫子?'晚坐天泉橋上,因各以所見請質。夫子曰:'正要二子有此一問。吾教法原有此兩種。四無之説,爲上根人立教;四有之説,爲中根以下人立教。上根之人,悟得無善無惡心體,便從無處立根基,意與知物,皆從無生,一了百當,即本體便是工夫。易簡直截,更無剩欠,頓悟之學也。中根以下之人,未嘗悟得本體,未免在有善有惡上立根基,心與知物,皆從有生,須用爲善去惡功夫,隨處對治,使之漸漸入悟,從有以歸于無,復還本體,及其成功一也。世間上根人不易得,只得就中根以下人立教,通此一路。汝中所見,是接上根人教法;德洪所見,是接中根以下人教法。汝中所見,我久欲發,恐人信不及,徒增躐等之病,故含蓄到今。此是傳心祕藏,顏子、明道所不敢言者,今既已説破,亦是天機該發泄時,豈容復祕。然此中不可執著,若執四無之見,不通得衆人之意,只好接上根人,中根以下人無從接授。若執四有之見,認定意是有善有惡的,只好接中根以下人,上根人亦無從接授。但吾人凡心未了,雖已得悟,仍當隨時用漸修功夫,不如此不足以超凡入聖,所謂上乘兼修中下也。汝中此意,正好保任,不宜輕以示人。概而言之,反成漏泄。德洪却須進此一格,始爲玄通。德洪資性沉毅,汝中資性明朗,故其所得,亦各因其所近。若能互相取益,使吾教法,上下皆通,始爲善學耳。'自此海内相傳天泉證悟之論,道脈始歸于一云。"(《王龍溪先生全集》卷一)

(2)鄒守益《青原贈處》:"陽明夫子之兩廣也,錢、王二子送于富陽。夫子曰:'予別矣,盍各言所學。'德洪對曰:'至善無惡者心,有善有惡者意,知善知惡是良知,爲善去惡是格物。'畿對曰:'心無善而無惡,物無善而無惡,知無善而無惡,意無善而無惡。'夫子笑曰:'洪甫須知汝中本體,汝中須知洪甫功夫,二子打併爲一,不失吾傳矣!'"(《鄒東廓文集》卷一)

(3)錢德洪《復楊斛山》:"人之心體一也,指名曰善可也,曰至善無惡亦可也,曰無善無惡亦可也。曰善曰至善,人皆信而無疑矣。又爲無善無惡之説者,何也?至善之體,惡固非其所有,善亦不得而有也。至善之體,虛靈也,猶目之明,耳之聰也。虛靈之體,不可先有乎善,猶明之不可先有乎色,聰之不可先有乎聲也。目無一色,故能盡萬物之色;耳無一聲,故能盡萬物之聲;心無一善,故能盡天下萬事之善,今之論至善者,乃索之于事事物物之中,先求其所謂定理者,以爲應事宰物之則,是虛靈之內先有乎善也。虛靈之內先有乎善,是耳未聽而先有乎聲,目未視而先有乎色也。塞其聰明之用而窒其虛靈之體,非至善之謂矣,今人乍見孺子入井,皆有怵惕惻隱之心。怵惕惻隱,是謂善矣。然未見孺子之前,皆知講求之功,預有此善以爲之則耶?抑虛靈觸發其機自不容已耶?赤子將入井,自聖人與塗人並而視之,其所謂怵惕惻隱者,聖人不能加,而塗人未嘗減也。但塗人擬議于乍見之後,已淆入於納交要譽之私矣。然則塗人之學聖人也,果憂怵惕惻隱之不足耶?抑去其蔽以還乍見之初心也?虛靈之蔽,不但邪思惡念,雖至美之念,先橫于中,積而不化,已落將迎意必之私,而非時止時行之用矣,故先師曰'無善無惡者心之體',是對後世格物窮理之學,爲先有乎善者立言也,因時設法,不得已之辭焉耳。"(《錢緒山遺文》)

294. 先生初歸越時,朋友蹤跡尚寥落,既後,四方來遊者日進。癸未年已後,環先生而居者比屋,如天妃、光相諸刹,每當一室,常合食者數十人,夜無臥處,更相就席,歌聲徹昏旦。南鎮、禹穴、陽明洞諸山遠近寺刹,徙足所到,無非同志遊寓所在。先生每臨講座,前後左右環坐而聽者,常不下數百人,送往迎來,月無虛日;至有在侍更歲,不能遍記其姓名者。每臨別,先生常嘆曰:"君等雖別,不出在天地間,苟同此志,吾亦可以忘形似[1]矣。"[2]諸生每聽講出門,未嘗不跳躍稱快。嘗聞之同門先輩曰:"南都以前,朋友從遊者雖衆,未有如在越之盛者。此雖講學日久,孚信漸博,要亦先生之學日進,感召之機,申變[3]無方,亦自有不同也。"[4]

〔1〕語本《莊子·讓王篇》:"養志者忘形,養形者忘利。"(卷九)

〔2〕參見《寄希淵·三》:"某無大知識,亦非好爲人言者,顧今之時,人心陷溺已久,得一善人,惟恐其無成。期與諸君共明此學,固不以自認爲嫌而避之。譬之婚姻,聊爲諸君之媒妁而已。鄉里後進中,有可言者,即與接引,此本分内事,勿謂不暇也。"(《全書》卷四)

又參見《寄楊邃庵閣老·四》:"近年以來,憂病積集,尪羸日甚,惟養疴丘園,爲鄉里子弟考訂句讀,使知向方,庶于保身及物,亦稍得效其心力,不致爲天地間一蠹。此其自處,亦已審矣。"(《全書》卷二十一)

〔3〕"申變",施本作"神變"。參見錢德洪《答論年譜書》:"師在越時,同門有用功懇切,而泥于舊見,鬱而不化者,時出一險語以激之,如水投石于烈焰之中,一擊盡碎,纖滓不留,亦千古一大快也。"(《全書》卷三十六《年譜附録》二)

〔4〕閩東本此下有一條,北大藏明本,置于《全書》最後一條,其文如下:南逢吉曰:"吉嘗以《答徐成之書》請問,先生曰:'此書于格致誠正及尊德性而道問學處説得尚支離,蓋當時亦就二君所見者將

就調停説過，細詳文義，然猶未免分爲兩事也。'嘗見一友問云：
'朱子以存心致知爲二事，今以道問學爲尊德性之功，作一事如
何？'先生云：'天命于我謂之性，我得此性之謂德。今要尊我之德
性，須是道問學。如要尊孝之德性便須學問個孝；尊弟之德性，便
須學問個弟。學問個孝，便是尊孝之德性；學問個弟，便是尊弟之
德性。不是尊德性之外，別有道問學之功；道問學之外，別有尊德
性之事也。心之明覺處謂之知，知之存主處謂之心，原非有二物。
存心便是致知，致知便是存心，亦非有二事。'曰：'存心，恐是静中
存養意，與道問學不同。'曰：'就是静中存養，還謂之學否？若亦
謂之學，亦即是道問學矣。觀者宜以此意求之。'"（《傳習録》北京
大學藏明本）

此後黄以方録

295. 黄以方問："'博學於文[1]'爲隨事學存此天理[2]，
然則謂'行有餘力，則以學文'[3]，其説似不相合。"

先生曰："《詩》、《書》、六藝，皆是天理之發見，文字都包
在其中。考之《詩》、《書》、六藝，皆所以學存此天理也，不特
發見於事爲者方爲文耳。'餘力學文'亦只'博學於文'中事。"

或問"學而不思"二句[4]。

曰："此亦有爲而言，其實思即學也。學有所疑，便須思之。
'思而不學'者，蓋有此等人，只懸空去思，要想出一個道理，却
不在身心上實用其力，以學存此天理；思與學作兩事做，故有
'罔'與'殆'之病，其實思只是思其所學，原非兩事也。"

[1] 語本《論語・雍也篇》："子曰：'君子博學于文，約之以禮，亦可以
　　弗畔矣夫。'"（第二十三章）
[2] 見第9條。

〔3〕語本《論語・學而篇》："子曰：'弟子入則孝，出則弟，謹而信，汎愛衆而親仁，行有餘力，則以學文。'"（第六章）

〔4〕語本《論語・爲政篇》："子曰：'學而不思則罔，思而不學則殆。'"（第十五章）

296. 先生曰："先儒解'格物'爲格天下之物〔1〕，天下之物如何格得？且謂一草一木亦皆有理〔2〕，今如何去格？縱格得草木來，如何反來誠得自家意？我解'格'作'正'字義，'物'作'事'字義。《大學》之所謂'身'，即耳、目、口、鼻、四肢是也。欲修身便是要目非禮勿視，耳非禮勿聽，口非禮勿言，四肢非禮勿動。要修這個身，身上如何用得工夫？心者，身之主宰，目雖視，而所以視者心也。耳雖聽，而所以聽者心也。口與四肢雖言、動，而所以言、動者心也。故欲修身在於體當自家心體，常令廓然大公，無有些子不正處。主宰一正，則發竅於目，自無非禮之視；發竅於耳，自無非禮之聽；發竅於口與四肢，自無非禮之言、動，此便是修身在正其心。然至善者，心之本體也，心之本體那有不善？如今要正心，本體上何處用得功？必就心之發動處纔可著力也。心之發動不能無不善，故須就此處著力，便是在誠意。如一念發在好善上，便實實落落去好善；一念發在惡惡上，便實實落落去惡惡。意之所發，既無不誠，則其本體如何有不正的？故欲正其心在誠意。工夫到誠意，始有著落處。然誠意之本，又在於致知也。所謂'人雖不知而己所獨知者'〔3〕，此正是吾心良知處。然知得善，却不依這個良知便做去；知得不善，却不依這個良知便不去做，則這個良知便遮蔽了，是不能致知也。吾心良知既不能擴充到底，則善雖知好，不能著實好了，惡雖知惡，

263

不能著實惡了,如何得意誠?故致知者,意誠[4]之本也。然亦不是懸空的致知,致知在實事上格。如意在於爲善,便就這件事上去爲;意在於去惡,便就這件事上去不爲。去惡固是格不正以歸於正,爲善則不善正了,亦是格不正以歸於正也。如此,則吾心良知無私欲蔽了,得以致其極,而意之所發,好善去惡,無有不誠矣。誠意工夫實下手處在格物也,若如此格物,人人便做得,人皆可以爲堯、舜,正在此也。"[5]

〔1〕朱熹《大學章句·格物致知章補傳》:"是以《大學》始教,必使學者即凡天下之物,莫不因其已知之理而益窮之,以求致乎其極。"

〔2〕語本程頤所説:"求之性情,固是切于身,然一草一木皆有理,須是察。"(《二程集·遺書》卷十八)

〔3〕朱熹《大學章句·誠意章注》:"獨者,人所不知而己所獨知之地也,言欲自修者知爲善以去其惡,則當實用其力,而禁止其自欺。"

〔4〕"意誠",閭東本作"誠意"。

〔5〕參見《讀先師再報海日翁吉安起兵書序》:"師(王守仁)既獻俘,閉門待命。一日召諸生入講曰:'我自用兵以來,致知格物之功,愈覺精透。'衆謂兵革浩穰,日給不暇,或以爲迂。師曰:'致知在于格物,正是對境應感實用力處,平時執持怠緩,無甚查考,及其軍旅酬酢,呼吸存亡,宗社安危所係,全體精神,只從一念入微處,自照自察,一些著不得防檢,一毫容不得放縱,勿欺勿忘,觸機神應,是乃良知妙用,以順萬物之自然,而我無與焉。夫人心本神,本自變動周流,本能開物成務,所以蔽累之者,只是利害毁譽兩端。世人利害不過一家得喪爾已,毁譽不過一身榮辱爾已。今之利害毁譽兩端,乃是滅三族,助逆謀反,係天下安危;只如人疑我與寧王同謀,機少不密,若有一毫激作之心,此身已成齏粉,何待今日?動少不慎,若有一毫假借之心,萬事已成瓦裂,何有今日?此等苦心,只好自知,譬之真金之遇烈焰,愈鍛鍊愈發光輝。此處致得,方是

真知；此處格得，方是真物，非見解意識所能及也。自經此大利害大毀譽過來，一切得喪榮辱，真如飄風之過耳，奚足以動吾一念！今日雖成此事功，亦不過一時良知之應跡，過眼便爲浮雲，已忘之矣。'夫死天下事易，成天下事難；成天下事易，能不有其功難；不有其功易，能忘其功難。此千古聖學真血脈絡，吾師一生任道之苦心也。"（《王龍溪先生全集》卷十三）

297. 先生曰："衆人只説'格物'要依晦翁，何曾把他的説去用！我著實曾用來。初年與錢友同論做聖賢，要格天下之物，如今安得這等大的力量；因指亭前竹子令去格看。錢子[1]早夜去窮格竹子的道理，竭其心思，至於三日，便致勞神成疾。當初説他這是精力不足，某因自去窮格，早夜不得其理，到七日，亦以勞思致疾。遂相與嘆聖賢是做不得的，無他大力量去格物了。及在夷中三年[2]，頗見得此意思。乃知天下之物本無可格者；其格物之功，只在身心上做；決然以聖人爲人人可到，便自有擔當了。這裏意思，却要説與諸公知道。"[3]

[1] 錢子，情況不詳，非錢德洪。據《年譜》格竹事在 1492 年，錢德洪從學在 1521 年。

[2] 正德元年至三年(1506—1508)。

[3] 參見《示諸生三首》："爾身各各自天真，不用求人更問人。但致良知成德業，謾從故紙費精神。乾坤是易原非畫，心性何形得有塵。莫道先生學禪語，此言端的爲君陳。""人人有路透長安，坦坦平平一直看。盡道聖賢須有祕，翻嫌易簡却求難。只從孝弟爲堯、舜，莫把辭章學柳、韓。不信自家原具足，請君隨事反身觀。"（《全書》卷二十）

298. 門人有言邵端峰[1]論童子不能格物，只教以灑掃、應對之説。

先生曰："灑掃、應對就是一件物。童子良知只到此，便教去灑掃、應對，就是致他這一點良知了。又如童子知畏先生長者，此亦是他良知處，故雖嬉戲中，見了先生長者，便去作揖恭敬，是他能格物以致敬師長之良知了。童子自有童子的格物致知。"

又曰："我這裏言格物，自童子以至聖人，皆是此等工夫；但聖人格物，便更熟得些子，不消費力。如此格物，雖賣柴人亦是做得，雖公卿大夫以至天子，皆是如此做。"[2]

〔1〕情況不詳。

〔2〕參見《與辰中諸生》："舉業不患妨功，惟患奪志。只如前日所約，循循爲之，亦自兩無相礙。所謂知得灑掃應對，便是精義入神也。"（《全書》卷四）此説明童子格物的具體内容。

又參見《寄楊邃庵閣老》之二："古之君子，洞物情之向背而握其機，察陰陽之消長以乘其運，是以動必有成，而吉無不利，伊、旦之于商、周是矣。其在漢、唐，蓋亦庶幾乎此者。雖其學術有所不逮，然亦足以定國本而安社稷，則亦斷非後世偷生苟免者之所能也。夫權者，天下之大利大害也。小人竊之以成其惡，君子用之以濟其善，固君子之不可一日去，小人之不可一日有者也。欲濟天下之難，而不操之以權，是猶倒持太阿，而授人以柄，希不割矣。故君子之致權也有道，本之至誠，以立其德；植之善類，以多其輔；示之以無不容之量，以安其情；擴之以無所競之心，以平其氣；昭之以不可奪之節，以端其向；神之以不可測之機，以攝其奸；形之以必可賴之智，以收其望。坦然爲之，下以上之；退然爲之，後以先之。是以功蓋天下而莫之嫉，善利萬物而莫與爭。"（《全書》卷二十一）此説明公卿大夫格物的具體内容。

299. 或疑知行不合一,以"知之匪艱"二句〔1〕爲問。

先生曰:"良知自知,原是容易的;只是不能致那良知,便是'知之匪艱,行之惟艱'。"〔2〕

〔1〕語本《書經・説命中》:"非知之艱,行之惟艱。"

〔2〕參見《書朱守諧卷》:"是非之心,知也,人皆有之。子無患其無知,惟患不肯知耳。無患其知之未至,惟患不致其知耳,故曰:'知之非艱,行之惟艱。'"(《全書》卷八)

300. 門人問曰:"知行如何得合一? 且如《中庸》言'博學之',又説個'篤行之'〔1〕,分明知行是兩件。"

先生曰:"博學只是事事學存此天理,篤行只是學之不已之意。"

又問:"《易》'學以聚之',又言'仁以行之'〔2〕,此是如何?"

先生曰:"也是如此。事事去學存此天理,則此心更無放失時,故曰'學以聚之',然常常學存此天理,更無私欲間斷,此即是此心不息處,故曰'仁以行之'。"

又問:"孔子言'知及之,仁不能守之'〔3〕,知行却是兩個了。"

先生曰:"説'及之',已是行了,但不能常常行,已爲私欲間斷,便是'仁不能守'〔4〕。"

又問:"心即理之説,程子云'在物爲理'〔5〕,如何謂心即理?"

先生曰:"在物爲理,'在'字上當添一'心'字。此心在物則爲理,如此心在事父則爲孝,在事君則爲忠之類。"先生因謂之曰:"諸君要識得我立言宗旨。我如今説個心即理是如何,只爲世人分心與理爲二,故便有許多病痛。如五伯攘夷狄、尊周室,都是一個私心,便不當理,人却説他做得當理,只心有未純,往往悦慕其所爲,要來外面做得好看,却與心全不相干。分心與理爲二,其流至於伯道之僞而不自知,故我説個心即理,要使知心、理是一個,便來心上做工夫,不去襲義於外,便是王道之真,此我立言宗旨。"〔6〕

又問:"聖賢言語許多,如何却要打做一個?"

曰:"我不是要打做一個,如曰:'夫道,一而已矣。'〔7〕又曰:'其爲物不二,則其生物不測。'〔8〕天地聖人皆是一個,如何二得?"

〔1〕語本《中庸》:"博學之,審問之,慎思之,明辨之,篤行之。"(第二十章)

〔2〕語本《易經·乾卦·文言》:"君子學以聚之,問以辨之,寬以居之,仁以行之。"

〔3〕語本《論語·衛靈公篇》:"子曰:知及之,仁不能守之,雖得之,必失之。"(第三十二章)

〔4〕參見《書朱守諧卷》:"今執途之人而告之以凡爲仁義之事,彼皆能知其爲善也。告之以凡爲不仁不義之事,彼皆能知其爲不善也。途之人皆能知之,而子有弗知乎?如知其爲善也,致其知爲善之知而必爲之,則知至矣。如知其爲不善也,致其知爲不善之知而必不爲之,則知至矣。知猶水也,人心之無不知,猶水之無不就下也。決而行之,無有不就下者,決而行之者,致知之謂也,此吾所謂知行合一者也。"(《全書》卷八)

〔5〕語本程頤所説:"在天爲命,在義爲理,在人爲性,主于身爲心,其實一也。"(《二程集·遺書》卷十八)

〔6〕參見《象山文集序》:"世儒之支離,外索于形名器數之末,以求明其所謂物理者,而不知吾心即物理,初無假于外也。佛、老之空虛,

遺棄其人倫事物之常，以求明其所謂吾心者，而不知物理即吾心，不可得而遺也。"（《全書》卷七）

〔7〕語見《孟子·滕文公篇上》第一章。

〔8〕語本《中庸》："天地之道，可一言而盡也，其爲物不貳，則其生物不測。"（第二十六章）

301. "心不是一塊血肉，凡知覺處便是心。如耳目之知視聽，手足之知痛癢，此知覺便是心也。"〔1〕

〔1〕參見朱得之《語録》一條："所謂心者，非今一團血肉之具也，乃指其至靈至明，能作能知，此所謂良知也。"（《明儒學案》卷二十三）

302. 以方問曰："先生之説'格物'，凡《中庸》之'慎獨'及'集義'、'博約'等説，皆爲'格物'之事。"

先生曰："非也。格物即慎獨，即戒懼。至于'集義'、'博約'，工夫只一般，不是以那數件都做'格物'底事。"〔1〕

〔1〕王守仁此處似以"慎獨"、"戒懼"偏重于存心，故爲"格物"之解；"集義"、"博約"偏重于窮理，故以之爲一般工夫。

303. 以方問"尊德性"一條〔1〕。

先生曰："'道問學'即所以'尊德性'也。晦翁言子静以'尊德性'誨人，某教人豈不是'道問學'處多了些子〔2〕。是分'尊德性'、'道問學'作兩件，且如今講習討論下許多工夫，無非只是存此心，不失其德性而已。豈有'尊德性'只空空去尊，更不去問學？問學只是空空去問學，更與德性無關涉？如此，則不知今之所以講習討論者，更學何事？"〔3〕

問"致廣大"二句。

曰:"'盡精微'即所以'致廣大'也,'道中庸'即所以'極高明'也。蓋心之本體自是廣大底,人不能'盡精微',則便爲私欲所蔽,有不勝其小者矣。故能細微曲折,無所不盡,則私意不足以蔽之,自無許多障礙遮隔處,如何廣大不致?"

又問:"精微還是念慮之精微? 是事理之精微?"

曰:"念慮之精微,即事理之精微也。"

〔1〕語本《中庸》:"故君子尊德性而道問學,致廣大而盡精微,極高明而道中庸,温故而知新,敦厚以崇禮。"(第二十七章)

〔2〕語見朱熹《答項平父》之二:"大抵子思以來,教人之法,惟以尊德性、道問學兩事爲用力之要,今子静所説,專是尊德性事,而熹平日所論,却是問學上多了。"(《朱子大全·文集》卷五十四)

〔3〕參見《答徐成之》:"今興庵之論象山,曰:'雖其專以尊德性爲主,未免墮于禪學之虛空。而其持守端實,終不失爲聖人之徒。若晦庵之一于道問學,則支離決裂,非復聖門誠意正心之學矣。'吾兄之論晦庵,曰:'雖其專以道問學爲主,未免失于俗學之支離,而其循序漸進,終不背于《大學》之訓。若象山之一于尊德性,則虛無寂滅,非復《大學》格物致知之學矣。'夫既曰'尊德性',則不可謂'墮于禪學之虛空',墮于禪學之虛空,則不可謂之'尊德性'矣。既曰'道問學',則不可謂'失于俗學之支離';失于俗學之支離,則不可謂'道問學'矣。二者之辨,間不容髪。然則二兄之論,皆未免于意度也。"(《全書》卷二十一)

又參見《答徐成之·二》:"興庵是象山,而謂其'專以尊德性爲主'。今觀《象山文集》所載,未嘗不教其徒讀書窮理。而自謂理會文字頗與人異者,則其意實欲體之于身,其亟所稱述以誨人者,曰'居處恭,執事敬,與人忠',曰'克己復禮',曰'萬物皆備于我,反身而誠,樂莫大焉',曰'學問之道無他,求其放心而已',曰'先立乎其大者,而小者不能奪'。是數言者,孔子、孟軻之言也,烏在其爲

空虚者乎? 獨其易簡覺悟之説,頗爲當時所疑。然易簡之説,出
于《繫辭》,覺悟之説,雖有同于釋氏。然釋氏之説,亦自有同于吾
儒,而不害其爲異者,惟在于幾微毫忽之間而已。亦何必諱于其
同,而遂不敢以言,狃于其異,而遂不以察之乎? 是興庵之是象
山,固猶未盡其所以是也。吾兄是晦庵,而謂其‘專以道問學爲
事’,然晦庵之言,曰居敬窮理,曰非存心無以致知,曰君子之心,
常存敬畏,雖不見聞,亦不敢忽,所以存天理之本然,而不使其離
于須臾之頃也。是其言雖未盡瑩,亦何嘗不以尊德性爲事,而又
烏在其爲支離者乎? 獨其平日汲汲于訓解,雖韓文、《楚辭》、《陰
符》、《參同》之屬,亦必與之注釋考辯,而論者遂疑其玩物。又其心
慮恐學者之躐等而或失之于妄作,使必先之以格致而無不明,然後
有以實之於誠正而無所謬。世之學者,掛一漏萬,求之愈繁而失之
愈遠,至有敝力終身,苦其難而卒無所入,而遂議其支離,不知此乃
後世學者之弊。而當時晦庵之自爲,則亦豈至是乎? 是吾兄之是晦
庵,固猶未盡其所以是也。夫二兄之所信而是者,既未盡其所以是,
則其所疑而非者,亦豈必盡其所以非乎?”(《全書》卷二十一)

此條闡述尊德性與道問學的關係,比上述二信又進展了一步,
代表他後期的思想。參見第 294 條後注〔4〕間東本所存南逢吉録
一條。

304. 先生曰:“今之論性者,紛紛異同,皆是説性,非見性
也。見性者無異同之可言矣。”〔1〕

〔1〕 參見章本清《論學語》:“陽明子曰:‘氣質猶器也,性猶水也,有得
一缸者,有得一桶者,有得一甕者,局于器也。水不因器之拘而變
其潤下之性,人性豈因氣質之拘而變其本然之善哉!’是氣也、質
也、性也,分言之可也,兼言之可也,謂氣質天性可也,謂氣質之性
則非矣。謂人當養性以變化其氣質可也,謂變化氣質之性以存天
地義理之性則非矣。”(《明儒學案》卷二十四《江右學案九》)王守仁

此處所論，與朱熹分天地義理之性與氣質之性及主張變化氣質之性以存天地義理之性，成爲明顯的對照。

305. 問：“聲、色、貨、利，恐良知亦不能無。”

先生曰：“固然。但初學用功，却須掃除蕩滌，勿使留積，則適然來遇，始不爲累，自然順而應之。良知只在聲、色、貨、利上用功，能致得良知精精明明，毫髮無蔽，則聲、色、貨、利之交，無非天則流行矣。”[1]

〔1〕參見《寄聞人邦英邦正・二》：“仕非爲貧也，而有時乎爲貧，古之人皆用之，吾何爲獨不然。然謂舉業與聖人之學相戾者，非也。程子云：‘心苟不忘，則雖應接俗事，莫非實學，無非道也。’而況于舉業乎？謂舉業與聖人之學不相戾者，亦非也。程子云：‘心苟忘之，則雖終身由之，只是俗事。’而況于舉業乎？忘與不忘之間，不能以髮，要在深思默識，所指謂不忘者，果何事耶？知此，則知學矣。”（《全書》卷四）

306. 先生曰：“吾與諸公講‘致知’、‘格物’，日日是此，講一二十年俱是如此。諸君聽吾言，實去用功，見吾講一番，自覺長進一番，否則只作一場話説，雖聽之亦何用?”[1]

〔1〕參見《與楊仕鳴》：“喻及日用講求功夫，只是各依自家良知所及，自去其障，擴充以盡其本體，不可遷就氣習以趨時好，幸甚幸甚。果如是，方是致知格物，方是明善誠身。果如是，德安得而不日新，業安得而不富有。謂每日自檢，未有終日渾成片段者，亦只是致知工夫間斷。夫仁，亦在乎熟之而已。”（《全書》卷五）

307. 先生曰：“人之本體，常常是寂然不動的，常常是感而遂通的，未應不是先，已應不是後。”[1]

〔1〕語本程頤所説:"沖漠無朕,萬象森然已具,未應不是先,已應不是
後。"(《二程集·遺書》卷十五)

又參見聶豹《困辨録》:"先師(王守仁)云:'良知是未發之中,
廓然大公的本體,便自能感而遂通,便自能物來順應。'此是《傳習
録》中正法眼藏。而誤以知覺爲良知,無故爲霸學張一赤幟,與邊見
外修何異? 而自畔其師説遠矣。"(《明儒學案》卷十七《江右學案》)

308. 一友舉:"佛家以手指顯出,問曰:'衆曾見否?'衆
曰:'見之。'復以手指入袖,問曰:'衆還見否?'衆曰:'不
見。'佛説'還未見性',此義未明。"

先生曰:"手指有見有不見,爾之見性常在。人之心神只
在有睹有聞上馳鶩,不在不睹不聞上著實用功。蓋不睹不聞
是良知本體,戒慎恐懼是致良知的工夫。學者時時刻刻常睹
其所不睹,常聞其所不聞,工夫方有個實落處。久久成熟後,
則不須著力,不待防檢,而真性自不息矣。豈以在外者之聞
見爲累哉!"〔1〕

〔1〕參見季彭山《説理會編》:"予嘗載酒從陽明先師游于鑑湖之濱,時
黃石龍(綰)亦與焉。因論戒慎不睹、恐懼不聞之義,先師舉手中
箸示予曰:'見否?'對曰:'見。'既而隱箸桌下,又問曰:'見否?'
對曰:'不見。'先師微哂。予私問之石龍,石龍曰:'此謂常睹常
聞也。'終不解,其後思而得之。蓋不睹中有常睹,故能戒慎不睹,
不聞中有常聞,故能恐懼不聞,此天命之於穆不已也,故當應而
應,不因聲色而後起念,不當應而不應,雖遇聲色而能忘情,此心
體所以爲得正而不爲聞見所牽也。"(《明儒學案》卷十三《浙中王
門學案三》)

又參見鄒南皋《會語》:"我疆問:'孔子云:正目而視之,不可
得而見也;傾耳而聽之,不可得而聞也,故曰,視于無形,聽于無

聲。子思發之爲不睹不聞。陽明又云：若睹聞一于理，即不睹不聞也。其言不同如此。’曰：‘孔子懼人看得太粗，指隱處與人看。陽明恐人看得甚細，指顯處與人看，其實合内外之道也。’”(《明儒學案》卷二十三《江右王門學案八》)

309. 問：“先儒謂鳶飛魚躍，與‘必有事焉’同一活潑潑地。”[1]

先生曰：“亦是。天地間活潑潑地，無非此理，便是吾良知的流行不息，‘致良知’便是‘必有事’的功夫。此理非惟不可離，實亦不得而離也。無往而非道，無往而非工夫。”[2]

[1] 語本《二程集·遺書》：“‘鳶飛戾天，魚躍于淵，言其上下察也。’此一段子思吃緊爲人處，與‘必有事焉而勿正心’之意同，活潑潑地。會得時，活潑潑地；不會得時，只是弄精神。”(卷三)

[2] 參見《五經臆説十三條》之五：“天地之道，一常久不已而已。日月之所以能晝而夜，夜而復晝，而照臨不窮者，一天道之常久而不已也。四時之所以能春而冬，冬而復春，而生運不窮者，一天道之常久不已也。聖人之所以能成而化，化而復成，而妙用不窮者，一天道之常久不已也。夫天地日月四時聖人之所以能常久而不已者，亦貞而已耳。”(《全書》卷二十六)

310. 先生曰：“諸公在此，務要立個必爲聖人之心[1]，時時刻刻須是一棒一條痕，一摑一掌血[2]，方能聽吾説話，句句得力，若茫茫蕩蕩度日，譬如一塊死肉，打也不知得痛癢，恐終不濟事，回家只尋得舊時伎倆而已，豈不惜哉？”

[1] 佐藤一齋疑“心”係“志”字之訛。(《傳習録欄外書》第二四七頁)

[2] 參見《碧巖録》：“一棒一條痕，莫孛負山僧好，撞著磕著，還曾見德山臨濟麽？”(《大正藏》第四十八卷)

又參見《書汪進之卷》："程先生云：'有求爲聖人之志，然後可與共學。'夫苟有必爲聖人之志，然後能加爲己謹獨之功；能加爲己謹獨之功，然後于天理人欲之辨日精日密，而于古人論學之得失，孰爲支離？孰爲空寂？孰爲似是而非？孰爲似誠而僞？不待辯説而自明。何者？其心必欲實有諸己也。必欲實有諸己，則殊途而同歸，其非且僞者，自不得而強人。不然，終亦忘己逐物。徒弊精力于文句之間，而曰吾以明道，非惟有捕風捉影之弊，抑且有執指爲月之病；辯析愈多，而去道愈遠矣。故某于朋友論學之際，惟舉立志以相切磋，其于議論同異之間，姑且置諸未辯。非不欲辯也，本之未立，雖欲辯之，無從辯也。夫志，猶木之根也。講學者，猶栽培灌溉之也。根之未植，而徒以栽培灌溉，其所滋者皆蕭艾也。"（《全書》卷二十八）

311. 問："近來妄念也覺少，亦覺不曾著想定要如何用功，不知此是工夫否？"

先生曰："汝且去著實用功，便多這些著想也不妨，久久自會妥帖；若纔下得些功，便説效驗，何足爲恃？"[1]

〔1〕參見《家書墨跡·與徐仲仁》："勿謂隱微可欺而有放心；勿謂聰明可恃而有怠志。養心莫善于義理，爲學莫要于精專，毋爲習俗所移，毋爲物誘所引，求古聖賢而師法之，切莫以斯言爲迂闊也。"（《全書》卷二十六）按：徐仲仁，又名曰仁，即徐愛也。

312. 一友自嘆"私意萌時，分明自心知得，只是不能使他即去"。

先生曰："你萌時，這一知處便是你的命根，當下即去消磨，便是立命功夫。"[1]

〔1〕參見《與陸清伯書》："凡人之爲不善者，雖至于逆理亂常之極，其本

心之良知,亦未有不自知者,但不能致其本然之良知,是以物有不格,意有不誠,而卒入于小人之歸。故凡致知者,致其本然之良知而已。《大學》謂之致知格物,在《書》謂之精一,在《中庸》謂之慎獨,在《孟子》謂之集義,其工夫一也。"(《全書》卷二十七)

313. "夫子説'性相近'[1],即孟子説'性善',不可專在氣質上説。若説氣質,如剛與柔對,如何相近得？惟性善則同耳。人生初時善,原是同的,但剛的習於善則爲剛善,習於惡則爲剛惡,柔的習於善則爲柔善,習於惡則爲柔惡[2],便日相遠了。"[3]

〔1〕語本《論語・陽貨篇》:"子曰:'性相近也,習相遠也。'"(第二章)

〔2〕語本《周子通書》:"剛,善爲義,爲直,爲斷,爲嚴毅,爲幹固;惡爲猛,爲隘,爲強梁。柔,善爲慈,爲順,爲巽;惡爲懦弱,爲無斷,爲邪佞。"(《師・第七》)

〔3〕參見《家書墨跡・與克彰太叔》:"夫惡念者,習氣也,善念者,本性也。本性爲習氣所汩者,由于志之不立也。故凡學者爲習所移、氣所勝,則惟務痛懲其志,久則志亦漸立,志立而習氣漸消。學本于立志,志立而學問之功已過半矣。此守仁邇來所新得者,願毋輕擲。"(《全書》卷二十六)

314. 先生嘗語學者曰:"心體上著不得一念留滯,就如眼著不得些子塵沙,些子能得幾多？滿眼便昏天黑地了。"

又曰:"這一念不但是私念,便好的念頭亦著不得些子,如眼中放些金玉屑[1],眼亦開不得了。"[2]

〔1〕語本《鎮國臨濟禪師語録》:"金屑雖貴,落眼成翳,又作麼生?"(卷二十二)

參見周海門《九解》:"蓋凡世上學問不立之人,病在有惡而閉藏。學問用力之人,患在有善而執著。……象山先生云:'惡能害心,善亦能害心。'以其害心者而事心,則亦何由誠,何由正也? 夫害于其心,則必及于政與事矣,故用之成治,效止騂虞,而以之撥亂,害有不可言者。後世若黨錮之禍,雖善人,不免自激其波;而新法之行,即君子亦難盡辭其責,其究至于禍國家、殃生民,而有不可勝痛者,豈是少却善哉?"(《明儒學案》卷三十六《泰州學案五》)又參見第 184、206、215 條。

〔2〕此條之後,王本有二條如下:

(1) 先生曰:"舜不遇瞽瞍,則處瞽瞍之物無由格。不遇象,則處象之物無由格。周公不遇流言憂懼,則流言憂懼之物無由格。故凡動心忍性增益其所不能者,正吾聖門致知格物之學,正不宜輕易放過,失此好光陰也。知此則夷狄患難,將無入不自得矣。"

(2) 問:"據人心所知,多有誤認欲作理、認賊作子處,何處乃見良知?"

先生曰:"爾以爲何如?"

曰:"心之所安處,才是良知。"

曰:"固是。但要省察,恐有非所安而安者。"

315. 問:"人心與物同體,如吾身原是血氣流通的,所以謂之同體;若於人便異體了,禽、獸、草、木益遠矣! 而何謂之同體?"

先生曰:"你只在感應之機上看。豈但禽、獸、草、木,雖天地也與我同體的,鬼神也與我同體的。"

請問。

先生曰:"你看這個天地中間,甚麼是天地的心?"

對曰:"嘗聞人是天地的心。"〔1〕

曰:"人又甚麼教做心?"

對曰：“只是一個靈明。”

“可知充天塞地中間，只有這個靈明，人只爲形體自間隔了。我的靈明，便是天地、鬼神的主宰。天没有我的靈明，誰去仰他高？地没有我的靈明，誰去俯他深？鬼神没有我的靈明，誰去辯他吉、凶、災、祥？天地、鬼神、萬物，離却我的靈明，便没有天地、鬼神、萬物了；我的靈明，離却天地、鬼神、萬物，亦没有我的靈明。如此，便是一氣流通的，如何與他間隔得？”[2]

又問：“天地、鬼神、萬物，千古見在，何没了我的靈明，便俱無了？”

曰：“今看死的人，他這些精靈游散了，他的天地、萬物尚在何處？”

〔1〕語本《禮記·禮運篇》：“故人者，天地之心也，五行之端也，食味、别聲、被色而生者也。”（卷七）

〔2〕王守仁此處肯定“天地鬼神萬物，離却我的靈明，便没有天地鬼神萬物了；我的靈明，離却天地鬼神萬物，亦没有我的靈明。如此，便是一氣流通的”。

參見《大學問》：“大人者，以天地萬物爲一體者也。其視天下猶一家，中國猶一人焉。若夫間形骸而分爾我者，小人矣。大人之能以天地萬物爲一體也，非意之也，其心之仁本若是，其與天地萬物而爲一也。豈惟大人，雖小人之心亦莫不然，彼顧自小之耳。是故見孺子之入井，而必有怵惕惻隱之心焉，是其仁之與孺子而爲一體也。孺子猶同類者也，見鳥獸之哀鳴觳觫而必有不忍之心焉，是其仁之與鳥獸而爲一體也。鳥獸猶有知覺者也，見草木之摧折而必有憫恤之心焉，是其仁之與草木而爲一體也。草木猶有生意者也，見瓦石之毁壞必有顧惜之心焉，是其仁之與瓦石而爲一體也。是其一體之仁也，雖小人之心亦必有之，是乃根于天命

之性而自然靈昭不昧者也,是故謂之明德。"(《全書》卷二十六)

316. 先生起行征思田,德洪與汝中追送嚴灘[1],汝中舉佛家"實相"、"幻相"[2]之説。

先生曰:"有心俱是實,無心俱是幻。無心俱是實,有心俱是幻。"

汝中曰:"有心俱是實,無心俱是幻,是本體上説工夫;無心俱是實,有心俱是幻,是工夫上説本體。"先生然其言。洪於是時尚未了達[3]。數年用功,始信本體、工夫合一。但先生是時因問偶談,若吾儒指點人處,不必借此立言耳。[4]

〔1〕在今浙江桐廬縣南。

〔2〕"諸法實相",《法華經》所説。"一切有爲法,如夢幻泡影",《金剛經》所説。

〔3〕俞本,"達"作"迨",連下讀。

〔4〕顧憲成説:"凡説本體,容易落在無一邊,陽明所云'無心俱是幻',景逸所云'不做工夫的本體'也。今曰戒慎恐懼是本體,即不睹不聞原非是無,所云'有心俱是實',此矣。凡説工夫,容易落在有一邊,陽明所云'有心俱是幻',景逸所云'不識本體的工夫'也。今曰不睹不聞是工夫,即戒慎恐懼原非是有,所云'無心俱是實',此矣。"(《明儒學案》卷五十八《顧端文公·商語》)

佐藤一齋説:"前有心無心,指本心;後有心無心,指私心。言有本心,則無私心,有心無心皆實。有私心則無本心,有心無心皆幻也。汝中謂就本心言,是説工夫于本體也,就私心言,是説本體于工夫也。"(《傳習錄欄外書》第二四九頁)

按:"有心俱是實,無心俱是幻",即心即佛也。"無心俱是實,有心俱是幻",非心非佛也。

又參見《見齋説》:"淪于無者,無所用其心者也,蕩而無歸。滯于有者,用其心于無用者也,勞而無功。夫有無之間,見與不見之妙,非可以言求也,而子顧切切焉,吾又從而強言其不可見,是以瞽導瞽也。夫言飲者不可以爲醉,見食者不可以爲飽。子求其醉飽,則盍飲食之;子求其見也,其惟人之所不見乎,夫亦戒慎乎其所不睹也已,斯真睹也已,斯求見之道也已。"(《全書》卷七)

317. 嘗見先生送二三耆宿出門,退坐於中軒,若有憂色。德洪趨進請問。

先生曰:"頃與諸老論及此學,真員鑿方枘〔1〕。此道坦如道路〔2〕,世儒往往自加荒塞,終身陷荆棘之場而不悔,吾不知其何説也!"

德洪退謂朋友曰:"先生誨人,不擇衰朽,仁人憫物之心也。"〔3〕

〔1〕語本《史記》:"持方枘欲納員鑿,其能入乎?"方枘:方形木簡。員鑿:圓形小孔。

〔2〕閭東本,"道路"作"大路"。

〔3〕王守仁有教無類思想,誨人不擇衰朽,參見《復唐虞佐》:"聖賢之道,坦若大路,夫婦之愚,可以與知。而後之論者,忽近求遠,舍易圖難,遂使老師宿儒,皆不敢輕議。故在今時,非獨其庸下者自分以爲不可爲,雖高者特達,皆以此學爲長物,視之爲虛談贅説,亦許時矣。當此之時,苟有一念相尋于此,真所謂空谷足音,見似人者喜矣,況其章縫而來者,寧不忻忻然以接之乎!然要其間亦豈無濫竽假道之弊,但在我不可以此意逆之,亦將于此以求其真者耳。正如淘金于沙,非不知沙之汰而去者且十九,然亦未能即捨沙而別以淘金爲也。孔子云:'與其進也,不與其退也,唯何甚。'孟子云:'君子之設科也,來者不拒,往者不追,苟以是心至,斯受之而已矣。'蓋不憤不啟者,君子施教之方,有教無類,則其本心焉

耳."(《全書》卷四)

又參見黃宗羲《聶雙江學案》:"陽明在越,先生以御史按閩,過武林,欲渡江見之,人言力阻,先生不聽。及見而大悦曰:'君子所爲,衆人固不識也。'猶疑接人太濫,上書言之,陽明答曰:'吾之講學,非以蘄人之信己也,行吾不得已之心耳。若畏人之不信,必擇人而與之,是自喪其心也。'先生爲之惕然。"(《明儒學案》卷十七《江右學案二》)

318. 先生曰:"人生大病只是一傲字。爲子而傲必不孝,爲臣而傲必不忠,爲父而傲必不慈,爲友而傲必不信。故象與丹朱俱不肖[1],亦只一傲字,便結果了[2]此生,諸君常要體此。人心本是天然之理,精精明明,無纖介[3]染著,只是一無我而已;胸中切不可有,有即傲也。古先聖人許多好處,也只是無我而已,無我自能謙。謙者衆善之基,傲者衆惡之魁。"[4]

[1] 語見《孟子·萬章篇上》第六章。

[2] 結果了:了結。

[3] 纖介:細微。

[4] 參見《書正憲卷》:"今人病痛,大段只是傲。千罪百惡,皆從傲上來。傲則自高自是,不肯屈下人。故爲子而傲,必不能孝;爲弟而傲;必不能弟;爲臣而傲,必不能忠。象之不仁,丹朱之不肖,皆只是一傲字,便結果了一生,做個極惡大罪的人,更無解救得處。汝曹爲學,先要除此病根,方才有地步可進。傲之反爲謙,謙字便是對症之藥。非但是外貌卑遜,須是中心恭敬搏節退讓,常見自己不是,真能虛己受人。故爲子而謙,斯能孝;爲弟而謙,斯能弟;爲臣而謙,斯能忠。堯、舜之聖,只是謙到至誠處,便是允恭克讓,温恭允塞也。"(《全書》卷八)

319. 又曰：“此道至簡至易的，亦至精至微的。孔子曰：‘其如示諸掌乎[1]。’且人於掌何日不見？及至問他掌中多少文理？却便不知。即如我‘良知’二字，一講便明，誰不知得[2]；若欲的見[3]良知，却誰能見得？”

問曰：“此知恐是無方體[4]的，最難捉摸。”

先生曰：“良知即是‘易’：‘其爲道也屢遷，變動不居，周流六虛，上下無常，剛柔相易，不可爲典要，惟變所適[5]。’此知如何捉摸得？見得透時便是聖人。”[6]

〔1〕語本《論語·八佾篇》：“或問禘之説，子曰：‘不知也，知其説者之于天下也，其如示諸斯乎？’指其掌。”（第十章）

又見《中庸》：“明乎郊社之禮，禘嘗之義，治國其如示諸掌乎。”（第十九章）

〔2〕參見《與鄒謙之·二》：“近時四方來游之士頗衆，其間雖甚魯鈍，但以良知之説略加點綴，無不即有開悟，以是益信得此二字真吾聖門正法眼藏。”（《全書》卷五）

〔3〕的見：見而中的，即真實見得。

〔4〕語本《易經·繫辭上》：“故神無方而易無體。”（第四章）

〔5〕語本《易經·繫辭下》：“易之爲書也不可遠，爲道也屢遷，變動不居，周流六虛，上下無常，剛柔相易，不可爲典要，唯變所適。”（第八章）六虛：卦之六位。

〔6〕參見王龍溪《書先師過釣臺遺墨》：“追憶嚴陵別時申誨之言，有曰：‘我拈出良知兩字，是是非非，自有天則，乃千聖祕藏，雖昏蔽之極，一念自反，即得本心，可以立躋聖地，只緣人看得太易，反成玩忽，如人不見眼睫毫，以其太近也。然中間尚有機竅，良知知是知非，其實無是無非。無者萬有之基，冥權密運，與天同游。人知神之神，而不知不神之爲神也。若是非分別太過，純白受傷，非所以畜德也。’”（《王龍溪先生全集》卷十六）

320. 問："孔子曰：'回也非助我者也。'[1]是聖人果以相助望門弟子否？"

先生曰："亦是實話。此道本無窮盡，問難愈多，則精微愈顯。聖人之言本自周遍，但有問難的人胸中窒礙，聖人被他一難，發揮得愈加精神。若顏子聞一知十，胸中了然，如何得問難。故聖人亦寂然不動，無所發揮，故曰非助。"[2]

〔1〕語本《論語·先進篇》："子曰：'回也非助我者也，于吾言無所不悦。'"（第三章）

〔2〕參見《梁仲用默齋説》："孔子曰：'君子恥其言而過其行。古者言之不出，恥躬之不逮也。'故誠知恥而後知默。又曰：'君子欲訥于言而敏于行。'夫誠敏于行而後欲默矣。'仁者言也訒'，非以爲默而默存焉。又曰：'默而識之。'是故必有所識也，終日不違如愚者也。'默而成之'，是故必有所成也。退而省其私，亦足以發者也，故善默者莫如顏子。'闇然而日章'，默之積也。'不言而信'，而默之道成矣。'天何言哉！四時行焉，萬物生焉。'而默之道至矣。非聖人其孰能與于此哉！夫是之謂八誠。"（《全書》卷七）

321. 鄒謙之嘗語德洪曰："舒國裳曾持一張紙，請先生寫'拱把之桐梓'一章[1]。先生懸筆爲書，到'至於身而不知所以養之者'，顧而笑曰：'國裳讀書，中過狀元來，豈誠不知身之所以當養，還須誦此以求警[2]？'一時在侍諸友皆惕然。"[3]

〔1〕語本《孟子·告子篇上》："孟子曰：'拱把之桐梓，人苟欲生之，皆知所以養之者。至於身，而不知所以養之者，豈愛身不若桐梓哉？弗思甚也。'"（第十三章）拱把：手可團握者，言其小也。

〔2〕參見《答方叔賢》："見其大者，則其功不得不近而切。然非實加切近之功，則所謂大者亦虛見而已耳。自孟子道性善，心性之原，世儒往往能言，然其學卒入于支離外索而不自覺者，正以其功之未

切耳。"(《全書》卷四)

〔3〕施本、俞本此末多六條，王本亦多六條，而條與施、俞不同。張本則
合黃以方前後録爲一，而多二十八條，而六條與王同，二條與施、
俞同。意當各有傳本然也。第謝侍御《全書》本最爲可據，而缺此
若干條，則可訝矣。豈緒山補遺止于此，而四明諸公尚有采于遺
言藥歟？今摘録存于下：

　　（1）先生自南都以來，凡示學者，皆令存天理、去人欲以爲本。
有問所謂，則令自求之，未嘗指天理爲何如也。黃岡郭善甫挈其
徒良吉，走越受學，途中相與辯論未合，既至，質之先生。先生方寓
樓餼，不答所問，第目攝良吉者再（第：但也。目攝：只是目接），
指所餼盂，語曰："此盂中下乃能盛此餼，此案下乃能載此盂，此樓
下乃能載此案，地又下乃能載此樓。惟下乃大也。"

　　（2）一日市中鬨而詬。甲曰："爾無天理。"乙曰："爾無天理。"
甲曰："爾欺心。"乙曰："爾欺心。"先生聞之，呼弟子曰："聽之，夫夫
哼哼講學也。"弟子曰："詬也，焉學？"曰："汝不聞乎？曰天理，曰
心，非講學而何？"曰："既學矣，焉詬？"曰："夫夫也，惟知責諸人，不
知反諸己故也。"

　　（3）先生嘗曰："吾良知二字，自龍場以後，便已不出此意，只
是點此二字不出。于學者言，費却多少辭說。今幸見出此意，一語
之下，洞見全體，真是痛快，不覺手舞足蹈。學者聞之，亦省却多少
尋討工夫。學問頭腦，至此已是説得十分下落，但恐學者不肯直
下承當耳。"又曰："某于良知之説，從百死千難中得來，非是容易見
得到此。此本是學者究竟話頭，不得已與人一口説盡，但恐學者
得之容易，只把作一種光景玩弄，孤負此知耳。"（張本"見出此意"，
作"點出此意"四字，"話頭"下有"可惜湮埋已久，學者苦于聞見，無
入頭處"十六字。）

　　（4）語友人曰："近欲發揮此，只覺有一言發不出，津津然含諸
口。"久乃曰："近覺得此學更無有他，只是這些子。"旁有健羨不已

284

者,則又曰:"連這些子亦無放處,今經變後,始有良知之説。"

(5)一友侍,眉間有憂思。先生顧謂他友曰:"良知固徹天徹地,近徹一身。人一身不爽,不須許大事,第頭上一髮下垂,渾身即是爲不快,此中那容得一物耶?"(張本"第頭上一髮下垂"作"只一根頭髮釣著"。末又有"是友矍然省惕"六字。)

(6)先生初登第時,上邊務八事,世艷稱之。晚年有以爲問者,先生曰:"此吾少時事,有許多抗厲氣,此氣不除,欲以身任天下,其何能濟。"或又問平寧藩,先生曰:"當時只合如此做,但覺來尚有揮霍意(揮霍,猝遽也),使今日處之,更別也。"(門人黄以方録)

上施、俞二本載凡六條。

(1)直問:"許魯齋言學者以治生爲首務,先生以爲誤人,何也?豈士之貧可坐守不經營耶?"先生曰:"但言學者治生上盡有工夫則可。若以治生爲首務,使學者汲汲營利,斷不可也。且天下首務,孰有急于講學耶?雖治生亦是講學中事,但不可以之爲首務,徒啟營利之心。果能于此處調停得心體無累,雖終日作買賣,不害其爲聖爲賢。何妨于學?學何貳于治生?"

(2)先生曰:"凡看書,培養自家心體,他説得不好處,我這裏用得著,俱是益,只要此志真切。"(張本"真切"下有"昔郢人夜寫書與燕國,誤寫'舉燭'二字,燕人誤解:'燭者,明也,是教我舉賢明共理也。'其國大治。故此志真切,因錯致真,無非得益。今學者看書,只要歸到自己身心上用"六十四字。)

(3)"從目所視,妍醜自別,不作一念,謂之明。從耳所聽,清濁自別,不作一念,謂之聰。從心所思,是非自別,不作一念,謂之睿。"

(4)嘗聞先生曰:"吾居龍場時,夷人言語不通,所可與言者,中土亡命之流。與論知行之説,更無扞格。久之,並夷人亦欣欣相向。及出與士夫言,反多紛紛同異,扞格不入。學問最怕有意見的人,只患聞見不多。良知聞見益多,覆蔽益重,反不曾讀書的人,更容易與他説得。"

（5）先生用功,到人情事變極難處時,見其愈覺精神。向在洪都,處張、許之變,嘗見一書與鄒謙之云:"自别省城,即不得復有相講如虔中者。雖自己柁柄不敢放手,而灘流悍急,須仗有方如吾謙之者,持篙而來,庶能相助,更上一灘耳。"（張本章首有"直曰"二字,"方"作"力"。）

上王本載原六條,其一條("良知猶主人智"百字)本載在黄修易録内,既録之,今録五條。

（1）門人有疑知行合一之説者,直曰:"知行自是合一,如今人能行孝,方謂之知孝;能行弟,方謂之知弟。不是只曉得個孝字、弟字,遂謂之知。"先生曰:"爾説固是,但要曉得一念動處,便是知,亦便是行。"

（2）先生曰:"人必要説心有内外,原不曾實見心體。我今説無内外,尚恐學者流在有内外上去;若説有内外,則内外益判矣。況心無内外,亦不自我説,明道《定性書》有云:'且以性爲隨物于外,則當其在外時,何者爲在内?'此一條最痛快。"

（3）或問:"孟子:'始條理者,智之事;終條理者,聖之事。'知行分明是兩事。"直曰:"要曉得始終條理,只是一個條理而始終之耳。"曰:"既是一個條理,緣何三子却聖而不智?"直曰:"也是三子所知分限,只到此地位。"先生嘗以此問諸友,黄正之曰:"先生以致知各隨分限之説,提省諸生,此意最切。"先生曰:"如今説三子,正是此意。"

（4）先生曰:"易則易知,只是此天理之心,則你也是此心,你便知得,人人是此心,人人便知得,如何不易知? 若是私欲之心,則一個人是一個心,人如何知得?"

（5）先生曰:"人但一念善,便實實是好;一念惡,便實實是惡。如此才是學,不然便是作伪。"嘗問門人:"聖人説'知之爲知之'二句是何意思?"二友不能答。先生曰:"要曉得聖人之學,只是一誠。"直自陳喜在静上用功。先生曰:"静上用功固好,但終自有弊,人心自是不息,雖在睡夢,此心亦是流動。如天地之化,本無一息之停,然其化生萬物,各得其所,却亦自静也。此心雖是流行不息,然其一循天理,却亦自静也。若專在静上用功,恐有喜静惡動之弊。動静一也。"直曰:"直固知静中自有知覺之理,但伊川《答吕學士》一段可疑,伊川曰:'賢且説静時如何?'吕學士曰:'謂之有物則不可,然自有知覺在。'伊川曰:'既有知覺,却是動也,如何言静?'"先生曰:"伊川説還是。"直因思伊川之言,分明以静中無知覺矣,如何謂伊川説還是? 考諸晦翁亦曰:"若云知寒覺暖,便是知覺已動。"又思知寒覺暖,則知覺著在寒暖上,便是已發。所謂有知覺者,只是有此理,不曾著在事物,故還是静,然瞌睡也有知覺,故能做夢,故一唤便醒,槁木死灰無知覺,便不醒矣。則伊川所謂:'既有知覺,却是動也,如何言静?'正是説静而無静之意,不是説静中無知覺也,故先生曰:"伊川説還是。"

(6)直問:"戒慎恐懼,是致和,還是致中?"先生曰:"是和上用功。"曰:"《中庸》言'致中和',如何不致中,却來和上用功?"先生曰:"中、和,一也。内無所偏倚,少間發出,便自無乖戾,本體上如何用功? 必就他發處,才著得力。致和便是致中,萬物育便是天地位。"直未能釋然,先生曰:"不消去文義上泥,中和是離不得底,如面前火之本體是中,火之照物處便是和。舉著火,其光便自照物,火與照如何離得? 故中、和,一也。近儒亦有以戒懼即是慎獨,非兩事者。然不知此以致和,即便以致中也。"他日,崇一謂直曰:"未發是本體,本體自是不發底。如人可怒,我雖怒他,然怒不過當,却也是此本體未發。"後以崇一之説問先生,先生曰:"如此却是説成功,子思説發與未發,正要在發時用功。"

(7)艾鐸問"如何爲天理"? 先生曰:"就爾居喪上體驗看。"曰:"人子孝親,哀號哭泣,此孝心便是天理。"先生曰:"孝親之心真切處，才是天理。如真心去定省問安，雖不到牀前，却也是孝；若無真切之心，雖日日定省問安，也只與扮戲相似，却不是孝。此便見心之真切，才爲天理。"

（8）直問："顏子擇中庸，是如何擇?"先生曰："亦是戒慎不睹，恐懼不聞，就己心動處，辨別出天理來，得一善即是得此天理。"後又與正之論顏子"雖欲從之，末由也已"，正之曰："先生嘗言：'此是見得道理如此，如今日用，凡視聽言動，都是此知覺，然知覺却在何處? 捉定不得，所以説雖欲從之，末由也已。顏子見得道體後，方才如此説。'"

（9）直問："物有本末一條，舊説似與先生不合。"先生曰："譬如二樹在此，一樹有一樹之本末，豈有一樹爲本，一樹爲末之理。明德親民總是一物，只是一個功夫，才二之，明德便是空虛，親民便是襲取矣。'物有本末'云者，乃指定一物而言，如實有孝親之心，而後有孝親之儀文節目。"（張問達曰：此下疑有缺文，讀先生《大學問》自見。）

（10）"事有終始云者，亦以實心爲始，實行爲終，故必始焉有孝親之心，而終焉則有孝親之儀文節目。事長，事君，無不皆然。自意之所著，謂之物；自物之所爲，謂之事。物者事之物，事者物之事也，一而已矣!"

（11）先生曰："朋友相處，常見自家不是，方能點化得人之不是。善者固吾師，不善者亦吾師。且如見人多言，吾便自省亦多言否? 見人好高，吾自省亦好高否? 此便是相觀而善，處處得益。"

（12）先生曰："至誠能盡其性，亦只在人物之性上盡，離却人物便無性可盡得。能盡人物之性，即是至誠致曲處。致曲工夫，亦只在人物之性上致，更無二義。但比至誠有安勉不同耳。"（此條與姚江立言不類，疑語出于甘泉，當時王、湛兩家門人迭相通，故録亦或有誤混歟? 此後原有'先生曰吾良知'一條，與施本重復，今删。）

（13）先生曰：“學者讀書，只要歸在自己身心上，若泥文著句，拘拘解釋，定要求個執定道理，恐多不通。蓋古人之言，惟示人以所向往而已，若于所示之向往，尚有未明，只歸在良知上體會，方得。”

（14）先生曰：“氣質猶器也，性猶水也。均之水也，有得一缸者，有得一桶者，有得一甕者，局于器也。氣質有清濁厚薄強弱之不同。然其爲性則一也。能擴而充之，器不能拘矣。”（此條亦似增城話頭。）

（15）直問：“聖人情順萬事而無情，夫子哭則不歌，先儒解爲餘哀未忘，其說如何？”先生曰：“情順萬事而無情，只謂應物之主宰無滯，發于天理不容已處，如何便休得？是以哭則不歌，終不然只哭一場後，便都是樂，更樂更無痛悼也。”

（16）或問：“致良知工夫，恐于古今事變有遺。”先生曰：“不知古今事變從何處出？若從良知流出，致知焉盡之矣。”

（17）先生曰：“顏子欲罷不能，是真見得道體不息，無可罷時，若功夫有起有倒，尚有可罷時，只是未曾見得道體。”

先生曰：“夫婦之與知與能，亦聖人之所知所能；聖人之所不知不能，亦夫婦之所不知不能。”又曰：“夫婦之所與知與能，雖至聖人之所不知不能，只是一事。”

（18）先生曰：“雖小道必有可觀，如虛無、權謀、術數、技能之事，非不可超脫世情，若能于本體上得所悟入，俱可通入精妙。但其意有所著，欲以之治天下國家，便不能通，故君子不用。”

上張本載原凡二十八條，今去重復，録十八條。

錢德洪《刻文録序說》中，有王守仁語録八條，今録存如下：

（1）先生之學凡三變，其爲教也亦三變。少之時馳騁于辭章，已而出入二氏，繼乃居夷處困，豁然有得于聖賢之旨，是三變而至道也。居貴陽時，首與學者爲知行合一之說；自滁陽後，多教學者靜坐；江右以來，始單提致良知三字，直指本體，令學者言下有悟，是教亦三變也。讀《文録》者當自知之。先生嘗曰:"吾始居龍場,鄉民言語不通,所可與言者乃中土亡命之流耳。與之言知行之說,莫不忻忻有入,久之,並夷人亦翕然相向。及出與士夫言,則紛紛同異,反多扞格不入,何也? 意見先入也。"德洪自辛巳冬,始見先生于姚,再見于越,于先生教,若恍恍可即,然未得入頭處。同門先輩有指以靜坐者,遂覓光相僧房,閉門凝神浄慮,倏見此心真體,如出蔀屋而睹天日,始知平時一切作用皆非天則自然,習心浮思,炯炯自照,毫髮不容住者,喜馳以告。先生曰:"吾昔居滁時,見學者徒爲口耳同異之辨,無益于得,且教之靜坐。時學者亦若有悟,但久之漸有喜靜厭動,流入枯槁之病。故邇來只指破致良知工夫。學者真見得良知本體,昭明洞徹,是是非非,莫非天則,不論有事無事,精察克治,俱歸一路,方是格致實功,不落却一邊。故較來無出致良知話頭。無病何也? 良知原無間動靜也。"德洪既自喜學得所入,又承點破病痛,退自省究,漸覺得力。良知之說發于正德辛巳年,蓋先生再罹寧藩之變,張、許之難,而學又一番證透,故正録書凡三卷,第二卷斷自辛巳者,志始也。格致之辯,莫詳于《答顧華玉》一書,而拔本塞源之論,寫出千古同體萬物之旨與末世俗習相沿之弊,百世以俟,讀之當爲一快。

(2) 先生嘗曰:"吾良知二字,自龍場以後,便已不出此意,只是點此二字不出,于學者言,費却多少辭説。今幸見出此意,一語之下洞見全體,直是痛快,不覺手舞足蹈,學者聞之亦省却多少尋討工夫。學問頭腦至此已是説得十分下落,但恐學者不肯直下承當耳。"又曰:"某于良知之説,從百死千難中得來,非是容易見得到此。此本是學者究竟話頭,可惜此體淪埋已久,學者苦于聞見障蔽,無入頭處。不得已與人一口説盡,但恐學者得之容易,只把作一種光景玩弄,孤負此知耳。"

(3) 甲申年,先生居越,中秋月白如洗,乃燕集群弟子于天泉橋上,時在侍者百十人。酒半行,先生命歌詩。諸弟子比音而作,翕然如協金石。少間,能琴者理絲,善簫者吹竹,或投壺聚算,或鼓棹而歌,遠近相答。先生顧而樂之,遂即席賦詩,有曰"鏗然舍瑟春風裏,點也雖狂得我情"之句。既而曰:"昔孔門求中行之士,不可得,苟求其次,其惟狂者乎? 狂者志存古人,一切聲利紛華之染無所累其衷,真有鳳凰翔于千仞氣象,得是人而裁之,使之克念,日就平易切實,則去道不遠矣。予自鴻臚以前,學者用功尚多拘局,自吾揭示良知頭腦,漸覺見得此意者,多可與裁矣。"

(4) 先生嘗語學者曰:"作文字亦無妨工夫,如詩言志,只看爾意向如何,意得處自不能不發之于言,但不必在詞語上馳騁。言不可以僞爲,且如不見道之人,一片粗鄙心,安能説出和平話? 總然都做得,後一兩句露出病痛,便覺破此文原非充養得來,若養得此心中和,則其言自別。"

(5) 門人有汲汲立言者,先生聞之,嘆曰:"此弊溺人,其來非一日矣。不求自信,而急于人知,正所謂'以己昏昏,使人昭昭'也。恥其名之無聞于世,而不知知道者視之,反自貽笑耳。宋之儒者其制行磊犖,本足以取信于人,故其言雖未盡,人亦崇信之,非專以空言動人也。但一言之誤,至于誤人無窮,不可勝救,亦豈非汲汲于立言者過耶?"

(6) 或問:"先生所答示門人書稿,删取歸併作數篇訓語,以示將來如何?"先生曰:"有此意,但今學問自覺所進未止,且終日應酬無暇,他日結廬山中,得如諸賢有筆力者,聚會一處,商議將聖人至緊要之語發揮作一書,然後取零碎文字都燒了,免致累人。"

(7) 昔門人有讀《安邊八策》者,先生曰:"是疏所陳亦有可用,但當時學問未透,中心激忿抗厲之氣。若此氣未除,欲與天下共事,恐事未必有濟。"

(8) 陳惟濬曰:"昔武宗南巡,先生在虔,姦賊在君側,間有以疑謗危先生者,聲息日至,諸司文帖絡繹不絕,請先生即下洪,勿處用兵之地,以堅姦人之疑。先生聞之,泰然不動。門人乘間言之,先生始應之曰:'吾將往矣。'一日,惟濬亦以問,先生曰:'吾在省時,權豎如許勢焰疑謗,禍在目前,吾亦帖然處之,此何足憂?吾已解兵謝事乞去,只與朋友講學論道,教童生習禮歌詩,烏足爲疑? 縱有禍患亦畏避不得。雷要打便隨他打來,何故憂懼? 吾所以不輕動,亦有深慮焉爾。'又一人使一友亦告急,先生曰:'此人惜哉不知學,公輩曷不與之講學乎?'是友亦釋然謂人曰:'明翁真有赤鳥几几氣象!'愚謂《別錄》所載,不過先生政事之跡耳,其遭時危謗,禍患莫測,先生處之泰然,不動聲色,而又能出危去險,坐收成功,專致知格物之學至是,豈意見擬議所能及。"

嘉靖戊子冬,德洪與王汝中奔師喪至廣信,訃告同門,約三年收錄遺言。繼後同門各以所記見遺[1]。洪擇其切于問正者,合所私錄,得若干條。居吳[2]時,將與《文錄》並刻矣。適以憂去,未遂。當是時也,四方講學日衆,師門宗旨既明,若無事于贅刻者,故不復縈念。去年,同門曾子才漢[3]得洪手抄,復傍爲采輯,名曰《遺言》,以刻行於荆[4]。洪讀之,覺當時采錄未精,乃爲刪其重復,削去蕪蔓,存其三之一,名曰《傳習續錄》,復刻於寧國[5]之水西精舍。今年夏,洪來遊蘄[6],沈君思畏[7]曰:"師門之教久行于四方,而獨未及于蘄。蘄之士得讀《遺言》,若親炙夫子之教,指見良知,若重睹日月之光。惟恐傳習之不博,而未以重復之爲繁也。請裒其所逸者增刻之。若何?"洪曰:"然師門致知格物之旨,開示來學,學者躬修默悟,不敢以知解承,而惟以實體得。故吾師終日言是而不憚其煩,學者終日聽是而不厭其數。蓋指示專一,則體悟日精,幾迎於言前,神發於言外,感遇之誠也。今吾師之没未及三紀[8],而格言微旨漸覺淪晦。豈非吾黨身踐之不力,多言有以病之耶? 學者之趨不一,師門之教不宣也。"乃復取逸稿,采其語之不背者,得一卷。其餘影響不真,與《文録》既載者,皆削之。並易中卷爲問答語[9],以付黄梅尹張君[10]增刻之。庶幾讀者不以知解承而惟以實體得,則無疑于是録矣。嘉靖丙辰夏四月,門人錢德洪拜書于蘄之崇正書院。

[1] 本書上册各條(1—129條)不在其内。

[2] 吴:今江蘇蘇州。

[3] 情況不詳。

[4] 荆:今湖北江陵。

[5] 寧國:今安徽境内。

[6] 蘄:今湖北蘄春縣境。

[7] 沈思畏,名寵,號古林,宣城(今屬安徽)人,嘉靖十六年(1537)舉人,官至廣西參議。始受學于貢安國,後師事歐陽德與王畿。嘉靖三十五年任湖廣兵備僉事,在蘄黄建崇正書院。參見《明儒學案》卷二十五。

[8] 十二年爲一紀。

[9] "中卷"或言指王守仁書信部分,或言指《遺言録》中卷。就《跋》語上下文而言,似指《遺言録》中卷。但據北京大學現存明版《傳習續録》兩種,皆前有錢德洪《續刻傳習録序》,上册爲陳九川、黄以方、黄勉叔、黄勉之所記語録六十條,下册爲錢德洪、王畿所記《語録》五十八條,其中並缺後部王以方所記《語録》二十七條及錢德洪此《跋》語。此本與現行《全書》本比較,其中並無改易一部分問答語痕跡。則"中卷"指"《遺言録》中卷"一説,亦有不可解處。

[10] 情況不明。

後　記

　　《傳習録注疏》是鄧艾民先生終身致力于中國哲學史研究的一項遺著。本書也與作者的經歷一樣，歷經磨難，長期埋没于廢紙堆中。艾民逝世以後，北京大學陳來博士將書稿推薦給臺灣中國文化大學楊祖漢教授，並由法嚴出版社整理出版，本書才得以重見天日，我在此表示衷心感謝。

　　艾民思想活躍，追求真理，青年時期在昆明西南聯合大學讀書即積極參加抗日運動。他堅定地認爲，那個時代是需要哲學的時代，所以，他毅然離開他已經獲得優秀成績的工程學科轉攻讀哲學。自那時起，哲學這門學科就成爲他終身探索的目標。畢業後，多年來一直在北京大學哲學系任教。

　　艾民一生坎坷，特別是在"文革"十年浩劫時期，知識分子成爲"全面專政"的對象，加之他崇尚自由思考，敢于提出自己的見解，于是慘遭迫害，多次被抄家，長期被關押在"牛棚"之中，"監督勞改"于荒野之上。面對那種非人道的身心摧殘，他總是心胸坦蕩，堅持真理，決不同流合污。

　　"文革"後，正當他爲了彌補失去的光陰而奮力拼搏時，癌症却過早地奪去了他的生命。在住醫院的一年多時間裏，他全心投入哲學的寫作，直到最後一次心跳。他在給摯友馮

294

契教授的信中説:"得惡疾後,已將生死置之度外。"他以驚人的毅力完成了《中國大百科全書·哲學卷》中有關宋明理學的一些條目;以及《傳習録》的疏釋和《朱子語類》的校點工作。當他已經無力執筆時,《朱熹王守仁哲學研究》書稿尚未完成,逝世後由上海華東師大馮契教授爲之整理、作序、出版。艾民的寫作風格質樸無華,掌握豐富的資料,經過細緻的分析和嚴密的邏輯論證來闡明自己的觀點,提出獨立的見解,始終體現自由討論的精神。

在與艾民數十年共同生活期間,我深深感到他是一位良師益友,是一位高尚的人。他一生追求真理,即使在逆境中,他也總是以豁達的胸懷探求人生哲理。在病中,他常常與馮契通信,坦率地討論人性解放問題,認爲心靈自由是一切創作的源泉,只有在真正自由發表意見的氣氛之下才能有人性的解放,才能言行一致;而專制統治只能造就虛僞。他們也討論人道問題,認爲哲學對于人的德性的培養具有積極作用。在討論人生的理想時,他們認爲"文革"時期没有理想,只有空想,造成人性的嚴重破壞。他們對于中國哲學的未來充滿希望,對于人類未來充滿信心,認爲人類終將走向個性解放。現在,馮契教授也已因病逝世,我深信,他們的共同信念會得到實現的。

如果説,艾民在青年時代就立志研究哲學,是因爲他感到那個時代是需要哲學的時代;那麽,當今的時代仍然是一個需要哲學的時代。本書是他畢生學術成果之一,如今得以出版,流傳于世,我想這一定會告慰他在天之靈的。

左啓華

公元 2000 年 5 月 15 日于北京